民國文存

78

老子概論

許嘯天 註解

知識產權出版社

本書首先介紹作者對老子及其思想的看法，然後對《史記》中老子的列傳進行了注釋，最後以最多的篇幅結合作者生活的年代以及先賢對《老子》一書的闡釋進行注釋，其釋文體現了民國時期獨特的社會環境及新時代的思想脈絡，是研究老子及其思想的一部重要著作。

　　本書適合對中國傳統文化有興趣的讀者閱讀。

責任編輯：劉　江　　　責任校對：韓秀天
特約編輯：姜守誠　　　責任出版：劉譯文

圖書在版編目（CIP）數據

　　老子概論/許嘯天註解. —北京：知識產權出版社，2015.9
　　（民國文存）
　　ISBN 978-7-5130-3744-0

　　Ⅰ.①老… Ⅱ.①許… Ⅲ.①道家②《道德經》—研究 Ⅳ.①B223.12

　　中國版本圖書館 CIP 數據核字（2015）第 208394 號

老子概論
Laozi Gailun
許嘯天　註解

出版發行　知識產權出版社 有限責任公司

社　　址：	北京市海淀區馬甸南村1號	郵　　編：	100088
網　　址：	http://www.ipph.cn	郵　　箱：	bjb@cnipr.com
發行電話：	010-82000860 轉 8101/8102	傳　　真：	010-82005070/82000893
責編電話：	010-82000860 轉 8344	責編郵箱：	liujiang@cnipr.com
印　　刷：	保定市中畫美凱印刷有限公司	經　　銷：	新華書店及相關銷售網站
開　　本：	720mm×960mm　1/16	印　　張：	22.75
版　　次：	2015年9月第一版	印　　次：	2015年9月第一次印刷
字　　數：	270千字	定　　價：	78.00元

ISBN 978-7-5130-3744-0

民國文存

（第一輯）

編輯委員會

出版前言

　　民國時期，社會動亂不息，內憂外患交加，但中國的學術界卻大放異彩，文人學者輩出，名著佳作迭現。在炮火連天的歲月，深受中國傳統文化浸潤的知識分子，承當著西方文化的衝擊，內心洋溢著對古今中外文化的熱愛，他們窮其一生，潛心研究，著書立說。歲月的流逝、現實的苦樂、深刻的思考、智慧的光芒均流淌於他們的字裡行間，也呈現於那些細緻翔實的圖表中，在書籍紛呈的今天，再次翻開他們的作品，我們仍能清晰地體悟到當年那些知識分子發自內心的真誠，蘊藏著封國家的憂慮，對知識的熱愛，對真理的追求，對人生幸福的嚮往。這些著作，可謂是中華歷史文化長河中的珍寶。

　　民國圖書，有不少在新中國成立前就經過了多次再版，備受時人稱道。許多觀點在近一百年後的今天，仍可說是真知灼見。眾作者在經、史、子、集諸方面的建樹成為中國學術研究的重要里程碑。蔡元培、章太炎、陳柱、呂思勉、錢基博等人的學術研究今天仍為學者們津津樂道；魯迅、周作人、沈從文、丁玲、梁遇春、李健吾等人的文學創作以及傅抱石、豐子愷、徐悲鴻、陳從周等人的藝術創想，無一不是首屈一指的大家名作。然而這些凝結著汗水與心血的作品，有的已經罹於戰火，有的僅存數本，成為圖書館裡備受愛護的珍本，或成為古玩市場裡待價而沽的商品，讀者很少有隨手翻閱的機會。

鑑此，為整理保存中華民族文化瑰寶，本社從民國書海裡，精心挑出了一批集學術性與可讀性於一體的作品予以整理出版，以饗讀者。這些書，包括政治、經濟、法律、教育、文學、史學、哲學、藝術、科普、傳記十類，綜之為"民國文存"。每一類，首選大家名作，尤其是封一些自新中國成立以后沒有再版的名家著作投入了大量的精力，進行了整理。在版式方面有所權衡。基本採用化豎為橫、保持繁體的形式，標點符號則用現行的規範予以替換，一者考慮了民國繁體文字可以呈現當時的語言文字風貌，二者顧及今人從左至右的閱讀習慣，以方便讀者翻閱，使這些書能真正走入大眾。然而，由於所選書籍品種較多，涉及的學科頗為廣泛，限於編者的力量。不免有所脫誤遺漏及不妥當之處，望讀者予以指正。

目　錄

老子概論

一

　　未說老子以前，我們先要問：子是什麼？照《論語》《皇疏》《孝經》《釋文》說："古者，稱師爲子。"又是古代對於普通男子的美稱。我們常在古文上看見"吾子"二字；這個"子"字，大概好似今人的稱先生。《墨經》裏面常有稱"子墨子"的；大概上一"子"字，是弟子對於他自己先生的專稱，就是說"我們先生墨先生"。但深刻一點說，又可以把"子"字代作家字一般解說；沒有專門學識獨立見界的，不可以稱家。江瑔《讀子巵言》說：

　　古人著書，必持之有故，言之成理，卓然成一家言，而後可以名之曰子書。

　　這又是何等的尊嚴？但是自來可稱爲子的，大概是一種學派。好似今日西洋的"浪漫派""自然哲學派"；中國的"一姚江學派""桐城派""陽湖派"。所謂派者，必是表示他學問或思想的一種統系，或一種特性；而所以成此統系、成此特性的，當然是要經過許多人改正補充。發明的雖祇一個人，而完成的却有多數人。所以孫星衍說："凡稱子書，多非自著。"大都是他弟子記錄師說，而加以補充；或是這一派思想的總集。近人寫《經子解題》也說：

　　集，爲一人之著述，其學術初不專於一家；子，爲一家之學術，其著述亦不由於一人。

我們看看自來中國的子書，在中國全部學術上的地位怎麼樣？子書又稱爲丙部。經類是甲部，史類是乙部，子類是丙部，集類是丁部。但在荀勗，又稱六藝小說是甲部，諸子、兵書、術數是乙部，史記是丙部，詩賦、圖讚、汲冢、周書是丁部，劉歆爲校中秘書，分天下圖書，共爲七類《七略》：第一類是輯略；是邏輯目錄大綱，是一種讀書工具的書。第二類是六藝略；第三類是諸子略；第四類是詩賦略；第五類是兵書略；第六類是術數略；第七類是方技略。《漢書·藝文志》又支配爲六略，刪去劉歆的輯略一類。王儉分爲七志：一是經典史記，二是諸子；三是文翰；四是軍書；五是陰陽；六是術藝；七是圖譜。阮孝緒便分爲七錄：一，經典；二，紀傳；三，子兵；四，文集；五，技術；六，佛；七，道。直到唐朝，纔分爲"經""史""子""集"四庫：甲部經類，十一種；乙部史類，十三種；丙部子類，十七種；丁部集類，三種。宋、明代又分爲六閣：第一閣經，第二閣史，第三閣子，第四閣集，第五閣天文，第六閣圖書。以宋、元、清三朝，仍分"經""史""子""集"四庫。依乾隆《四庫全書目》錄：經部十種，史部十五種，子部十四種，集部十種：而子書却永遠佔據歷代文化的地位。

我們再看看自來中國子書自身的分析怎麼樣？最初論到諸子家數的書，共有四種：第一種，是《莊子·天下篇》中所論列的，有彭蒙、田駢、愼到、墨瞿、❶禽滑釐、老聃、惠施、公孫龍數人；第二種，便是荀子的《非十二子》；第三種，便是司馬談的《論六家要指》——儒、道、名、墨、法、陰陽六家。第四種，便是《淮南·要略》的二十篇。這都是沒有統系的零星記錄，偶然見諸子姓

---

❶ "墨瞿"當作"墨翟"。——編者註

名。若要有具體的分列，各以類從的，便是創始在劉歆的“九流”。如何是九流？便是儒家者流、道家者流、陰陽家者流、法家者流、名家者流、墨家者流、縱橫家者流、雜家者流、農家者流；而小說家，却在九流以外。因劉歆說：“其可觀者九家而已”，所以稱九家。到唐朝又分爲十七家，是儒家、道家、釋家、法家、名家、墨家、縱橫家、雜家、農家、小說家、天文家、歷算家、兵家、五行家、藝術家、類書家——目錄之學、明堂經脉家——醫術。依《四庫全書》子部，便又分爲十四家，是儒家、兵家、法家、農家、醫家、天文算法家、術數家、藝術家、譜錄家、雜家、類書家、小說家、釋家、道家——神仙修養的方法。

　　照這樣分類方法，不但是門戶不清，性質不明；且所謂“卓然成一家言”的意義，也完全失去了。這祇因時至中古那科學方法漸漸發生；如農家、醫家、天文算法家等，都該歸納在科學方面，而藝術又當獨立成一類。此外陰陽五行、名與縱橫，都不能成家的。因爲他們都是巧說豪奪，虛偽迷信，竊取功名於一時——司馬談說：“苛察繳繞。”——於社會、文化、思想、學問非但得不到他一點的幫助，反因他而影響於人心，得到愚妄的結果，早該在打倒之列！總括起來說：中國思想界，可以自成一家的，祇有“道”“儒”“墨”三家。而釋家又爲中古時代外來的思想，與中國固有的儒道思想相溶合的產兒；依傍門戶，支離□裂，不能證實的玄談，我們竟可以不去睬他！

　　從來說諸子思想的來源，却有兩種主張：一是說諸子出於王官；一是說諸子思想是時代的產兒。——王官，如同今日政府中各部總長。——主張第一說的，有《漢書·藝文志》——《七略》——說：

儒家者流，蓋出於司徒之官；道家，史官；陰陽家，羲和之官；

法家，理官；名家，禮官；墨家，清朝之守；——如今日的教育總長——縱橫家，行人之官；雜家，議官；農家，農稷之官；小說家，稗官。

而主張第二說的，有《淮南·要略》說：

諸子之學，皆起於救世之弊，應時而興：故有殷周之爭，而太公之陰謀生；有周公之遺風，而儒者之學興；有儒學之敝、禮文之煩擾，而後墨者之教起；有齊國之地勢、桓公之霸業，而後《管子》之書作；有戰國之兵禍，而後縱橫脩短之術出；有韓國之法令——新故相反，前後相謬——而後申子刑名之書生；有秦孝公之圖治，而後商鞅之法興。

這都是拿歷史事實來證明的，比較的可信。古代所謂王官，便是如今的胥吏，祇懂得幾種官樣文章和刻板的例規。秦始皇焚書坑儒，從此以吏爲師；那班“學而優則仕”所學的，無非是那一陳不變的條例官書，決不能產生諸子如許精深的思想。近人章太炎《說子學略》說：

古之學者，多出王官；世卿用事之時，百姓當家，則務農商畜牧，無所謂學問也。其學者，不得不給事官府，爲之胥徒。……《說文》“仕，學也”，猶今之學習行走。是故非仕無學，非學無仕。

照這樣說，旣是“無所爲學問”，旣是“給事官府”，旣是“學習行走”；這是何等粗淺的東西？直是“學衙門”而已，何用爲此精深而高超的諸子思想？太炎先生所說的學者，與夫《藝文志》所說的諸子出於王官，適成其爲“仕”的學；與道、墨、儒各家思想的產生，是根本不相干的。從來政府專以愚民爲事，莫說講究無治的天道，便是自治的人道，他也不願給人民知道。所謂“民可使由之，不可使知之”。孔子的話，所以被數千年專制帝王所利用，而適成其爲吃太牢的“大成至聖先師”了！

“新故相反，前後相謬”，這正是所謂政法家慣弄的手段。他一方面摧殘羣衆活力，完成他的國家主義；一方面充野心家的走狗，不卹犧牲多數人的福利，以完成少數人的富貴。這用反手爲雲、覆手爲雨的狡滑手段，旣無學理，又無思想，更無人心！百姓祇求和平，被政法家翻弄得不和平；囘過身來，反將這不安分的罪名，陷誣在百姓身上。他這相反相謬的罪惡，到何等程度了？秦孝公驅數千萬生靈，而圖一己的安榮；却使商鞅立嚴法去治百姓，這不但是非學，簡直是非法！——因他是不合天道之自然而違反羣治眞理的。

歸納起來說：凡是可稱爲子、可稱爲思想的，都是受時代環境的驅迫，而求最合羣理、有綿密深邃的組織方法，纔成爲思想，而可以垂之久遠。不但陰陽、縱橫、農、雜、小說，不成其爲思想；而名、法，更不成其爲家。

二

中國數千年來學者，大都不能認清“子”字的界說。我們一看子部目錄，見他門類之多、性質之雜，從這一點，可以知道中國最寶貴的諸子學蓺，到今日還不能整理出一個頭緒來而享用他。其實，諸子何得有如許派別？孟子說：“逃墨，必歸於楊；逃楊，必歸於儒。”這很顯明的可以看出當時哲學派別，祇有“道”“墨”“儒”三家罷了。楊是道家。

　　這三家中，我們今日根據他思想寄託範圍的大小，與夫思想進展的自然統系，當然要推道家思想發生得最早。道是說自然的天道；又類乎希臘哲學的宇宙論，或自然哲學——哲學當分爲三個統系：自然哲學，以自然爲對象（研究天地內外一切有生物、無生物、有形質的、無形質的、超天地生死的一個最初唯一的自然原則）；精神哲學，以人類精神爲對象；宗教哲學，以人格的神爲對象。拿中國的學派來歸納，則自然哲學屬於老子；精神哲學屬於孔子；宗教哲學屬於釋迦牟尼——自然哲學所討論的範圍，便是在研究最初的唯一的眞理。如世界之起原、歷史的運命，又如生命秩序的根原；這種學問，在西洋又稱爲“形而上學”，與所謂“本體論”對舉，便是研究每個實在爲物質的抑精神的。宇宙論，便是討論宇宙是否由獨立自存之多數個體集合以成？又萬有是否是一體？而部分與全體間有無不可相離的關係？——這名辭，是德國哲學家華爾富創造出來的。

　　人類每天與大自然相接觸，便對於大自然發生一種懷疑；他急欲體會出一條天人其通唯一的原理來，這便是哲學思想所以產生自然的步驟。這最初的哲學思想，中國的道家，實在足以當之而無愧。近人梁啓超說：

　　道家，信自然力萬能，而且至善；以一涉人工，便損自然之樸。

　　其實他不但不要人工，他還不信有天工。因爲天地也是受大自然的驅迫，而不自主的在那裏不停的工作。這大自然是什麼，便是萬能的天道。老子說：“人法地，地法天，天法道，道法自然。”道的存在，不但在人類未生以前，且在天地未生以前；拿人道去比較天道，眞是藐乎小哉！——反過來說，人道便是天道——所以人當服從大自然，決不能自作主張。莊子說：

吾在天地之間，猶小石小木之在大山也！

——這個比例，還是不稱。

因爲這樣，人祇能聽天地主宰，不能主宰天地。今日科學家的口號"科學萬能"，這眞是說夢話！我試問：天地間倘本來沒有這個物，沒有這個理，你科學家縱是萬能，却依據什麼去發明？再進一層說：天地若不予吾人以能，那天地間雖有物，雖有理，我們也無法發明。再澈底說：天地間無限的物與理，拿我們有限的人的壽命與力量，果然能樣樣去發明他嗎？便是現在所發明的，果然是眞的嗎？是終古不壞❶、不失敗的嗎？——這都不是我們人類的力量所能知能行的。

《漢書·藝文志》稱"道家者流"是包括一切道家思想的學者。《史記》說"言道家之用"，則專稱老子。道家思想，可分爲二派：第一，是消極中的積極派。人受天道自然勢力的支配，當然不能自作主張；但在自然勢力可能的範圍以內，自強不息的去適應天道，這便是消極中的積極。第二，是消極中的消極派。人既是一切有道的使命，除服從自然的使命以外，便無可主張，祇須一味委心任運的去服從天道罷了。第一派的中心人物，便是老子；第二派的中心人物，便是莊子。後世因爲要延長道家的歷史，抬高老子的地位，便常常將黃老並稱——漢曹參荐蓋公，講黃老修養之法於文帝；從此，黃老兩個名辭相連——在當時假借黃帝，原是託古的意思；但老子的道，從此便遮蔽上一層神仙迷信的障碍，眞是"愛之反以害之！"

至於老子的歷史，我們如今在古書中找，比較有統系的，便是

---

❶ "壞"當作"壞"。——編者註

《史記》中的一段；但因這一篇列傳，便又起了兩種爭執：一是老子的時代問題，一是老子的生死問題——《史記》記老子的身世既不詳，又有許多疑惑的口氣，愈是足以引起後人的爭執。

時代問題，又有兩種說法：一是說老子生在孔子以前；一是說老子生在孔子以後。我們今日研究老子思想的，爲什麼要研究他生存的時代？這當然是因思想以時代爲背景的，又因要找出儒家、道家思想的因果來；天道思想的產生與倫理思想的產生，依思想自然發展的推論，究竟何種思想應產生在何種思想以前？這都有深刻的關係的。

如今先說主張老子先孔子生的一派話：

《孔子世家》：“南宮敬叔與孔子俱適周，問禮，蓋見老子云。”——《史記》

《曾子問》：“孔子曰：‘昔吾從老聃助葬於巷黨，及恆日有食之。’”——《禮記》

《莊子》：“孔子西藏書於周室，往見老聃。”“孔子南之沛，見老聃。”“陽子居南之沛，老聃西遊秦，邀於郊，至於梁而遇老子。”

清人閻若璩根據“日食”二字，推算魯昭公二十四年夏五月乙未朔，巳時，日食；斷定孔子適周，見老子，在照公❶二十四年，孔子年三十四歲。但是昭公三十一年，也有一次日食；孔子入周所見的日食，不知是那裏一次？

胡適說：“大概孔子見老子在三十四歲——孔子三十四歲，爲西歷紀元前五一八年——與四十一歲之間。——因孔子四十歲，爲定公五年，合西歷紀元前五一一年，亦有一次日食。——老子比孔子

❶　“照公”當作“昭公”——編者註

至多不過大二十歲，老子當生於周靈王初年，當西歷紀元前五七〇年左右。”

《經子解題》亦說：“今觀老子書，其體甚古。——全體多作三四言韵語，乃未有散文前之韵文。——殷時女權實已不盛，《老子》全書，皆稱頌女權，可見其學必始於殷前《禮記》祭法，嚴父配天，實始於禹；則夏時男權已盛，老子之學，必始五帝時矣。蓋舊有此說，至老子乃誦出其文也。”——這番話，把老子的時代愈說逾遠了。但他能從母系制度，看出道家思想創立的最古時代，眞見人所不見的地方。老子書中，尙無男女的稱呼，祇有牝牡、雌雄、母等名稱，如“玄牝之門，是謂天地根”“而貴食母”“可以爲天下母”“知其雄，守其雌”“牝常以靜勝牡”等句。

汪中——清時代人，在以前，研究道家思想的學者，對此老子、孔子同時或孔子問禮於老聃的話，很少有人懷疑的——說：“送葬而遇日食，然且以見星爲嫌，止柩以聽變，其謹於禮也如此；至其書，則曰：‘禮者，忠信之薄，而亂之首也！’下殤之葬，稱引周召史佚，其尊信前哲也如是，而其書則曰：‘聖人不死，大盜不止！’彼此乖違甚矣！”“周室旣東，辛有入晉，司馬入秦，史角在魯；王官之族，或流於四方，列國之產，惟晉悼當仕於周，其他固無聞焉。況楚之於周，聲教中阻，又非魯鄭之比；且古之典籍舊聞，惟在瞽史。其人並世官宿，羈旅無所置其身。本傳又云：‘老子隱君子也。’身爲王官，不可謂隱。”

梁啓超亦說：“列傳中有老聃、老萊子、太史儋三個人，究竟誰是老子？列傳敍到年壽，多用‘或’字，究竟有多大高壽，老子究竟是人不是人？列傳說解爲膠西王印太傅，解爲老子八代孫，孔安國爲孔子十三代孫，又與解同時；一個八代，一個十三代，必須老子生在孔子以後若干年，纔合。又孔子當喜稱古之賢人，但《論語》中獨不見孔子稱美老聃之言。孟子、墨子二家，愛攻擊反對派，何以孟、墨二家的書上都不曾說及老子？老子說：'六親不和有孝慈''民多利器，國家滋昏'。那樣激烈的話，不合於春秋時代的思潮。《老子》書中，又有'偏將軍''上將軍'等的名稱，這是孔子以後的官制。又有'大軍之後，必有兇年'的話；老子必是經過戰國時期長平之戰的。"——這是記錄大意。

我讀了汪中的話，却得了與他相反的一種理解：汪中第一段的話，說從老子送葬的行爲上看，是很敬天的，很守禮的；但他書上却十分反對禮教，十分反對聖人。我以謂這正是老子精神的實現：老子因爲信天道，所以敬天；人與天地，同爲道所化生，人是受大自然的支配，這大自然忽然有日食的變象，人將有不測的禍患——這是天文學未發明以前的天道思想。——怎能不畏？怎能不敬？他所畏敬的，是天的本體，是大自然的原動力，不是人造的禮教；人造的禮教，是人類自私自利主觀思想所產生的。愈講人造的禮教，而離天道却愈遠，自然的天機愈斲傷；投機弄巧，人情愈薄，世道愈險，所以老子說"亂之首"。且人既同爲天道所化生，一律平等；人既無法救濟人，人亦不能主宰人，所以人類祇須求平等發展、平等享用，而世界便有實現天道的一天，本用不到聖人，且亦無能爲聖人的。所謂聖人者，無非是神奸巨慝、投機弄巧而已！是一般忠厚平民的蟊賊！所以說"聖人不死，大盜不止！"至於他第二段的話，又是把觀察點完全錯誤了。他所說王官，正是一班守殘抱缺、不學無術的胥吏，他如何能當得"哲學家"三個字的尊號？再進一步說，老子的思想，正因這班不學無術的軍閥政客造成了恐怖的環境，逼迫他發生這救濟環境的天道思想出來。

　　至於梁啓超的話，已有張煦駁他的話（見《梁任公提訴老子時代問題一案判決書》中）。他大意說：《史記》原文因疑惑的口氣，不能決定確是一人，意思甚是明顯。老子之賢，大概因其年高，但至多亦不過百歲左右。因其遺傳性，子孫大都長壽，老子八代孫與孔子十三代孫同時，在勢又屬可能。至《論語》不見有孔子稱美老子之文，但《論語》有《魯論》《齊論》《古論》之分；《齊論》多《問王》《知道》二篇，今已失去，安知孔子稱美老子之言，不適在所失之二篇中乎？孔子既問禮於老子，稱老子為“猶龍”，孟子為儒家之嫡系，決不能反對孔子所贊許之人；而墨子之學，又多本於老子。如墨學兼愛，即為老學之慈；墨學節用，即為老學之儉。墨子在天道範圍以內實行人治，故與老子不衝突；老子非一人之書，“偏將軍”“上將軍”之稱，亦許為後人補入。至於老子經過長平之戰更不足為據；春秋之世，何處何地無戰事？何必長平？

　　總結上面二說，當以第一說比較為可靠；且依思想範圍發生之次序，天道思想發生在倫理思想以前，其勢較順。生民之初，祇知有天；他思想的對象，便是天道。梁起超也說：“吾先民以為宇宙間有自然之大理法，凡為人類所當率循者；而此法理，實天之所命。”這實在是哲學由宗教蛻分的初步發展所必由的途徑。

　　老子的生死問題，也有兩種說法：一是說老子長壽；一是說老子不死。

　　第一，老子長說。

　　《神僊傳》：“生而皓首，故稱老子。”

　　《高士傳》：“以其年老，故號其書為《老子》。”

　　《史記》：“蓋老子百有六十餘歲，或言二百餘歲，以其修道而養壽也。”

《神仙》《高士》兩傳，都不可靠，因他是脫胎於《史記》的；而《史記》却故意將老子說成長壽，因欲附會說成老子、太史儋、老萊子三人爲一人。實在，老子既以"自爲隱務"，在社會上不願表露顯著的事迹，他的年紀，本來不容易考證；但便是這長壽的一念，已足以附會成後世專講修養之道而有餘。

第二，老子不死說，是根據於《史記》"莫知在所終"一句話。又說老子入關仙去，至今道院中，還掛着老君騎青牛的像。老子思想，自有修煉家的附會，□□的眞精神，便永遠不能表現出來。老子的價值，也因之一落千丈！——《四庫目錄》，道家思想，列入最後。——其實，人無不死，老子也是一個人，如何能不死？《莊子·養生主篇》中，明明說："老聃死，秦失弔之，三號而出。"便是這一句，我們已很可以打破老子不死的迷信了。因爲《莊子》這段文字，決非後人所能假託。胡適之也說："老子卽享高壽，至多不過活了九十多歲。"我們不能因老子講天道，便斷定他壽至二百餘歲，或竟說他不死；這都是鄙夫俗子、貪生怕死之徒，曲說誤解成的。其實，老子的天道，是純任自然；他非但不要修養修煉，——因爲這種都是有爲，都是不自然。——老子更要打破生死關頭，是超出於生死的。——看不破生死的人，纔講修煉。——老子說：

出生，入死。生之徒，十有三；死之徒，十有三。人之生，動之死地，亦十有三。夫何故？以其生生之厚！

他看得生死祇是一種出入，祇是一種天道自然的變化；况且拿死比生，死是永久的，生是暫時的；永久的便是眞，暫時的便是假。所以說生的時間，祇佔據死的時間的十分之三。不但是這樣，便是人在生存的時候，內體中也有佔十分之三的死機；又因人有欲望，有私心，有長生不老成佛成仙的私欲在內心衝動，因這衝動，便殫心竭慮、勞神費力的去爭求，無形中反而傷害了身心，自尋死地，這是人造的死機，又佔據了生命線上十分之三的路程。所以人不但在未生以前，既死以後，被死佔據了完全的長時間去，便是在這一剎那肉體生存的時間中，也被天造人造的死機佔據了十分之六的時間去。這生存豈不是很暫時而偶然的嗎？人在這暫時的生存時間中，還要犧牲他的生命，在修仙成佛的妄想中，這是生生之念太厚的大病！

你看老子既不贊生生之厚了，他豈肯再講究修煉長生的邪說？後世成仙成佛的話，真是鬼話！

三

現在再說老子的思想：我們如今研究老子思想的唯一根據，便是所謂《道德經》。這《道德經》是否即是《史記·列傳》中所說的"上下篇言道德之意"？我們看他書中辭意，有重複的地方，思想有出入的地方，多少總有經後人改寫補充過的痕迹。且細讀他書中辭句，有"古者""昔者"等引伸前人思想語言的辭氣；從這一點看，也許可以說道家的思想發生在老子以前，而由老子集其大成。《道德經》的體裁，頗像宋儒的語錄；今人雖拿他勉強分上、下卷，又分八十一章，但有一章中包含着幾個獨立思想的，有數章聯合，成一個思想統系的，這顯然當初是筆記册子，後人拿他看得過分尊重，硬拿他分成章節，又分成上、下卷，又加上《道德經》的名稱。——這多麼機械！多麼不自然啊！

在漢朝以前，原沒有"經"字的名稱，《經子解題》說：

自漢以後，特尊儒學，乃自諸子書中提出儒家之書而稱之曰經。

後來各尊其所尊，道家因尊老子而尊老子所寫的筆記爲《道德經》；推而至於墨子稱《墨經》、莊子稱《南華經》，中古佛學入中國，佛徒尊稱佛家的書爲經典，如《金剛經》《心經》等。

《道德經》是三五言有韵的文字——是散文以前的韵文。因此，頗有人疑他與《詩經》同站在一個時代背景上的。我們讀：

《詩經·伐檀》——坎坎伐檀兮！置之河之干兮！……不稼不穡，胡取禾三百廛分？不狩不獵，胡瞻爾庭有懸貆兮？

《老子》——天之道，損有餘以奉不足；人之道，則不然，損不足以奉有餘。

不狩不獵的人，庭有懸貆，這豈不是奉有餘？坎坎伐檀的人，反置河干，這豈不是損不足？——卽此一點，亦可以證明老子確是生在孔子以前時代的人。

老子的思想，主張絕對自然，頗與西方的自然哲學（Natural）符合。自然哲學，是說明物質存在之總和及根本；老子也要追溯天地萬物的總和及他的根本，所以說"衆妙之門""天地根"。但自然哲學，每產生於不自然的環境中。老子生在春秋時期，眼看着人欲橫流，天道滅絕。這環境何等的不自然？我們從老子的文字思想中，隨處可以看見時代的罪惡，最大的，便是當時的政府。所以老子說："民之難治，以其上之有爲，是以難治；民之輕死，以其求生之厚。""民不畏死，奈何以死懼之？"這對於現政府表示反抗的色彩何等濃重？而當時社會所表現的不平等的環境，便也可想而知了。當時政府以人民爲魚肉，祇知貪臟枉法，爭城奪地；人民的生命，等於螻蟻，朝不保暮。正如《詩經》中所說的："知我如此，不如無生！"

　　社會因受不良政府的影響，人心日驅於陰惡；祇知取巧圖利，人人都把人道的本義忘了。所以老子說："民多利器，國家滋昏；人多伎巧。奇物滋起，法令滋彰。盜賊多有。""民之饑，以其上食稅之多，是以饑。"稅重，農商便受困，穀價物價飛漲，人民一方受生活逼迫，一方因生計艱難，便挺而走險❶，流爲盜賊，一部份人，憑着他的智巧，去造成奇物淫風，求一時的生活。人民風俗，便被他引誘得日趨奢侈，奸詐百出，法令也因之日繁，而犯法的也愈多，成了一個腐爛社會，不可收拾的現狀。

　　這些話，部❷是老子對於當時政治、社會兩方面的直覺觀念；直覺是不用思想的，所以還不是老子的思想。他生在亂世，深受亂世的痛苦，時時渴望和平無事；一班人心，也都祈求和平。和平，先要人人不貪不爭，要息事，息事纔可以甯人。因此，他悟到清靜無爲，是政治的極軌。他說：

　　治大國，若烹小鮮。

　　太上，下知有之；其次，親而譽之；其次，畏之；其次，侮之：信不足，焉有不信！

　　以道佐人主者，不以兵強天下；其事好還，師之所處，荊棘生焉。大軍之後，必有凶年。

　　道常無爲而無不爲；侯王若能守，萬物將自化。

　　聖人在天下，怵怵爲天下渾其心；百姓皆注其耳目，聖人皆孩之。

　　他又從政治悟到做人，亦當以清靜無爲爲人道之極軌。老子說：

---

❶　今作"鋌而走險"。——編者註
❷　"部"當爲"都"。——編者註

大道，廢有仁義；智惠出，有大僞；六親不和，有孝慈；國家昏亂，有忠臣。

善爲士者不武；善戰者不怒；善勝敵者不與；善用人者爲之下。

這還是老子的直覺，這裏面沒有什麼高深的哲理可說。但老子的哲學思想，也便從這些直覺上產生出來的。胡適之說："最初的哲學思想，全是當時社會政治的現狀所喚起的反動。"這便對了。

老子被社會政治現狀所喚起的反動是什麼呢？他便是一個"無"字的哲學。他認人類萬物以及宇宙，都有最大的一個原動力以及共通的一個本性；是永古不滅的、無微不至的，大而無外，小而無內，無可反抗，不可言說，超出於一切有形質、無形質、有生命、無生命以外，而能化生一切有形質、無形質、有生命、無生命的一個總體。宇宙內外，惟無的時間最久，也惟無的形體最大；所以惟無能生有，有仍還於無。無是真的，有是假的；無是主動，有是被動。這個無，便是西方哲學所說的"大自然"，超宇宙體力以外的。——這個無，便是老子的"本體論"。英文稱 Ontology，又稱實證論；是研究實在的終極本性的一種理論。

因爲這樣，人是有，天地也是有，有不是真；不能自動，不是最後，不是最大；一切須聽命於無，不但人要無爲，天地也是無爲。宇宙間一切，受了無的使命而不知其所以然的運行變化。老子說："萬物生於有，有生於無。"這是歸納的說法。若演繹起來，便是"無生有，有生萬物"。我們做萬物，不要迷失了本性；要得到長治久安之道，便要看破這個有，服從這個無。

但僅僅一個"無"字，終究不能成爲名詞，不能表示出他的性質來的；老子便又找出一個"道"字來做他的代表。但我們要明白這個道字，是一個假設，不是一個名詞。莊子說："道不可聞，聞而非也；道不個❶見，見而非也；道不可言，言而非也：知形之不形乎，道不當名。"形之不形，是說世界一切有形的萬物，都從無形生出的，所以名也是從無名生出的。本無名強爲之名，這個名也不是眞名了。老子自己也說："道可道，非常道；名可名，非常名。"第二個道字，是言說的意思；第二個名字，是稱爲的意思。道是不可言說、不可稱爲的，是要靜心體察、觸類傍通的。無名，便是無形無物；因爲我們眼前的形物，不是形物的最初，老子又說：

大象無形，道隱無名。

視之不見名曰夷，聽之不聞名曰希，搏之不得名曰微：此三者，不可致詰；故混而爲一。其上不皦，其下不昧，繩繩不可名，復歸於無物。

老子書中每說及"道"字，總是沒有一定的界說，且亦沒有一定的名詞。你看他說妙，說玄，說一，說樸；又說玄牝、天門、自然、混成、無極、大象、玄德、種種閃爍不定的名詞，正可以看得出他找不到一個正確名詞的痛苦，又可以看得出這老子哲學思想的對象，實在是不可名的；不可名而強用這許多名辭來表示他，歸根還是一個無名。——爲今左道惑人的道家，便死抱住一個道字，做出這醜陋不堪、愚蠢不堪的所謂長生不老煉丹修仙的妄事來。這是何等執迷！何等不澈❷底！何等不自然！徒然辱沒了老子一番美意。

因爲老子要說明這個道是假定的，是自然的。——胡適解自然謂："自，是自己；然是如此。自然，只是自己如此。"梁啓超也說："自然，是自己如此。"謝無量說："自然者，究極之謂也。"胡適又斥他爲"不成話"。而李石岑又譏笑胡適解釋得太淺薄。他說："自

---

❶ "個"當爲"可"。——編者註
❷ "澈"今作"徹"。——編者註

然如果只是自己如此，恐怕誰也會得解釋；哲學上的問題，恐怕不是這樣容易罷！"李又引證章太炎的解釋自然。太炎說道："夫所謂自然者，謂其由自性而然也。而萬有未生之初，本無自性；既無其自，何有其然？然既無依，自亦假立。……佛家之言法爾，與言自然者，稍殊，要亦隨宜假說，非謂法有自性也；本無自性，所以生迷，迷故有法，法故有自。"李自己解自然的意思道："老子根本思想是無名，是無則知自屬假立，本無自性，而自然所以喻體，故道又法自然。總之，自然重在返本復初，所謂'莫之命而常自然'。"

"返本復初"，這句話便對了！人與萬物天地，各有一個本，也各有一個初；我人非我人，自己非自己，所謂己者，決非我們眼前有形質的東西，是我們未有形質以前的這個本，這個初。我們要不忘本，不忘初，那個自己，纔能還於天道的自己；而這個如此，纔可以做到本來如此，不得不如此的地步。那胡適的所謂"自己如此"，謝無量的所謂"究極"，都可以解得通了。——自然，是無所爲而爲；我的形體成於自然，我故無所爲也。我所爲的，也是動於自然；我所爲的，也是無所爲也。要無所爲，便要無主觀；要無主觀，便要虛靜柔下。老子說：

"天地不仁，以萬物爲芻狗。"——王弼註："地不爲獸生芻而獸食芻，不爲人生狗而人食狗；無爲於萬物，而萬物各適其所用。"

這個不仁，不是說沒有仁心。仁字本來是人造的，在天地本來一切任憑自然；仁也自然，不仁也自然。且天地無心爲仁，而生養萬物，也是他，滅絕萬物，也是他；他的所以如此，祇是他的自然。天地生芻狗，萬物互相爲芻狗，這也是自然；獸的食芻，人的食狗，是一個自然的適合，天地並不曾爲人獸而生芻狗。一切相生相殺，都出於自然，這纔到了自然的極軌。我們做人，亦當順應天道，盡其自然，聽其自然；恩怨成敗，無所究心，好似初生的嬰兒，笑啼都出於不自知。老子要我們死心塌地的服從自然，因也便勸我們學小孩子；這是他看出天道的原始狀態，所以我們也要用原始狀態去適應天道。老子說天道，也常常拿小孩子來比喻。他說：

"常德不離，復歸於嬰兒。" "專氣致柔，能嬰兒乎？" "我獨泊兮其未兆，如嬰兒之未孩。" "含德之厚，比於赤子。" "聖人皆孩之。" ——老子以謂一到童年，便汨沒了天真；所以他說的"嬰兒""赤子"，正是渾然元氣初生之兒。

嬰兒何以可愛？因他天真未鑿，善惡皆出於自然；在嬰兒是無善惡的，無善惡所以無為，無為所以無名。老子的天道，是絕對的；不是相對的。一有了名，便是相對，便不成為最初，不成為唯一；他所以拿種種現象界來比喻，正是他要用現象來說明本體。他的本體，還是一個無。下面引證的一段，便是老子拿現象來說明無的大用。他說：

"三十輻，共一轂，當其無，有車之用；埏埴以為器，當其無，有器之用；鑿戶牖以為室，當其無，有室之用：故有之以為利，無之以為用。" ——利，是利於用，是幫助的意思，不是用的本體。

輻，是車輪子中央的空洞；埏埴為器，便是搏土為器的意思，各項盌盞器具中央，總是空的；戶牖，是說窗洞門洞和那空屋。輪有空洞，輪子纔能轉動；器有空處，纔能盛物；窗門有空洞，屋子有空地，纔可以流通空氣，安住人物。我們要明白天道，須養得心性空靈，不被眼前的聲色貨利所束縛；虛心容納天道，纔能將天道貫澈❶於胸中。所以無字，正是求真理的不二法門。老子看得人世一

---

❶ "澈"當為"徹"。——編者註

切智識道德功利法律，都是窒塞人生智慧的惡物；人看重了一切人造的制度，主觀的思想，便永永不能虛，永永不能見得天道的自然。老子說：「絕聖棄智，民利百倍。」「智慧出，有大僞。」「民之難治，以其智多；故以智治國，國之賊，不以智治國，國之福。」——這是排斥智慧的話。——又說：「絕聖棄義，民復孝慈。」「大道廢，有仁義。……六親不和，有孝慈；國家昏亂，有忠臣。」「上德不德，是以有德。……禮者，忠信之薄，而亂之首！」——這是排斥道德的話。——又說：「絕巧棄利，盜賊無有。」「民多利器，國家滋昏；人多伎巧，奇物滋起。」——這是排斥功利的話。——又說：「天下多忌諱，而民彌貧；……法令滋彰，盜賊多有。」「民不畏死，奈何以死懼之！」「代大匠斲，希不傷手。」——這是排斥法律的話。——老子究竟要我們怎麼樣做人呢？你看老子以下的話：

> 見素抱朴，少私寡欲，絕學無憂。

> 眾人熙熙，如享太牢，如登春臺，我獨泊兮其未兆，如嬰兒之未孩；儽儽兮若無所歸眾，人皆有餘，而我獨若遺我。愚人之心也哉，沌沌兮，俗人昭昭我獨昏昏，俗人察察我獨悶悶；澹兮其若海，飂兮若無止。眾人皆有以，而我獨頑似鄙，我獨異於人，而貴食母。

> 知足不辱，知止不殆，可以長久。……罪莫大於可欲，禍莫大於不知足，咎莫大於欲得；故知足之足，常足矣。

> 江海所以能爲百谷王者，以善下之，故能爲百谷王。……以其不爭，故天下莫能與之爭。

> 曲則全，枉則直，窪則盈。……夫唯不爭，故天下莫與之爭。

> 上善若水：水，利萬物而不爭，處眾人之所惡，故幾於道。

這種種話，都是老子人生哲學的歸結點。本來一種思想的發生，沒有不受時代驅使的；而思想的歸結點，無非也爲補救時代起見。

不受時代逼迫的，不成爲思想；不能補救時代的，也不成其爲思想。老子暗示我們處於強暴政府之下，祇須用虛靜，不合作、不爭的手段，得到最後的勝利。——唉！可憐的不合作！可憐的最後勝利！

十八年十一月二十，在工讀運動期。

老子歷史

老子者，楚苦縣厲鄉曲仁里人也。姓李氏，名耳，字伯陽，謚曰聃。周守藏室之史也。

孔子適周，將問禮於老子，老子曰："子所言者，其人與骨皆已朽矣，獨其言在耳！且君子得其時，則駕；不得其時，則蓬累而行。吾聞之：良賈深藏若虛，君子盛德容貌若愚。去子之驕氣與多欲，態色與淫志，是皆無益於子之身。——吾所以告子，若是而已。"孔子去，謂弟子曰："鳥，吾知其能飛；魚，吾知其能游；獸，吾知其能走。走者可以為罔，游者可以為綸，飛者可以為矰；至於龍，吾不能知其乘風雲而上天。吾今日見老子，其猶龍邪！"老子修道德，其學以自隱無名為務。

居周久之，見周之衰，迺遂去。至關，關令尹喜曰："子將隱矣，彊為我著書。"於是老子迺著書上下篇，言道德之意，五千餘言而去，莫知其所終。

或曰："老萊子亦楚人也；着❶書十五篇，言道家之用，與孔子同時云。"蓋老子百有六十餘歲——或言二百餘歲；以其修道而養壽也。

自孔子死之後，百二十九年，而史記周太史儋見秦獻公曰："始秦與周合而離，離五百歲而復合，合七十歲而霸王者出焉。"或曰儋即老子，或曰非也，世知莫其然否。

老子，隱君子也。老子之子名宗，宗為魏將，封於段干；宗子注；注子宮，宮玄孫假，假仕於漢孝文帝。而假之子解，為膠西王卬太傅，因家於齊焉。

---

❶ "着"當為"著"。——編者註

世之學老子者，則絀儒學；儒學亦絀老子。"道不同，不相爲謀。"豈謂是耶？李耳無爲自化，清静自正。

——錄《史記·老莊申韓列傳》

【註】老子——老子的歷史，因年代久遠，後世研究他的學問的，又沒有孔子般多，所以不能說得十分詳細。便是司馬遷做的這一篇列傳，把老子歸併在莊子、申子、韓非子一類裏，寥寥幾十句，說得迷離惝怳，使我們後人讀了，幾疑他是神仙一類的人，其實，他是一位講"自然主義"的哲學家。他生時，大約比孔子早一二十年。張君相說：老子並不是他的名字，老字和考字的意思差不多；子字，和孳字意思一樣；是說他能考教衆理，孳生萬物的意思。

楚苦縣——苦縣，本是陳國地方；後來到春秋時候，楚國滅去了陳國。苦縣便歸屬了楚國。在如今河南鹿邑縣地方。

李氏——有人說：李是老子母親的姓；又說：他母親在李樹下生老子，所以取姓李。

謚曰聃——人死以後，查考他生平的特性，取一個名字，稱做謚。照聃字的本義講，是說人的耳肉模糊，沒有輪廓的，稱做聃。大概老子的一雙耳朵，生得有一點異樣；所以活着取名耳，死後取名聃。

藏室史——史，是官名。周守藏室之史，是說做周朝藏書室的官。又稱老子爲柱下史，便是說藏書室的柱下，便拿"柱下"二字做官名。

孔子適周——孔子，是魯國人。他到周朝去，據清人閻若璩推算是在魯昭公二十四年，孔子三十四歲——見《四書·釋地續》——因爲《禮記·曾子問》那有一句"孔子曰：'昔吾從老聃，助葬於巷黨；及堰，日有食之。'"這個日食，是在魯昭公二十四年夏五月乙未朔巳時。《史記》裏也說："孔子與南宮敬叔同適周。"

其人與骨——其人與骨，是說古時有道德學問的人。則駕——
駕，是說坐着車出去，替國家做事體。

蓬累——蓬，是說地上的茅草；累是說跟隨。蓬累，是說茅草
跟着風勢倒來倒去；比方人在亂世的時候，便順着時勢做去。

良賈深藏——良賈，是說善於做買賣的人。深藏，是說拿他值
錢的貨物收藏起來，好似沒有貨物一般。待不值錢的貨物賣去以後，
纔把值錢的貨物拿出來賣；倘先賣值錢的貨物，那不值錢的貨物便
沒有人買了，所以稱做良賈。

君子盛德——說十分有道德的人，他心中謙虛，見人不肯先說
話；看他樣子，好似愚笨的人一般。

態色與淫志——態色，是說搭架子的氣色；淫志，是說貪功名
利祿的心。爲罔——罔字是古網字，捉獸用的。

爲綸——綸，是線；爲綸，是說做釣魚的絃線。

爲矰——矰，是箭，射鳥用的。

猶龍——是說老子的學問思想，深妙不測；好似龍一般，忽然
在雲中，忽然在水中，來去不可見。

自隱無名——自隱，是說存心退讓，不願與人爭功，把自己的
名望顯露出來；他并不願天下有一切善惡美醜賢不肖長短高下前後
的定名。無長便無短，無前便無後，無美便無醜，無善便無惡，無
賢便無不肖；因爲人若知道了美是好，便知醜是不好了；知道善是
好，便知惡是不好了；知道賢是好，便知不肖是不好了。平常那種
賞善罰惡的行爲，都不是根本辦法；根本的辦法，先要把那善惡賢
不肖等等對待的名稱取消了，歸到無名混沌的時代。無名，便不爭；
不爭，便沒有一切罪惡。

關令尹喜——令尹，是官名；喜，是人名。這個關，依李尤

《函谷關銘》說：關尹喜遇老子在函谷關。依《抱朴子》說："老子西游，遇關令尹喜於散關。"散關，在陳倉縣東南五十二里地方；函谷關，在陝州桃林縣西南十二□❶地方。今人顧實《六家諸子擬年表》裏說："關尹，名喜。關尹，其官名，蓋懷關擊柝隱於下僚者也。莊子《達生篇》言：'列子問於關尹子。'《應帝王篇》又言：'列子師壺子。'即壺丘子林——《漢書·古今人表》作狐丘子林——而《呂覽·下賢篇》言：鄭子產爲相，往見壺丘子林。則關尹壺丘子林，皆列子、鄭子產之前輩也。然世本言：'鄭穆公時列禦冠'，則列子生及鄭子產大父穆公之世，似又較長於鄭子產也。鄭穆公歿於十六年，當周匡王元年；鄭子產相鄭，在魯襄公之三十年、周景王之二年，相距七十九年。豈壺子甚老壽耶？古固有弟子而年長於師者，豈列子亦年長於關尹者耶？故茲擬關尹年世，自周匡王元年，至周景王二年，略當西紀元前六一二至五四三年間。"

彊爲我——彊爲我，是說勉力爲我的意思。彊字，其兩反。

著書上下篇——上下篇，便是如今老子《道德經》上下兩卷，又稱《老子》。《函谷關銘》裏說："留作二篇"，又稱一卷，《抱朴子》裏說："爲喜著《道德經》一卷，謂之《老子》。"

言道德之意——《道德經》第一句："道可道，非常道。"後人便稱他的書爲《道德經》，稱老子爲"道家"。

莫知其所終——老子的生世，各家書都記得模糊，尤其是他的死時。有人說他騎青牛入函谷關成仙去。《列異傳》裏說："老子西游關，令尹喜望見其有紫氣浮關，而老子果乘青牛而過。"因爲有這種傳說，所以後來學神仙的，都認老子做祖師，到如今道院裏還畫

❶ 疑爲"里"。——編者註

着老子騎青牛的像。照我推想起來，老子是一個十分長壽的人，因爲經過的朝代太多了，後人也記不起他的死日，祇好說一句"莫知其所終"了。

老萊子——司馬遷疑心老子便是老萊子。因爲老萊子也是楚國人。因爲亂世，他逃在蒙山裏耕種度日。《列傳》裏說他："耕於蒙山之陽，莞葭爲牆，蓬蒿爲室，枝木爲牀，著艾爲席，菽芰爲食，墾山，播種五穀。"後來楚王到山中去迎接他，老萊子便去至江南。

與孔子同時——老子是否生於孔子前，生於孔子後，或與孔子時同生，都不可考。今人梁啓超却極力主張老子生於孔子後的，他的《先秦三百年間政治思想界主要人物年代表》裏把孔子排列在第一個五十年的末段，春秋告終期裏——周景王十四年至敬王三十八年是第一個五十年——却把老子排列在第二個五十年的前段，楚滅蔡杞期裏。——周敬王三十九年至考王九年是第二個五十年——但是據《史記》說老子是楚國苦縣人，又據《史記索隱》說："苦縣，本屬陳；春秋時，楚滅陳而苦又屬楚。"查楚滅陳蔡，是在孔子未生以前，而老子的家鄉已屬了楚國；那末，老子是比孔子早生了。但是，梁著的《先秦政治思想史》上又說："老子五千之言著者果爲誰氏？……舊說大率認五千言之著者爲孔子所從問禮的老聃。果爾，則其人爲孔子先輩，道家當在儒家前成立。雖然，向老子著書之說，從何出？不外據《史記》本傳。然《史記》即以與太史儋、老萊子三人並舉，不能確指爲誰。墨子、孟子，皆好譏評，而未嘗一及老聃。……以此推之，其書或頗晚出。要之，最早不能在孔子以前，最晚不能在莊子以後也。"而顧實的《中國文學史大綱》上却說："《史記》傳中用'或''蓋'等疑辭，若僅見補綴之狀者。然考

《史記》一百三十卷，其中傳人者，無慮數百，而記其生地，始其國而及其縣鄉里者，僅三處：其一漢高祖，次則孔子，又次老子。示其非不測之人，與其結末細述子孫之事相對，愈可斷定其無錯誤。”所以他《莊子·天下篇講疏》附表中，擬老子去世，爲自周襄王三十三年，至周安王二十六年；約當西歷紀元前六百十九年，至三百七十六年。日本人高桑駒吉原著的《中国文化史》中，也說：老子差不多和孔子同時代的人。胡適《中國哲學史大綱》卷上說：“老子比老❶子至多不過大二十歲。老子當生於周靈王初年，當西歷前五七〇年左右，老子死時不知在於何時。《莊子·養生主篇》明記老聃之死，莊子這一段文字，決非後人所能假造的；可見古人並無老子‘入關仙去’，‘莫知所終’的神話。”

老子百有六十餘歲——有人說老子不是眞名姓，因爲他年老，所以稱老子。《神仙傳》裏說：“生而皓首，故稱老子。”《高士傳》裏說：“以其年老，故號其書爲《老子》。”這樣說來，老子的年老可知了。據《史記索隱》說：是古時好事的人，根據外傳。因爲要使老子活到孔子的時候，所以說他一百六十歲；又因爲要把老子說成就是周太史儋，所以說他年紀活到二百歲。——因爲周太史儋是見過秦獻公的。胡適却說：《史記》中這個話，是後人加入的；老子即享高壽，至多不過活了九十多歲罷了。

秦與周合而離——這一段話，在《史記》“周本紀”“秦本紀”都有。那時周室衰微，秦國強盛。周太史儋對秦獻公說這一番話，是諂媚秦王的意思。秦土❷的始祖，原沒有國土的，祇在周朝做臣子，君臣在一處，所以說“秦與周合”。直到秦國的祖宗伯翳，因平

---

❶ 第二個“老子”當爲“孔子”。——編者註
❷ “土”當爲“王”。——編者註

犬戎有功，周孝王便封他爲侯爲伯，秦便與周朝脫離，另立諸侯國，所以說"合而離"。以後秦國勢力日強，周朝勢力日弱，到秦昭王五十二年，西周君臣獻三十六座城池與秦國，周地與秦地合併，這時離秦伯翳時候，有五百十六年，所以說"別五百載復合"。自從周朝送地與秦國十七年以後便生秦始皇，所以說"霸王者出"。《周本紀》說："合十七歲，而霸王者出。"《秦本紀》裏說："合七十七歲而霸王出。"《老子列傳》裏說："合十七歲而霸王者出焉。"大概十七年是不錯的。《史記索隱》裏說："自周以邑入秦至始皇初立，政由大后嫪毐，至九年，誅毐，正十七年。"

隱君子——隱君子，是說有道德學問的人，看破名利，不願把自己的名望顯露出来。

絀儒學——絀，是說看輕的意思。儒學，是孔子的學問。老子是主張無為而治，一任自然，力排"干涉主義"，反封孔子的名教，主張不要名；他看作孔子的禮教，是作僞的，是人類爭奪的起源。他的思想，是建設在絕對的自由主義上面，和孔子人為的倫常禮教，洽洽❶是一個反面。所以老子一班的學者，看不起孔子的。但是稱孔子的學問為儒學，這是後世定下的，在當初，孔子一班學問家，也從不曾自己稱儒的。照古書的解釋："通天地人謂之儒"。原来儒字是有才學的人的通稱。那没所謂諸子百家的學問，都可以稱做儒學。孔子說："勿為小人儒。"這儒字明明是說做學問的人，如何可以拿来做孔子學派的專門名詞？

儒學亦絀老子——孔子的學說，全用主觀的情感，以人造的倫理，在時代環境以內，求相對的自由和平等，以人造的禮教束縛人

---

❶ "洽洽"今作"恰恰"。下不再註。——編者註

心，求暫時的調和，不求天地真理，不主張絕對的思想解放，所以洽洽站在老子學說的反對面，便也看輕老子的學說了。

無為自化清靜自正——這八個字，是老子學說的根本。無為，是說人不要造出種種制度來。自化是說聽天地自然的氣化。清靜，是無為的表現。自正，是說得天地自然的正理。

老子《道德經》

《道德經》上篇——這《道德經》上、下兩篇，便是《史記》列傳裏所說的："老子迺著書上下篇，言道德之意，五千餘言而去。"後人把他分做八十一章，文字十分簡淨。因為他是子書之一，所以又直稱《道德經》做《老子》，和《莊子》《墨子》等的名稱一律。但是為什麼又稱他做《道德經》呢？因為他書中劈頭幾句，有："道可道，非常道；名可名，非常名。"據元人臨川吳澄註解："名，謂德也。"開卷有道德二字，所以稱他為《道德經》。江瑔的"讀子卮言"裏也說："道德經，以首句之'道'字、'德'字而得名；如'關睢''麟趾'之類。古人著書，素有此體，非老子深意所在，無關宏旨。"——見《讀子卮言·論九流之名稱》——這上篇，共有三十七章。

第一章

——又稱"道可道"章。是說常久之道，自然而然，萬物得之則生。

道可道，非常道；名可名，非常名。無名，天地之始；有名，萬物之母。故常無，欲以觀其妙；常有，欲以觀其徼。此兩者同出而異名，同謂之玄；玄之又玄，衆妙之門。

【註】道可道，非常道，名可名，非常名——據吳澄的解釋說：第一個"道"字是名詞是說道路的意思；第二個"道"字，是動詞，是行走的意思。常，是說常久不變的意思。"名"字，是代德字用的；第二個"名"字，是說指定名稱的意思。總括起來說，道是天地間的大道，本來說不出一個名目來的；如今勉強稱他一個道字，是"可以意會不可以言說"的。倘然拿他當道路一般，有可以一定行走的路，這個已經不是天地間常久不變的大道了。那德，雖也是一個定名；但也不能指出什麼喚做德來。倘然和器物一般可以指出一定的名稱來，那個德，便也不是常久不變的大德了。

【參考】《韓非子·解老篇》說："凡理者，方圓長短麤靡堅脆之分也。故理定而後物可得道也。故定理有存亡，有生死，有盛衰。夫物之一存一亡，乍死乍生，初盛而後衰者，不可謂常。唯夫與天地之剖判也俱生，至天地之消散也不死不衰者謂常。而常者無攸□❶，無定理；無定理非在於常，是以不可遵也。聖人觀其玄虛，用其周行，強字之曰"道"，然而可論。故曰："道之可道，非常道也。"老子所說的道，是宇宙所以組織運行的原理；不是相對的，是絕對的，是最高無上大靈體原動力的一個抽象的代名詞。《中國文學史大綱》裏說："第一，為萬種現象之基礎，有永劫不變之神靈存在無形無質終古不可感觸者也；第二，賦與人類及生物者，其存在之認識，可為復歸主義的根柢者也。"如此的大道，如何可道？所以可道的，便不是常道了。常，是平常的意思，也是本來的意思；也是本相，原是無形無聲的，不可以說得出一定的道理的；倘然可以說得明白，便不是道的本來面目了。有一樣器物，纔定出他的名稱來；但萬物未成形的時候，原是混合在一起，分不出名稱來的，倘然可以分別得出名稱來，那已經不是萬物本來的名稱了。晉王弼註道："可道之道，可名之名，指事造形，非其常也；故不可道，不可名也。"《莊子‧知北游篇》："道不可聞，聞而非也；道不可見，見而非也；道不可言，言而非也；知形之不形乎，道不當名。"這樣說來，宇宙間的大道，是靠人的聰明去潛觀默察的，不是可以用言語說得明白的；便是說，也沒有一定的名稱可以說得出來。俞正燮說道："此語道名，與他語道名異。云道者，言辭也；名者，文字也。《文子‧道原》云：'書者，言之所生也；名可名，非藏書者也。'《精誠》云：'可名非常名，著於竹帛，鏤於金石，皆其麤也。'《上義》云：'誦先王之書，不若聞其言；聞其言，不若得其所以言。故名可名，非常名也。'《淮南‧本經訓》云：'至人鉗口寢說，天下

---

❶ 原稿殘。——編者註

莫知，貴其不言也。故道可道，非常道；名可名，非常名。著於竹
帛，鏤於金石，可傳於人者，麤也。晚世學者，博學多聞而不免於
惑。’《道應訓》云：‘桓公讀書堂上，輪人曰：獨其糟粕也。故老
子曰：道可道，非常道；名可名，非常名。’皆以老子道為言詞，名
為文字。”宋范應元註：“道者，自然之理，萬物之所由也。博弈云：
‘大也，通也。’韓康伯云：‘無不通也。’名者，猶人之有名也；凡
名之可以名字者，皆其可道者，非常久自然之道也。且如萬物生來
未嘗有名，亦只是昔人與之著名以分別之爾；萬物有形，固可以道，
可以名。惟常久自然之道，為萬物之母，而無形，故不可道，不可
名也。蘇曰：道不可道，而況得而名之乎？凡名，皆其可道者也。
名既立，則方圓曲直之不同，不可常矣。”清人俞樾能解說：“常與
尚，古通。尚者，上也。言道可道，不足為上道；名可名，不足為
上名，即‘上德不德’之旨也。河上公以上篇為《道經》，下篇為
《德經》。《道經》首云：‘道可道，非尚道。’《德經》首云：‘上德
不德。’其旨一也。可道者，謂可言也；常者，久也。道一而已，有
體用焉；未有不得其體而知其用者也，必先體立而後用有以行。老
氏說經，先明其體。常者，言其體也；可道者，言其用也。體用一
源，非有二道也。今夫仁義禮智，可言者也，皆道之用也。人徒知
惻隱之心，仁之端也；羞惡之心，義之端也；辭讓之心，禮之端也；
是非之心，智之端也；而不知其體之一則是道也。分裂四出，末流
不勝其弊矣。故凡道之可以言者，非常久自然之道也；夫常久自然
之道，有而無形，無而有精。其大無外，故大無不包；其小無内，
故細無不入，無不通也。求之於吾心之初，則得之矣……”近人嚴
復說：“常道常名，無對待故；無有文字言說，故不可意議故。”

　　【註】無名天地之始，有名萬物之母——無名，是什麼？便是大

道。那天地也從這自然中生出來的，所以說"天地之始"。有名是什麼？便是有了萬物的名稱。萬物各定了名稱，從此萬物生萬物，所以說"萬物之母"。

【參考】晉王弼說："凡有皆始於無：故未形無名之時，則為萬物之始；及其有形有名之時，則長之育之亭之毒之，為其母也。言道以無形無名始成，萬物以始以成而不知其所以，元之又元也。"宋范應元註解這兩句道："天地之先，元有此道；淪渾未判，孰得而名？渾淪既判，天地人物，從此而生。聖人見是萬物之母而無形，故強字之曰道，強為之名曰大。因其無名，強為之名；俾一切人假此有名探其無名，以復其初也。"

【註】故常無欲以觀其妙，常有欲以觀其徼——無字，是說人心中不存私見，全用客觀的態度，去考察天地間自然的大道。妙，是說十分細微曲折的道理。有字，是說人心順着天地自然的道理運用着，從這運用自然的時候，便可以看得出天地大道的究竟來。徼，是極端的意思。晉王弼說是："歸終也。"元吳澄說是："邊際之處。孟子所謂端是也。"宋范應元的意思，把"故常無"三字讀做一句，"欲以觀其妙"讀做一句；"常有"讀做一句，"欲以觀其徼"讀做一句。

【參考】應元解這兩句說："常久自然之道，自古固存；然而無形無聲。微妙難窮，故謂之常無，則欲要使人以觀其微妙也。惟人也，由此道而生為萬物之最靈。誠能囘光返視於吾身之中，悟一真體，雖至虛而物無不備，則道之微妙可得而觀矣。夫如是，乃知一理包乎萬殊；凡物凡事，不可違自然之理也。大道自然，化生萬物：在天，則成日月星漢等之象；在地，則成山川草木等之形；在人，則成身體髮膚等之質。故謂之常有，則欲要使人以觀其境也。惟人也，中天地而立，為三才之一；果能仰觀俯察於兩義之內，悟萬物形雖不同，而理無不在，則道之境致可得而觀矣。夫如是乃知萬殊歸於一理。凡物凡事，固當循自然之理也。"王弼說："萬物始於微而後成，始於無而後生；故常無欲空虛可以觀其始物之妙。凡有之為利，必以無為用；欲之所本，適道而後濟。故常有欲可以觀其終物之徼也。"近人嚴復說："不言無物，而曰無欲，蓋物之成，必有欲者；物果而欲因也。裏果言因，於此等處見老子精妙非常智之可及也。"今人馬叔倫說：妙字應當改成杪字，《說文》："杪，木標末也。"以後都應照改。微字，應當改成竅字。《說文》："竅，空也。"杪字與竅字相對，纔能相稱。

【註】此兩者同出而異名，同謂之玄——兩者，是指上面所說"道"與"名"，"天地之始"與"萬物之母"，"無"字與"有"字：他的根原都出發在一條路上，道和名是一樣的：名是已成形的道，道是未成形的名。天地之始，也便是萬物之母，因天地也便是萬物之一，宇宙的大道，生成天地，又進而生成萬物，同是宇宙間一個原則所產生的。至於無欲，便是有欲靜的時候；有欲便是無欲動的時候。他的一動一靜都順天地自然的驅迫，所以說"兩者同出而異名。"按到實在，都是從天地極微細幽遠一條理上造成的，所以說"同謂之玄"。這一個"玄"字，便是近世哲學家所說的"萬有本體"。

【參考】吳澄把這一段讀成"此兩者同"，為一句；"出而異名，同謂之玄"，為兩句。他註道："此兩者，謂道與德同者；道卽德，德卽道也。玄者，幽昧不可測知之意。德自道中出而異其名，故不謂之道而謂之德；雖異其名，然德與道同為之玄，則不異也。"晉王弼說："兩者，始與母也；同出者，同出於元也。異名所施，不可同也。在首則謂之始，在終則謂之母。元者，冥也，默然無有也，始母之所出也；不可得而名，故不可言同名曰元，而言'謂之元'者，

41

取於不可得而謂之然也。"宋范應元說："兩者，常無與常有也；玄者，深遠而不可分別之義。蓋非無不能顯有，非有不能顯無；無與有，同出而異名也。以道為無，則萬物由之而出；以道為有，則無形無聲。常常不變，故曰常無常有也。無有之上，俱著一常字，乃指其本則有無不二，深遠難窮，故同謂之玄也。竊嘗謂有無固不足以論道，然自其微妙而言，不可不謂之常無；自其著見而言，不可不謂之常有。分而言之，妙是微，微是顯；合而言之，無與有同出而異名，妙徽皆一道也。此老氏所以兼有無，貫顯微，合同異而為言也。人能如是觀之，則妙與徽相通，物與我混融，表裏洞然，本無基礎，亦無差別也。"近人嚴復也主張同字分句，他說："一切皆從同得，玄所以稱衆妙之門，卽西人所謂 Summumgenus，周易'道通為一'，'太極無極'諸語，蓋與此同。"

【註】玄之又玄，衆妙之門——上文已經說過：玄是說天地間最深奧博大的道理。"玄之又玄"，是說理中求理，宇宙的大原理，愈研究愈深，便得了萬物所以生成的原理了。所以說"衆妙之門"。元吳澄的見解，把第一個玄字認做道，第二個玄字認做名：名是萬物，道是天地。天地生萬物，道又生天地，所以說"玄之又玄"。

【參考】吳澄說："德與道雖同謂之玄，道則玄之又玄者，原道乃德之所由以出也。"范應元說："常久自然之道本不可以名言。今既強字之曰道矣，且自其微妙而謂之常无；又自其着見，而謂之常有，復自其本之有无不二深遠難窮而可謂之玄，是皆不免乎言焉。玄之又玄，則猶云深之又深，遠之又遠，非无非有，非異非同，不知所以然而然，終不可得而名言分別之也。然萬化由斯而出，各各具妙，故曰衆妙之門……"近人嚴復亦說："西國哲學所從事，不過此十二字。——同謂之玄，玄之又玄，衆妙之門。"

第二章

——又稱"天下皆知章"。范應元說："道常無為，初無美惡；纔涉有為，便有美惡。貴在無為而成，不言而信。故次之以天下皆知章。"

天下皆知美之為美，斯惡已；皆知善之為善，斯不善已！故有無相生，難易相成，長短相較，高下相傾，音聲相和，前後相隨：是以聖人處無為之事，行不言之教，萬物作焉而不辭，生而不有，為而不恃，功成而弗居。夫唯弗居，是以弗去。

【註】天下皆知美之為美，斯惡已，皆知善之為善，斯不善已——無美惡，是老子的根本思想。這兩句，仍是根據第一章無名的意思說下來；他並不是不主張真的美善，他是不主張有美善的定名。本來我們順天理人性的自然原則去做人，無所謂美與不美、善與不善；自從假定了美和善的空名去引誘人們，人們被虛榮心所鼓動，便竭力去爭奪名義上的美、名義上的善，這便是作偽，便是惡，便是不善。所以要免去人類的作惡，便先要除去這美字的空名；要免去人類的不善，也便先要除去這善字的空名。本來人性總是超❶向

---

❶ "超"疑為"趨"。——編者註

於美善的路的，因為美善是組織天地萬物自然的原則；倘然不美不善，便擾亂大自然相生相成的定理，而不適於生存了。人總是樂於生存的，所以人性總是趨向於美善之途的。自從偽君子用美善的空名，去引起人類的虛榮心，便有許多人作偽，拿偽的美、偽的善去響應他，你也作偽，我也作偽，天下從此擾攘多事了。所以欲使人性歸於真美、真善，先要除去這美善的虛名。已字，和矣字通用。

【參考】晉王弼說：“美者，人心之所進樂也；惡者，人心之所惡疾也。美惡，猶喜怒也；善不善；猶是非也。喜怒同根，是非同門，故不可得而偏舉也。”《淮南子・道應訓》：“道不可聞，聞而非也；道不可見，見而非也；道不可言，言而非也；孰知形之不形者乎？故老子曰：‘天下皆知善之為善，斯不善已。’故知者不言，言者不知已。”他所說的不言，便是老子所說的“無名”。宋范應元說：“自古聖人體此道而行乎事物之間，其所以全美盡善而不知為美善者，蓋事物莫不自然各有當行之路；故聖人循其自然之理，行而中節，不自矜伐以為美善也。儻矜之以為美，伐之以為善，使天下皆知者，則必有惡與不善繼之也”。元吳澄說：“美，為美於他物，以質而言也；善，謂善於其事，以能而言也。美惡善不善之名，相因而有；以惡故有美，以有不善故有善；皆知此之謂美，則彼為惡矣；皆知此之為善，則彼為不善矣。欲二者皆泯於無，必不知美者之為美，善者之為善，則亦無惡無不善也。”《諸子菁華・老子節本》註：“有一真美善於此，必有百偽美善者雜糅其間：禪讓，美名也，而魏文、晉武假之；卹民，善行也，而陳氏厚施假之；謙恭下士，美德也，王莽假之；假卽所謂惡與不善也。”近人嚴復說：“人唯自知拘虛，大其心，擴其目以觀化，而後見對待之物，無不可齊，而悟力最要之所在也。試舉一物為喻譬：如空氣，為生物所不可少；

然不覺眼前食氣自由之為幸福也。使其知之，則必有失氣之惡，閱歷而後能耳。"今人陳柱說："《莊子·秋水篇》云：'鰷魚出游從容，是魚樂也。'此魚未知水之之❶美，是誠真美矣。《大宗師篇》云：'泉涸，魚相與處於陸；相呴以濕，相濡以沫，不如相忘於江湖。'夫相呴以濕，相濡以沫，則知水之美矣，然其不美也孰甚?"

【註】故有無相生，難易相成，長短相較，高下相傾，音聲相和，前後相隨——這一段話，是更進一步說法。他拿有、易、長、高、聲、前六種，來比方美和善；拿無、難、短、下、音、後六種，來比方惡和不善。人生天地間，順自然的氣化，本無所謂善與惡、美與不美；卽使偶爾有不自然的行動和表現，這也和無的對於有、難的對於易、短的對於長、下的對於高、音的對於聲、後的對於前，可以相生、相成、相較、相傾、相和、相隨，而終究歸於天地自然之原則。自然，便是美，便是善；不自然，也不能說他是惡，說他是不善。我們祇能說他是要趨向於美善的一種適應的變動。這個變動，也是受環境的驅迫，也是自然的，也是美的、善的。惟有不自然的變動，纔是真的惡、真的不善。但是天下沒有不自然的變動：譬如說，我一定要到肚子真餓的時候，纔肯去搶飯吃；到身上真冷的時候，纔肯去奪衣服穿；決沒有在肚子真飽的時候，再故意去搶飯來吃的；也沒有在身上正熱的時候，再故意去奪衣來穿。那沒，這個肚子真餓時的搶飯吃，身上真冷時的奪衣穿，我們祇能說他是要趨向於飽暖的一種偶然的變動；飽暖固然是美善，但搶奪的行為我們決不能說他是本身的惡、本身的不善，這是環境的不自然。

【參考】晉王弼說："此六者，皆陳自然不可偏舉之明數也。"

---

❶ 第二個"之"字當爲"衍"字。——編者註

宋范應元說：“此以證上文美與惡為對，善與不善為對。”元吳澄說：
“物之有無事之難易，形之長短，勢之高下，音之闓翕，聲之清濁，
位之前後：兩相對待，一有則俱有，一無則俱無，美惡、善不善之
相因，亦猶是也。相形，謂二形相比並；相傾，謂一俯臨，一仰視；
相和，謂一唱一和。隨，猶隨風異之隨相連屬也。五者皆言其偶，
獨音聲不言者，蓋止言闓翕清濁則人不知其聲音也；言音聲，則其
有闓翕清濁之相偶自可知。故但指言其實，而不言其偶也。”《淮南
子·齊俗訓》：“古者，民童蒙，不知東西。……及至禮義之生，貨
財之貴，而詐偽萌興；非譽相紛，怨德並行。於是乃有曾參孝己之
美，而生盜跖莊蹻之邪；故有大路龍旗，羽蓋垂緌，結駟連騎，則
必有穿窬拊楗，抽箕踰頂之奸；有詭文繁繡，九錫羅紈，必有管屬
跐蹻，短褐不完者。故高下之相傾也，短脩之相形也，亦明矣。”
《諸子菁華錄·老子》註：“生物四時代謝，自無至有，自有而無，
故曰相生；事有難易，或先難後易，或先易後難，莫不各要於成。
長短，兼人物而言之；天地生人物，受氣成形，各有長短之分，兩
者相形而見。天地既分，高下乃定。傾，挹注也。高下以情相挹注，
故曰天地交泰。音，五音也；聲，歌也。歌有清濁，與樂之宮商相
應，故謂之相和。有引之於前者，必有隨之於後；如道成於前，而
人行於後也。”近人嚴復說：“形氣之物，無非對待；非對待則不可
思議，故對待為心知止境。”

【註】是以聖人處無為之事，行不言之教——無為，是說自然的
意思；一事一物，都有他天地自然的道理，各聽他自然發現，各適
天性，自然能相安無事；決不可以用人力去偽造許多事物禮教出來
殘害人類萬物的天性，那便不自然了。不自然便不適合於生存。強
抑了天性，那人物都要反抗起來，強制到十分，那反抗的力量也發

達到十分，天下從此多事，世界從此不安靜。所以明白道理的人，
處置萬物最高的方法，是用無言；無言便是無名，不立種種法律禮
教人造的名稱，人類便也不作偽了。

【參考】晉王弼道："自然已定，為則敗也。"宋范應元道："是
以者，承上接下之義；聖人者，純於道者也。處無為之事者，體道
也；道常無而無不為，聖人則虛心而應物也；行不言之教者，配天
也。'天何言哉？四時行焉，百物生焉。'聖人則循理而利物，無有
不當，斯不言之教也。"元吳澄說："事而為則有不為者矣，惟無為
則無不為也；教而言則有不言者矣，惟無言則無不言也。"《諸子菁
華‧老子註本》說："道本自然，聖人本自然以制事，故無為；天本
無言，聖人法天以立教，故曰不言之教。"《莊子‧大宗師篇》："魚
相忘於江湖，人相忘於道術。"又說："與其喻堯而非桀，不如兩忘
而化其道。"都是說不言的意思。

【註】萬物作焉而不辭生而不有為而不恃功成而弗居夫唯弗居是
以弗去——這是老子的政治哲學。作，是說管理的意思；作焉而不
辭，是說聖人有體天道、管理萬物的責任，不敢因勞苦而推委，但
他的管理萬物，也不過順天道依物性；至於萬物的生存，是天道的
自然。聖人並不能生萬物，所以對於萬物，也沒有什麼恩德，所以
說"生而不有"，便是他的管理萬物，也是盡一種人羣互助的天職，
算不得什麼功勞，也沒有什麼可以誇張的，所以說"為而不恃，功
成而不居"。一講功勞，便有善的名稱；有善便有惡，因為他成功不
居，便不分善惡。那真的善、真的美，纔能從人類中表現出來不失
去；倘然一定了善美的名稱，那便有許多偽的善，偽的美出來了。

【參考】晉王弼說："智慧自備，為則偽也；因物而用，功自彼
成，故不居也；使功在己，則功不可久也。"宋范應元說："萬物之

生育運為，皆由於道；而道未嘗以為己有，亦未嘗自恃，至於成功
而未嘗以自處，夫惟以功自處，是以物不違也。聖人體道而立，故
亦如是，豈有惡與不善繼之哉?"元吳澄說："天地亦然。作謂物將
生，春時也；辭謂言辭，生謂物既生，夏時也。有謂有言不辭不有，
此天地不言之教也。夫子謂'天何言哉?百物生焉'是也。為，謂
物將成，秋時也；恃，謂恃其能而有為；功成，謂物既成，冬時也。
居謂，處其功而自伐；不恃不居，此頑天地無為之事也。不去，常
存也。天地不居成物之功，故其功是久而不去。"李嘉謀說："為無
為之事，行不言之教；不取善，不捨惡，未嘗執一，未嘗不一。終
日為，未嘗為；終日言，未嘗言；是以萬物並作，吾從而與之作，
作而不辭；萬物並生，吾從而與之生，生而不有。方其有為非我之
為，順物而已，故為而不恃；及其有功，非我之功，應物而已，故
功成而不居。由其不居於末而居於先；以我所居者，不可得而去，
是以物不能去。"

第三章

——又稱"不尚賢章"。賢，也是一個名；有賢的名，便有不賢的名。萬物順天道、適天性以生存，本無所謂賢不賢。自從有這賢字的空名，反出了許多偽賢，而失了人類的真賢。所以老子不主張有賢字的空名，以去天下爭名作偽的心理，仍是他的無名本意，所以說"不尚賢"。

不尚賢，使民不爭不貴難得之貨，使民不為盜；不見可欲，使民心不亂。是以聖人之治，虛其心，實其腹，弱其志，強其骨。常使名無欲，使夫智者不敢為也；為無為，則無不治。

【註】不尚賢，使民不爭不貴難得之貨，使民不為盜，不見可欲使，民心不亂——"尚"字和"上"字通用；不尚，是說不看重。不講究賢的空名，一方面人也不爭名，一方面人也不造偽名，順天樂生，爭端永絕；這仍是上文說的無名無言的意思。難得之貨，最不適實用，而最易起爭端；爭之不得，便做出偷盜的行為來。所以要使人無盜心，便要不貴難得之貨❶，那人心自然渾厚。不尚賢，不貴貨，那世上便沒有使人貪欲的事物；心不起貪欲的念頭，心境自

---

❶ "貨"原書置於"念頭""心境"之間，為誤，已調整——編者注

然清静，不但不亂，又可以養生。

【參考】晉王弼註：“賢，猶能也；尚者，嘉之名也；貴者，隆之稱也。唯能是任尚也，曷爲唯用是施；貴之何爲，尚賢顯名，榮過其任，爲而常校，能相射貴貨過用。貪者競趣，穿窬探篋，没命而盜，故可欲不見，則心無所亂也。”宋范應元註：“尚，好也；賢，能也。又《説文》：多才也；争，競也。謂偏尚才能之人，則民必競習才能以争功名，而不反求自然之道也。且小才小能，可用於人，而不可用人。務才而不務德，非君子也；人君不偏尚小才小能之人，而民自不争。河上公曰：‘賢，爲世俗之賢；不尚者，不貴之以禄，不尊之以位也。’難得之貨，爲金玉之類；儻貴之，則民愛其物而患其無，以至爲盜。欲，貪也；亂，紊也。不見可貪之事物，則民心自然不紊亂矣。”《淮南子·齊俗訓》：“物無貴賤，因其所貴而貴之，物無不貴也；因其所賤而賤之，物無不賤也。夫玉璞不厭厚，角鱣不嫌薄，漆不厭黑，粉不嫌白：此四者，相反也。所急則均，其用一也。今之裘與簑孰急？見雨則裘不用，升堂則簑不御，此代爲常者也。譬若舟、車、楯、肆、窮廬，故有所宜也。故老子曰：不上賢者，言不致魚於木，沉鳥於淵。”這一番話，説得很透澈的。世上不論人物，没有賢不賢，祇有適不適；適，便是《淮南子》所説的急。凡一人一物，都有適合和不適合的兩方面；在適合的一方面稱他賢，在不適合的一方面便不賢了。所以可以説人物都是賢，都是不賢，也不必專尚賢。元吳澄註：“尚，謂尊重之；貴，謂寶重之；見，猶示也。之賢者，其名可尚；上之人苟尚之，則民皆欲超其名而至於争矣。貨之難得者，其利可貴；上之人苟貴之，則民皆欲求其利而至於爲盜矣。蓋名利，可欲者也；不尚之，不貴之，是不示之以可欲，使民之心不争不爲盜，是不亂也。”今人章太炎説：

"老子不尙賢，墨家以尙賢爲極，何其言之反也？循名異，審分同矣。老之言賢者，謂名譽、談說、才氣也；墨之言賢者，謂才力、技能、功伐也。不尙名譽，故無朋黨；不尊談說，故無游士；不貴才氣，故無驟官：然則才力技能，功伐舉矣。"司馬溫公駐❶云："賢之不可不尙，人皆知之，其末流之弊，則爭名而長亂，故老子矯之。"近人嚴復說："試讀在魯達奇英雄《傳》中《來刻谷土》一首，考其所以治斯巴達者，則知其作用與老子同符。此不佞，所以云：黃老爲民主治道也；尙賢，君主治要也。"

【註】是以聖人之治，虛其心，實其腹，弱其志，強其骨——虛其心，是說用客觀的眼光，考察宇宙間的眞理。大的天地，小的草木，都有他合於大道的理和性；我們倘能虛心考察，不爲主觀的情感所利用，那天地萬物自然的道理，便能夠明白。什麼叫實其腹？是說胸中滿塞着天地自然的正理，不被人造虛僞的名教所引誘，纔能夠合得上大道，纔能夠順大道去治萬物。弱其志，是說人的意氣，不是使他放縱。意氣是什麼？便是主觀的情感太重，便不能看到客觀的眞理，一意孤行，背道而馳，萬事都要弄糟。所以意志要他弱，不要他強。強其骨的"骨"，是說人的氣骨；做人氣骨要他堅強，人若沒氣骨，便是他能明白眞理，也沒有膽氣去實行出來的。

【參考】晉王弼註："心懷智而腹懷食，虛有智而實無知也。骨無知以幹，志生事以亂，心虛則志弱也。"宋范應元註："治，理也，理身以理天下也，上无貴尙，則天不妄想，人欲去也，茲不亦虛其心乎？上懷道德，則民抱質朴，天理存也，茲不亦實其腹乎？上守柔和，則民化而向上，氣不暴也，茲不亦弱其志乎？上无嗜欲，則

---

❶　"駐"當爲"註"。——編者註

民化而自壯，體常健也；茲不亦強其骨乎？能如是，則可使民无知无欲也。此四句，有專就修養上解者；然前後文皆有正己化民之意。"元吳澄《道德眞經註》："四其字，皆指民而言。虛其心謂使民不知利之可貴而無盜心也；實其腹，謂民雖不貪於利，然聖人陰使之足食而充實，未嘗不資夫貨也；弱其志，謂使民不知名之可尚，而無爭心也；強其骨？謂民雖不貪於名，然聖人陰使之，勉力而自強，未嘗不希夫賢也。"近人嚴復亦說："虛其心，所以受道；實其腹，所以爲我；弱其志，所以從理而無所攖；強其骨，所以自立而幹事。"

【註】常使民無知無欲——無知，是說人心渾厚，不懂得那些機械作僞的事體；無欲，是說不爭名不貪利，順着天理的自然、人性的本來去做人，便是《詩經》裏說的："不識不知，順帝之則。"

【參考】晉王弼註："守，其眞也。"宋范應元註："蓋民知貴尚，見可欲則有爭有貪而爲亂；故常宜使之無妄知，無妄欲。"元吳澄注："謂使民皆無所知，不知名利之可欲而無欲之之心。"

【註】使夫智者不敢爲也——這個智，是說奸險陰謀的人；爲，是說作僞。世人都講忠實渾厚不求虛名，便有奸險的人，也不敢作僞了。

【參考】晉王弼註："智者，謂知爲也"。宋范應元註："使失智乃之人，不敢妄爲也。"元吳澄註："謂民縱有知名利可欲者，亦不敢爲争盜之事；然不敢爲，則猶有欲爲之心，特不敢爾。"蘇轍說："不以三者衒之，則民不知所慕；澹然無欲，雖有智者，無所用巧矣。"

【註】爲無爲，則無不治——老子的政治思想，主張"無爲而治"；是不拿人造的虛名虛禮，去打破人民的天眞。大家安於自然之

道，樂天知命，不爭奪，不作偽，不貪心，那便天下太平，没有不可以治的百姓了。所以說"爲無爲，則無不治"。古本作"爲無爲，則無不爲矣"。

【參考】宋范應元註："聖人無貴尚之迹而不見可欲，循自然之理以應事物，莫不有常行之路，則爲出於無爲也。爲出於無爲，則事無不成，物無不知，乃無不爲矣。"繆篆解說："老子言'無爲'，不言'爲此無爲'。韓非有云：'所以貴無爲無思爲虛者，謂其意無所制也。夫無術者以無爲無思爲虛，其意常不忘虛，是制於爲虛也。'此謂無爲，不待有意爲之，無術者欲爲此無爲，是大謬也。取譬證之：如《淮南子》云：'念慮者，不得臥；止念慮，則有如其所止矣。兩者俱忘，則至德純矣。今觀老子書，或有言'爲'，如云：'爲而不恃'。——二章、十章、五十一章——'聖人之道，爲而不爭'是也。八十一章——或單言'無爲'，如云'處無爲之事'。——二章——'無爲之益'。——四十三章——'不爲而成'。——四十七章——'聖人無爲，故無敗'是也。——六十四章——或兼言'爲無爲'。如云'爲無爲則無不治'。——三章——'道常無爲而無不爲'。——三十七章——'爲無爲而無不爲'是也。——四十八章——文語奧衍，似難思議。故太史公自序云：'道家無爲，又曰無不爲；其實易行，其辭難知。'按《老子》書中'爲無爲'，本分兩者：謂有爲者，有不爲者，則無不治矣。《老子句讀》第三章：爲（讀），無爲（讀），則無不治（句）。第四十八章：爲（讀），無爲（讀），而無不爲（句）。"元吳澄註："爲無爲，謂爲爭爲盜者，皆無爲之之心；如此，則天下無不治矣。"

第四章

——又稱“道沖章”。沖，是說平淡的意思；明白天道的人，把世間萬事萬物，都看得平淡了。因爲看得平淡，纔不爭名利，纔能跳身在事物之外，用純客觀的眼光，看天地間的眞理。

道，沖而用之，或不盈；淵兮似萬物之宗。挫其銳，解其紛，和其光，同其塵。湛兮似或存，吾不知誰之子，象帝之先？

【註】道，沖而用之，或不盈，淵兮似萬物之宗——沖字，也有寫作盅字的，《說文》皿字部裏說：盅，器虛也；從皿中聲。元吳澄說：“沖字，本作盅，器之虛也。”總之，都是虛心的意思。虛心，是說心中不先存主觀的意見，虛心考察萬物、萬物的眞理；所以說一“沖而用之”。盈，是滿的意思；是說心中先有了主觀的成見。淵，是深的意思，心虛器量便深了。器量一深，便能容納萬物的眞理；所以說“萬物之宗”。宗，是根本的意思。

【參考】晉王弼註：“夫執一家之量者，不能全家；執一國之量者，不能成國，窮力舉重，不能爲用。故人雖知萬物治也，治而不以二儀之道，則不能贍也。地雖形魄，不法於天則不能全其甯；天雖精象，不法於道則不能保其精。沖而用之，用乃不能窮；滿以造

實，實來則溢。故冲而用之，又復不盈。其爲無窮，亦已極矣。形
雖大，不能累其體；事雖殷，不能充其量。萬物舍此而求主，主其
安在乎？不亦淵兮似萬物之宗乎？"宋范應元註："冲，虛也，和也。
淵，深也。似者，道不可以指言也，謂此道虛通而用之，又不盈，
以其無形也。然而淵深莫測，似萬物之尊祖也。"元吳澄註："道之
體虛，人之用此道者亦當虛而不盈；盈則非道矣。淵，深不可測也；
宗，猶宗子之宗。宗者，族之統；道者，萬物之統；故曰萬物之
宗。"近人嚴復說："此章專形容道體，當玩或字與兩似字方爲得之。
蓋道之爲物，本無從形容也。

【註】挫其銳，解其紛，和其光，同其塵——銳，是說人的剛強
之氣。性氣剛強的人，一定是主觀的態度很深，不容易虛心容納客
觀的眞理，所以要把他的銳氣挫去；紛，是說人心中糾亂不清的私
意，便是人欲。人欲一多，那天道便不容易明白，所以先要把人欲
除去，便是解其紛。光，是說人表現在外面的舉動言語；人的言語
舉動，總要出於自然，該笑的時候笑，該哭的時候哭，不要作僞，
纔能適合天道，所以說和其光。塵是說世界。人是萬物之一，總逃
不出天生萬物的原則；本來沒有什麼高貴特異的地方，祇要順着萬
物自然的原則做去，不要裝做聖賢英雄，也不要妄想仙佛，這便是
同塵。

【參考】晉王弼註："銳挫而無損；紛解而不勞；和光而不汙其
體；同塵而不渝其眞。"宋范應元註："人能用道以挫情欲之銳，解
事物之紛；瑩心鑑而不炫其明，混濁世而不汙其眞，則道常'湛兮
似乎或在'也。"元吳澄註："挫，摧也；銳，銛也；紛，糾結也；
解糾結者，以觸取其銳也。凡銳者終必鈍，故先自摧其銳以解彼之
紛；不欲其銳也，其亦終無鈍之時矣。和，猶平也，掩抑之意。同，

謂齊等與之不異也。鏡受塵者不光，凡光者終必暗；故先自掩其光以同乎彼之塵，不欲其光也，則亦終無暗之時矣。夫銳者必鈍，光者必暗，猶盈者之必溢；道不欲盈，故銳者摧之而不欲其銳，光者和之而不欲其光也。其銳其光，二其字屬己；其紛其塵，二其字屬物。此四句言道之用不盈也。」馬其昶說：「銳，所以解紛，今挫其銳以解紛。光，所以出塵，今和其光以同塵。不盈之用如此。」

【註】湛兮似或存——湛，是空明的意思；人能不爲私欲私見所遮蔽，心地自然空明，那天地自然之理，使❶能長存在心中。

【參考】元吳澄註：「湛，澄寂之意；道之體虛，故其存於此也，似或存而非實有一物存於此也。此一句，言道之體虛也。」奚侗說：「道不可見，故云湛。《說文》‘湛，沒也。’《小爾雅廣詁》：‘沒，無也。’道若可見，故云似若存。十四章：無狀之狀，無物之象；二十一章：怳兮忽兮，其中有物，卽此誼。」

【註】吾不知誰之子，象帝之先——這一句話是追求宇宙本體的來源，他說天地生萬物，道生天地；那道是什麼東西的兒子？是什麼東西生的？卻可以在上帝以先成了形體呢？是說天道無窮的意思。象，是說形體；帝，是說上帝，便是天道，便是宇宙的本體。

【參考】晉王弼註：「地守其形德，不能過其載天慊其象德，不能過其覆。天地莫能及之，不亦似帝之先乎？帝，天帝也。」宋范應元註：「老子言我不知道所從生，似在天帝之先也。蘇曰：‘道雖常存，終莫得而名之，然亦不可謂先也。故曰：此豈帝之先耶？’帝先矣，而又先於帝，則莫或先之矣。」元吳澄註：「吾不知誰之子？問辭也。象帝之先，答辭也。子，父母所先者；象，帝天也。象言天

---

❶ “使”當爲“便”。——編者註

有象，帝言天之主宰也。謂道果誰之子乎？天生乎萬物而道又在天之先，則天亦由道而生，無有一道之先者矣。"羅連賢說："象，猶似也，儗度之詞'帝'於文從上至高無上者天也，'象帝之先'，言似有一天以也。❶ 舉天以賅地，卽未有天地之時。二十五章：'有物混成先天地生'，則帝之先卽道矣。'誰之子？'今人陳柱說："帝字本象花華之形，草木生於根本，根本生於果實，果實生於花華，花華又復生於根本。如此循環，就是所生。故曰'吾不知誰氏之子？'雖不知其所作，然亦必有其所生之本，故曰'象帝之先'。"

---

❶ 原書"也"字前有一空格，疑漏字。——編者註

第五章

——又稱"天地不仁章"。宋范應元解說：天地生養萬物，最是仁慈；但他靜默無言，並不表示出仁愛的氣象來，所以說天地不仁。

天地不仁，以萬物爲芻狗。聖人不仁，以百姓爲芻狗。天地之間，其猶橐籥乎？虛而不屈，動而愈出；多言數窮，不如守中。

【註】天地不仁，以萬物爲芻狗——這個不仁，有兩種解說：第一種解說，是說天地是沒有知覺的；第二種解說，是說天地對於萬物，是沒有仁心的。老子爲什麼要說這一句話？祇因爲老子生在春秋世界，變亂的時代，眼見得兵荒戰亂，天災人禍，殺人盈城，積屍遍野；若說天地是有知覺的，有仁心的，決不使人類受這樣的災難。原來天地的生萬物，並沒有什麼仁愛的心思在裏面，他祇拿萬物來點綴他的天地；他需要萬物，便生萬物，他不需要萬物，便殺死萬物，他的殺萬物，好似畜類的吃草一般，人的吃狗一般，所以說"以萬物爲芻狗"。芻便是草。自從老子說"天地不仁"以後，便打破了從來"上帝"的觀念。古人都把上帝代天，又把上帝看作是有知識的人格化，能夠向人作威作福。《詩經》中："有命自天。""天監在下。""上帝臨汝"，"監觀四方，求民之莫。""昊天不傭，

降此鞠凶；昊天不惠，降此大戾。"這一類說裏，都看作天是有知覺的。實在天也是順着"道"的自然而產生，是一種科學式機械式的演化；他自己也是萬物之一，所以他對於萬物，無所謂仁與不仁。

【參考】晉王弼註："天地任自然無爲，無造萬物自相治理，故不仁也。仁者，必造立施，化有恩。有爲造立施，化則物失其眞；有恩有爲，則物不具存；物不具存，則不足以備載矣。地不爲獸生芻，而獸食芻；不爲人生狗而人食狗。無爲於萬物，而萬物各適其所用，則莫不贍矣。若慧由己樹，未足任也。"宋范應元註："仁者，愛之理；謂天地生育，其仁大矣，而不言仁。其於萬物，譬如結芻爲狗以祭祀。其未陳也，盛以篋衍，中以文繡；非愛也，乃時也。及其已陳也，行者踐其首脊，蘇者取而爨之，非不愛也亦時也。夫春夏生長，亦如芻狗之未陳，秋冬凋落，亦如芻狗之已陳。皆時也，豈春夏愛之而秋冬不愛哉？氣至則萬物不知其所以然而然也。晉辯云：'芻狗，束草爲狗也。'"元吳澄註："仁，謂有心於愛之也。芻狗，縛草爲狗之形，禱雨所用也。既禱則棄之，無復有顧惜之意。"

【註】聖人不仁，以百姓爲芻狗——聖人，是說管理國家的帝王。這一句，從上文引出。所謂治國家的聖人，不論他是專制政體的帝王、共和政體的大總統，沒有一個沒有野心的。好大喜功，或犧牲百姓的財力去供給他一個人的淫樂，或犧牲百姓的生命，去供給他一個人權利的戰爭。便是共和政體以國家爲前題，也要剝奪人民的自由，犧牲多數人的幸福去維持他國家的威信，擴張他國家的權力。在國家主義的信條以下，無個人的自由，無獨立的人格；他看百姓是國家的機械，百姓是爲國家而生。爲整個國家的虛榮，不屑犧牲人民最大多數之最大幸福。所以國家主義一天不打破，人道

主義便一天不得表現；從此人民長爲所謂聖人的國家的芻狗，好似萬物爲天地的芻狗一般。而所謂天道自然的原則，一天不得光明顯露出來。聖人無時不作僞、無時不愚弄百姓、殘殺百姓，無時不剝奪百姓的自由，無時不侮辱百姓的人權，無時不以百姓爲芻狗。有什麼仁慈？

【參考】晉王弼註："聖人與天地合其德，以百姓比芻狗也？"宋范應元註；"聖人體此道以博愛，其仁亦至矣，而不言仁；其於百姓，亦如天地之於萬物，輔其自然而不害之。使養生送死無憾，不知帝力何有於我哉？"《文子‧自然篇》："天地不仁，以萬物爲芻狗。聖人不仁，以百姓爲芻狗。"夫慈愛仁義者，近狹之道也；狹者入大而迷，近者行遠而惑。聖人之道，入大不迷，行遠不惑；常虛自守，可以爲極，是謂天德。"元吳澄註："天地無心，於萬物而任其自生自成；聖人無心，於愛民而任其自作自息，故以芻狗爲喻。蓋聖人之心，虛而無所倚著；若有心於愛民，則心不生矣。"今人陳柱說："芻狗，新陳代謝之物。天地無心於愛物，而任萬物之生死代謝；聖人無心於愛人，而任政教之新陳代謝。《莊子‧徐無鬼篇》云：'愛民，害民之始也；爲義偃兵。造兵之本也。'即發明有參爲仁義之害。"《諸子菁華老子註》："芻狗，喪家送葬之物，當用而需之時，過而棄之。天地之於萬物，成功者退；聖人於百姓，矯揉爲用。皆若芻狗然。"近人嚴復說："王弼注，地不爲獸生芻四句，括盡達爾文心理。"

【註】天地之間，其猶橐籥乎？——橐是古代風箱用的一種皮袋；籥是簫笛的竹管，拿他比方說中間空的意思。風箱的能夠吹風，簫管的能夠發聲，都是受空氣自然的鼓動；在他不吹風不發聲的時候，中間空空洞洞，一無形質，好似天地間自然的大氣一般，他也

是順着天道自然的變化而生。其萬物表出形色來，在他的本來，也是空無一物的，便是清靜無爲的意思。

【參考】晉王弼註：“橐，排橐也；籥，樂籥也。橐籥之中，空洞無情無爲。”宋范應元註：“囊底曰橐，竹管曰籥；冶煉之虛用籥囊橐之風炁，吹爐中之火。天地之間，虛通而已；亦如竹管之接炁，通而不曲也，氣來則通，氣往則不積。”元吳澄註：“橐籥，冶鑄所用噓風熾火之器也。爲函以周罩於外者，橐也；爲轄以鼓扇於內者，籥也。天地間猶橐籥者，橐象太虛，包舍周徧之體；籥象元氣，絪緼流行之用。”今人陳柱說：“橐籥虛則不可竭，人虛則不可窮；多言，則不虛矣。”

【註】虛而不屈，動而愈出——天道雖是空虛靜默，但時時不忘生養萬物，不違背自然的氣運，所以說“虛而不屈”。天道運動，便生天地，天地又生萬物，愈生愈多，沒有窮盡的時候，所以說動而愈出。

【參考】晉王弼註：“故虛而不得窮屈，動而不可竭盡也。天地之中，蕩然任自然，故不可得而窮，猶若橐籥也。”宋范應元註：“譬彼橐風之俞動，則此籥爲之俞出。爐中之物，既各成器，而籥也未嘗言仁愛也。《音辯》云：‘俞羊朱切’，傅弈引《廣雅》云：‘益也’。漢史有：‘民俞病困。’”元吳澄註：“不屈，謂其動也直；愈出，謂其生不窮。惟其橐之虛而籥之化，化者常伸；故其籥之動而橐之生，生者日富。在天地之間者，如此；其在人也，則惟心虛無物，而氣之道路不壅。故氣動有恆，而虛中之生出益多。”《諸子菁華·老子》註：“冬令伏藏，可謂虛矣；而萬物之生意不息。方春而百物萌動，皆隨大氣而生出。”嚴復說：“屈音掘，竭也；虛而不屈，虛而不可竭也。大力常住，動而愈出，由純入雜。”

【註】多言數窮，不如守中——多言，是說管理國家，帝王多出號令。朝出一令，晚出一令，使百姓忙於遵守號令，荒廢了他的生計，格外快到窮的地步。數字讀作入聲，是快的意思。多出號令，使百姓不安；那善於管理國家的人，不如守着天地中間自然的規律，任萬物順着自然的天性生養着。這個中，是和天地間的間字意思一樣。

【參考】晉王弼註：「愈爲之則愈失之矣。物樹其惡，事錯其言，不濟不言，不理必窮之數也。橐籥而守數中，則無窮盡；棄己任物，則莫不理。若籥篇有意於爲聲也，則不足以共吹者之求也。」宋范應元註：「萬物之多，百姓之象，聖人不過推此一道衆博愛之，豈區區言仁也？儻多言仁愛而不能體道，則空有其言而無實效，故多言則數窮也。不如同天地守中虛之道，而無偏曲，則萬物自然，各得其所也，豈有窮哉？」元吳澄註：「數，猶速也。窮，謂氣乏。人而多言，則其氣耗損，是速其匱竭也。不如虛心固守其所，使外物不入，內神不出，則其虛也無涯，而所生之氣亦無涯矣。中，謂橐之內，籥所湊之處也。」

第六章

——又稱“谷神不死章”。谷，是空的意思；神，是靈的意思。谷神不死，是說人保養得心性空靈，不違背天地自然的運行，便能順着天道，融合萬物的天性，安靜自適。

谷神不死，是謂玄牝。玄牝之門，是謂天地根。綿綿若存，用之不勤。

【註】谷神不死，是謂玄牝——谷，是說山谷。山谷是空的，所以谷字和空字的意思一樣。神，是說靈的意思。谷神不死，是說人能夠常常保守着空靈的心性。空靈的心性，是什麼？便是客觀的態度。人用客觀的態度，去考察天地間萬事萬物的原理；那精細微妙的天道，都可以從這一點心性上得來，所以稱做玄牝。玄，是說精細微妙的天道；牝，是雌的意思，雌是母的意思。母是產生的，所以母也是產生出來的意思。

【參考】晉王弼註：“谷神，谷中央無谷也；無形，無影，無逆，無違，處卑不動，守靜不衰，谷以之成而不見其形，此至物也。”宋范應元註：“谷神，猶言虛靈也。不死猶言無極也。玄牝，言其生物而不見其所以生也。謂虛靈無極此乃生物之牝而不見其所以生，故曰玄。谷神二字，傅弈云：‘幽而通也。’司馬溫公曰：‘中用故曰谷，不測故曰神。'蘇曰：'谷至虛而猶有形，谷神則虛而無形也；
玄而無形，尚無有生，安有死耶？'謂之谷神，言其德也；謂之玄
牝，言其功也。牝生萬物而謂之玄焉，見其生之而不見其所以生
也。"元吳澄註："谷以喻虛，虛則神存於中，故曰谷神。谷卽中之
處，而守之者神也。不死，謂元氣常生而不死也。牝以喻元氣之懦
弱和柔，上加玄字者，贊美之辭；玄牝者，萬物之母也。《莊子》所
謂'太　・'者，此或號之爲靈寶，後天之宗。"近人嚴復說："以其
虛，故曰谷；以其因應無窮，故稱神；以其不屈俞出，故曰不死：
三者，皆道之德也。然猶是可名之物，故不爲根；乃若其所以出者，
則眞不二法門也。"

【註】玄牝之門，是謂天地根——這一句的意思，是說那精精奧
妙的道理，所產生的地方，——牝是說產生的地方——便是天地所
以生成的來原。

【參考】宋范應元註："門者，指陰陽也；以其一闢一闔住❶來
不窮而言也。陰陽者，以道之動靜而言也。動而曰陽，動極而靜曰
陰。動極而靜，靜極復動，開闔不忒：生育無窮。根者，謂天地本
於此也。人能於此心之初得之，則知天地之根，無根之根也；玄牝
之門，無門之門也。谷神，不神之神也。豈有窮盡哉？蘇曰：'玄牝
之門，言萬物自是出也；天地根，言萬物自是生也。'"元吳澄註：
"門，謂所由以出；根，謂所由以生。虛無自然者，天地之所由以
生，故曰天地根。天地根者，天地之始也。莊子所謂：'常無有'
者，此或號之爲元始先天之祖。"

【註】綿綿若存，用之不勤——天道生生不息，億兆年不斷的；

---

❶ "住"當爲"往"。——編者註

天地間的萬物，變化不絕的，所以說綿綿這一點生機，長留於天地之間，所以說若存。動是勞苦的意思；運用天道，生養萬物，永不間斷，亦不覺勞苦，這可以見天道是最大的，是無窮的。

【參考】晉王弼註：“處卑而不可得名，故謂天地之根；緜緜若存，用之不勤。門，元牝之所由也；本其所由與極同體，故謂之天地之根也。欲言存耶？則不見其形；欲言亡耶？萬物以之生，故綿綿若存也。無物不成，用而不勞也。故曰‘用之不勤’也。”宋范應元註：“謂谷神之在天地，緜緜密密而無極也；然視之不可見，聽之不可聞，用之不可既，故曰若存。天地用之而四時行，百物生，未嘗勞也。谷神在人亦然，緜緜密密，生生無窮，以爲本無，孰生其身？以爲本有，竟在何所？故曰‘若存’。善用之者，未嘗勞也。何有終窮哉？此章宜深體之。……蘇曰：‘緜緜，微而不絕也；若存，存而不可見也。能如是，雖終日用之不勞矣。’”元吳澄註：“緜緜，謂長久不絕。若，猶云而也。存，謂神之存。勤，猶云勞也。凡氣用之逸，則有養而日增；用之勤，則有損而日耗。言神常存於中，則氣不消耗也。”近人嚴復說：“服皆用之而不屈愈出，故曰用之不勤。勤，猶勞倦也；勤則死矣。”

第七章

——又稱"天長地久章"。是說天道運用不窮，生生不息，所以天地長存。

天長地久：天地之所以能長且久者，以其不自生，故能長生。是以聖人後其身而身先，外其身而身存；非以其無私邪？故能成其私。

【註】天長地久：天地之所以能長且久者，以其不自生，故能長生——道生天地，又生萬物。天地的生命，比較萬物是最長最久的。但天地的生命，爲什麼能長久呢？這是因爲天地能夠順着道的自然，安靜自守，不自動的求生，所以能夠長生。這不自動的求生，便是一切求長生的秘訣。人要求長生也，祇須順着天道的自然，安樂和平的養着天性；不故意去爭名奪利，不妄想成仙成佛，不亂吃藥物，這都是不自動的求生。此外，如不用主觀的態度去處置萬事萬物，不作偽，不沽名釣譽，所謂"有心爲善，雖善不賞；無心爲惡，雖惡不罰'。這纔能養得天君泰然，沒有内愧的事，自然也能長生了。

【參考】晉王弼註："自生，則與物爭；不自生，則物歸也。"宋范應元註："有形之長久者，莫如天地。天地均由道而生，所以能長且久者，以其安於無私，而不自益其生，故能長生也。河上公曰：

'謂天地長生久壽以喻教人。'"元吳澄註："天地以其氣生萬物而不自生其氣。"近人嚴復說："形氣之物，莫不毀者。天下有自生之物而長生者乎？此採精煉神之家，所以不待攻而其說破也。凡讀《易》《老》諸書，遇天地字面，只宜作物化觀念，不可死向蒼蒼搏搏者作想；苟如是，則必不可通矣。如遇聖人，亦只宜作聰明睿知有道之人觀，不必俱漢宋諸儒成見；若四靈爲物，古有今無，或竟千世不一見也。"

【註】是以聖人後其身而身先，外其身而身存——後其身，是孔子說的"無我"；也便是不用主觀的態度；也便是不有意爲善；也便是學問家的爲學問而求學問，不是爲功名而求學問；也便是俗語說的"有意栽花花不發，無心插柳柳成陰"：因其無我，而我自在。譬如愛國愛人羣的，他盡力去做公益事體，在表面上看，是急公忘私；但國有利，便是社會有利，社會有利，便是自身有利。愛人羣的結果，也是如此。再說那做學問的人，窮年厄厄，孜孜不倦，他心中並無功名的念頭，但最後，他却比衆人先享了功名的榮譽。這豈不是後其身而身先嗎？什麼叫外其身？便是不可把自己的身體看得太寶貴了。妄想成仙成佛，採精煉神；而他的結果，反弄到斲傷天年。祇須順着天道的自然，不受人欲的逼迫；在天地間亡了自身，那自身反得保□❶。所以說外其身而身存。

【參考】宋范應元註："聖人謙下，不與人爭先，而人自然尊之；聖人不爭，不與物爲敵，而物莫能害之。"元吳澄註："後，謂卑賤在下，不求先人；先，謂尊高在上；外謂清靜無爲，不求益生；存，謂長久住世。"奚侗說："自後其身，自外其身，是謂無私。身

---

❶ 原稿殘，疑爲"存"。——編者註

以後之而常先，外之而常存；是以無私，乃以成私矣。"

【註】非以其無私邪？故能成其私——私心，是生物的天性：道的生天地，是道的私心；天地的生萬物，是天地的私心。天地若沒有私心，也不生萬物了，也不以萬物爲芻狗了。人是承受天地自然之性而生的一種動物，自然也有私心的。但是眼光遠大的人，他私的是大我，不是小我；大我是人羣，是社會，小我是自身。你看他急公好義，用盡心力去做那造福人羣的事業，難道說他眞是無私嗎？祇因爲大我安全了，這小我纔有容身之處；倘然全社會都是窮人，祇有我一個富人，那我的富便也保不住了。況且全社會陷在窮的境地，我也決不能獨富。所以要使小我得到富，先要使大我得到富，所謂"藏富於民"。這樣子纔能成其私。

【參考】晉王弼說："無私者，無爲於身也；身先身存，故曰'能成其私'也。"宋范應元註："謂聖人謙下無爭，非以其無私邪？此言其實無私也。而人自然尊之，物莫能害之。蓋以其私，故能成其私也，聖人成其私者，非私曲也，非私邪也。謂衆人之自益其生，所以不能得先且存，而聖人之謙下無爭，所以獨能得先且存也。蘇曰：天地生物而不自生，立於萬物之外，故能長生；聖人後其身而先人，外其身而利人處於衆人之表，故能先且存。如使天地與物競生，使聖人與人爭得，則天地亦一物爾，聖人亦衆人爾，何以大過之哉？雖然，彼其無私，非以求成私也，而私以之成道，則固然爾。"吳元澄註："無私，謂後其身，外其身；成其私，謂身先、存身。聖人非欲成其私也，而自有身先身存之效；假設衆人有心存其私者言之，則爲能成其私也。"

第八章

——又稱“上善若水章”。水，是能滋養萬物的；水性又是最順的謙下的，所以說“上善若水”。

上善若水：水，善利萬物而不爭，處衆人之所惡，故幾於道。居，善地；心，善淵；與，善仁；言，善信；正，善治；事，善時。夫唯不爭，故無尤。

【註】上善若水——上善，是說最善的意思。萬物若沒有了水，便不能生長；無論什麼動物、植物，身上都有水分的，所以稱他上善。希臘最古的哲學家太理斯說：水，是萬物的原則；萬物生於水，沒於水。他有三條例證：第一，是看得世界萬物水分最多。他的意思，要變成萬物的東西，其量非超過萬物不可；不然，必有不敷支配之患。第二，是說水最善變。有氣體、流體、固體三種變化。第三，差不多的東西，他體內都含有水分，尤其是生物。今老子眼光中，却沒有把水看得這樣名貴；他祇把水的性格，看做人格化，要人去學水一般的有上善的天性。

【參考】《新書·修政語上篇》：“黄帝曰：‘道，若川谷之水，其出無已，其行無止’。”近人嚴復說：“以水喻道，道固無善不善可論；微分術數，起於無窮，小直作無窮，觀亦無不可。乃積之可以成諸有法之形數，求其胎萌，又卽在無窮小之內，此道之所以盡絕言蹊也。"

【註】 水，善利萬物而不爭，處衆人之所惡——水，是能滋養萬物的，所以說善利萬物。不爭，是說不誇功的意思。卑下的地方，是衆人所不歡喜的；獨水性向下，所以說"處衆人之所惡"。老子說這個話，是要教人學水，做造福人羣的事，却不可誇功。因爲造福人羣，便是造福自己。如何能不爭？便也要學水有謙退的美德。

【參考】 晉王弼註："人惡卑也。"宋范應元註："水之爲物，得天一之炁；天定而靡不通，故潤萬物者莫潤乎水，乃善利也。遇方則方，遇圓則圓，何爭之有？上善之人，則微妙玄通，常善利於人物而不爭，故善亦如水；衆人好高而惡下，水獨處之，上善之人當謙下也，有此之德，故近於道。河上公曰：'上善之人，如水之性。'水者，自然而始成形，故其理同道，无所不在，无所不利，而水亦然。然而旣已麗於形，則於道有間矣，故曰'幾於道'。然而可名之善，未有若此者也。故曰'上善。'"元吳澄註："上善，謂第一等至極之善，有道者之善也。其若水者何也？蓋水之善，以其灌漑浣濯，有利萬物之功，而不爭處高潔，迺處衆人所惡卑污之地。"老子重自然，而水性最順自然。"遇方則方，遇圓則圓"，何等安於天性？所以老子教人學他。

【註】 故幾於道——幾，是近的意思。說水性旣利萬物，又不居功，又肯自處卑下，又能安於天性之自然。這都是合於天道的，所以說幾於道。

【參考】 晉王弼說："道無水有，故曰幾也。"元吳澄註："幾，近也。"近人嚴復說："《周易》以善繼性，老子以善幾道。周茂叔曰：'誠無爲，幾善惡。'皆至言也。"

【註】居，善地；心，善淵；與，善仁；言，善信；政，善治；事善能，動善時——居善地，是說住的善，是要得到好地方；心善淵，是說心的善，是要深靜，大度容物；與善仁，是說與人交往善的，是有仁心，仁心是說慈愛的心；言善信，是說言的善，是有信用；政善治，是說管理國家的善，是能夠使百姓太平；事善能，是說做事體的善，是能夠盡自己的能力；動善時，是說變動的善，是能夠適合時代：這七種善，水的德性都有的。

【參考】宋范應元註："居善地者，可止則止；心善淵者，中當湛靜；與善仁者，稱物平施；言善信者，聲不妄發；政善治者，德惟无私；事善能者，无所不通；動善時者，可行則行。"元吳澄註："彼眾人所善則居之，善必得地。心之善，必如淵；淵謂靜深。與之善，必親仁；與謂伴侶，仁謂仁人。言之善，必有信；政之善，貴其治；事之善，貴其能；動之善，貴其時，時謂當其可：七者之善，皆擇取眾人之所好者爲善，可謂之善，而非上善也。"

【註】夫惟不爭，故無尤——上面說的七種善，果然是善；但最善的，在不爭。不爭，是說有了善不自己誇功。不誇功，纔可以不使人怨恨。往往有許多有功的人，他得了高的功名地位，便要驕傲，做出種種違法欺人的事體。到頭來，反招了許多人的怨恨而被眾人打倒。祇有水有滋養萬物的大功，他非但不爭功，且自願退讓，住在卑下的地方，所以老子勸人去學他。

【參考】宋范應元註："有是德而有是善。夫惟不爭，是以無過而全德盡善也。蘇曰：'有善而不免於人非者，以其爭也。'水惟不爭，故兼七善而无尤。"

第九章

——又稱"持而盈之章"。盈，是滿的意思；持字和恃字通用。持而盈之，是說仗着自己有本領，做出驕傲的樣子來，這是不善的行爲。

持而盈之，不如其已；揣而銳之，不可長保。金玉滿堂，莫之能守；富貴而驕，自遺❶其咎。功遂身退，天之道。

【註】持而盈之，不如其已——持字，和恃字通用，是說仗着的意思。盈，是滿的意思。持而盈之，不如其已，是說仗着自己有功德，便自滿起來，驕傲起來，還不如沒有功勞的好。本來人在世上，盡自己的能力，去做事業，沒有什麼功勞可以說的。講到學理上的發明、事物上的創造，這也不足爲奇；學理，是天地間所本有的，聰明的人偶然找到了，所謂"文章本天成，妙手自得之"。這好似我們在牆角下找到一個瓶一般。那瓶是本來在那裏的，偶爾給我找到了，也不是我的功；倘然牆角下本來沒有這個瓶，我便是要找也找不出來。這算什麼功勞也？有什麼可以驕傲的？退一步講：你找到這個瓶，便算是你的功勞；但你從此可以享用這個瓶，也便算籌報了你的功勞。好似發明學理、創造事物的人，從此得了享用一般。

---

❶ 下文作"遺"。——編者註

還有那做社會事業的人，社會得安全，自身也便得了安全，所以大我的利，也便是小我的利。你爲大我盡力，也便是爲小我盡力，自做自享。無可恃，亦無可滿。

【參考】晉王弼註："持，謂不失德也；既不失其德，又盈之，勢必傾危故不如；其已者，謂乃更不如無德無功者也。"宋范應元註："滿則溢矣；欲持而固之，不如其止。"元吳澄註："持，奉之也；已，止也。"

【註】揣而銳之，不可長保——揣，是試驗的意思；銳，是說尖利的頭。揣而銳之，是說仗着自己有尖利的頭，便常常的去試用他，那尖利的地方，一定不能夠長保得住。好似人仗着自己有相當的功名，便常常去做出驕傲的樣子來，這功名也不能夠常常保得住。這兩句話，是跟着上面的意思說下來的。

【參考】晉王弼註："既揣末令尖，又銳之令利，勢必摧衂，故不可長保也。"宋范應元註："銳則挫矣，欲揣而利之，豈可長保？蘇曰：'知盈之必溢，而❶一持固之，不若不盈之安也；知銳之必折，而以揣先之，不可必恃也。'若夫聖人有而不有，尙安有盈？循理而後行，尙安有銳？无盈則無所用持，而無銳則無所用揣矣。"元吳澄註："揣，捶之也。此章謂道不欲盈而以銳爲比；言槃水者，不可以盈，盈之則易至於溢，不如已之而不使盈也。遂言捶錐鋒者，不可以銳，銳之則易至於挫，而不可長保其銳矣。盈之，則不長保其盈，亦猶是也。"近人嚴復說："此章反喻：持而盈之，冲虛之反也；揣而銳之，靜重之反也。"馬其昶說："莊子曰：'以深爲根，以約爲紀。'曰堅則毀矣，銳則挫矣。常寬容於物，不削於人，可謂至

---

❶ 原稿殘。——編者註

極。關尹、老聃乎，古之博大眞人哉！寬容博大，故不盈不銳而無爭。"

【註】金玉滿堂，莫之能守——金玉，是比方人的功名事業。人在社會上立了大名，成了大業，第一要在能守。能守功業的人，社會固然享了他的福，自身也得了安樂。但有大功業的，往往不能守，驕氣凌人，作威作福，到頭來身敗名裂，社會也受了他的影響，而大起恐慌。好似金玉滿堂的人，不能自守一般。

【參考】晉王弼註："不若其已。"宋范應元註："貪財而輕命，則物在而身亡矣。"元吳澄註："世有金玉滿堂，不能守者何哉？蓋富貴而驕，自遺其咎耳。"馬其昶說："言眾人之所爭，不外此金玉富貴數端；而明天道者，避之若浼也。"

【註】富貴而驕，自遺其咎——依着老子"六親不和有孝慈，國家昏亂有忠臣"的主張，富貴的人，也和孝慈、忠臣一樣，必定世上有窮而無告的人，纔有富貴的人。富人，是奪眾人的利而成功的；貴人，是貪眾人的功而成功的。馬克思也說：資本家，是侵略眾人的勞力而成功的。那末，富貴不但不應該驕人，並且不應該富貴；富貴又驕人，犯了眾怒，必要打倒富貴的階級。這個禍，是自己招出來的。

【參考】晉王弼註："不可長保也。"宋范應元註："富貴而驕奢，則喪身而殃後矣。河上公曰：'富當拯貧，貴當憐賤，而反驕恣，卽禍患也。'"元吳澄註："是以功成名遂而身退，乃合於天之道，此言不可盈之也。金玉，謂富；驕，謂盈；自遺，謂己所致，非由乎人；咎，謂不能收之咎；功成名遂，謂貴；身退，謂不盈之者。天之道，虛而不盈；故四時之序，成功者去。"

【註】功遂身退，天之道——功是什麼？是解決當時此地不良環

境的一種方法。不論是一種事業、一種機械，或是一種學說、一種思想；都是爲適應環境而產生的。社會有變動，環境當然也有變動；一切思想學說事業，都跟着變動起來。適用於前一時期的事業學說，到了後一時期，總有若干部分不適用；那便該讓後一時期適用的思想事業來佔據一時的勢力，這便是"功遂身退"。惟有這樣子，纔能保全他功業相當的價值，又能使社會常常變動，常常進化。好似天氣的有四時一般：春去夏來，夏去秋來，秋去冬來；四時退讓，纔能成天道，纔能養萬物。

【參考】晉王弼說："四時更運，功成則移。"宋范應元註："陰陽運行，功成者退，天之道也。人當效天，故自古及今，功成名遂而身不退者，禍每及之。老子之言，萬世龜鑑。如子房者，乃合天之道也。蘇曰：'日中則移，月滿則虧；四時之運，功成者去。天地尚然，而況於人爲乎？'"元吳澄註："前言富，後言貴；而富貴二字在中間，一句通貫前後。惟貴乃富，則富之中有貴；旣貴必富，則貴之中有富。富貴二者，相須而有；故驕盈而不保其富，是卽不保其貴也。身退不盈而長保其貴，是亦長保其富也。"

第十章

——又稱"載營魄章"。營字，和魂字通用。人的精神生活屬於魄，肉體生活屬於魂；載營魄，是說人的精神生活、肉體生活都要合在天道一個方向上做去。

載營魄抱一，能無離乎？專氣致柔，能嬰兒乎？滌除玄覽，能無疵乎？愛民治國，能無知乎？天門開闔，能無雌乎？明白四達，能無爲乎？生之畜之。生而不有，爲而不恃，長而不宰，是謂玄德。

【註】載營魄抱一，能無離乎？——營字和魂字通用。從來古書上多數拿魂魄代陰陽，一提起陰陽，便連帶着神道的意味，和修仙成道的妄想；因此，後世有許多人說老子是講修道的書。其實，老子絕端沒有這個意思。老子說的魄，是說人屬於精神的生活；說的魂，是說人屬於肉體的生活。肉體生活，是今日的科學生活，再進一步說：精神生活，是哲學的生活、文學的生活，東方人頗富於這一種生活；肉體生活是機械生活，西方人頗富於這一種生活。載，是說人身上藏着，好似車子上裝載着貨物一般；載營魄抱一，是說人身上有精神的、肉體的兩種感覺，須把他調和起來，走在天道的一個方向上。太富於精神感覺的人，他的生活，不免流於浪漫，不

適合生存於物競的世界上；太富於肉體感覺的人，他的生活，不免失於枯燥，不能夠得到精神上的一種安慰。所以，現在人常常呼號說：要得到西方文明的享用、東方文明的安慰，便是老子"營魄抱一"的意思。

【參考】晉王弼註："載，猶處，營魄人之常居處也；一，人之眞也，言人能處當居之宅，抱一清神能常無離乎，則萬物自賓也。"宋范應元註："營魄，魂魄也。《內觀經》曰：'動以營身之謂魂，靜以鎮形之謂魄。'河上公曰：'營魄，魂魄也。'魂屬陽，魄陰屬；一者，道之一也。謂身較魂魄，抱道之一，頃刻无離。人能之乎？"元吳澄註："載，猶加也。陰魄爲營，猶軍營之營；陽魂爲衛，猶兵衛之衛。營者，所以居士卒也。神加陰魄，魄抱陽神，交媾不離，則如日月之終古常存矣。"高延第註《淮南》："魂，人陽神也；魄，人陰神也。魂陽靈而動，魄陰顋而靜，二者相依，則神志常強。"

【註】專氣致柔，能嬰兒乎？——專氣，赴❶說熬煉人的氣質，使他能忍耐，能清靜，能謙讓，能幽默：這都是"柔"字的作用。老子一身的學說，都教人致柔；這個柔，不是說柔弱無能的意思，是說人要煉成清靜的頭腦、忍耐的性情。能清靜，纔能見得天理；能忍耐，纔能得到最後的勝利。有眞理的，沒有不強盛的，所以老子說："守柔曰强"。但這個清靜忍耐，都要順着天道做去，不可有一點陰狠自信的意見；最能順天道之自然的，便是嬰兒，所以說"能嬰兒乎"？

【參考】晉王弼註："專，任也；致，極也。言任自然之氣，致至柔之和，能若嬰兒之無所欲乎？則物全而性得矣。"宋范應元註：

---

❶ "赴"疑爲"是"——編者註

"夫嬰兒氣專而和柔，謂不撓其無意致和柔，俾常嬰兒之時人能之乎?"今人王力說："老子獨以柔弱爲用，蓋與清靜之道相輔而行；非靜無以致柔，非柔無以顯靜。故曰'牝常以靜勝，牡以靜爲下'。水雖流也，而實天下之至靜；山居習靜者，未嘗不耽泉壑也。至人之靜也，如水之止，柔弱而有定；至人之動也，如水之流，幽默而有常，所謂動不忘靜，靜而且柔者，水其似之矣。……老子之尚柔靜，蓋觀察自然界現象，類推及於人身；是以屢狀水木牝牡之情，以示類推之所自。夫弱水之能攻堅強者，自然之勢，非水也，攻堅之術也；聖人後其身而身先者，亦自然之勢，非聖人有先民之術也。……天道不爭而善勝；江海善下而爲百谷王，皆勢也，非術也。故知柔靜不涉權術。

【註】滌除玄覽，能無疵乎? ——滌除，是說人要明白天道，先要除去自己的私欲私見，保住天眞，便是用客觀的態度。玄字和通字通用，玄覽，是說看通了、參通了天地間的眞理，使心中沒有一點私心遮蔽着，好似皮膚上沒有瘢點一般。疵，便是瘢點。

【參考】晉王弼註："玄，物之極也，言能滌除邪飾，至於極覽，——便是看到天道的究竟。——能不以物介其明疵之其神乎? ——這兩句裏，怕有脫字。——則終與玄同也。"宋范應元註："心不處則不明。不明則不通；謂滌除私欲，使本心精明，如玉之無瑕疵，鑑之無塵垢，則宜觀事物，皆不外乎自然之理。人能之乎?"

【註】愛民治國，能無知乎? ——老子的學說，最不主有知。天下人羣的爭鬪欺詐以及繁華處僞、人欲的擴張，都是有知的大病。要使世界上沒有大亂，第一要他人無知；要使他人長壽不傷心身，最好是無知；要能順合天道的自然，也要先使人無知；便是"渾然原氣"。眞能愛民、眞能治國的，也要養成醇厚無知的民風。無知，

便無欲；無欲，便無爭，而天下太平。老子說："智慧出有大僞。"
又說："古之善爲道者，非以明民，將以愚之；民之難治，以其智
多。"他說人民無知的快樂："衆人熙熙，如享太牢，如登春臺；我
獨泊矣其未兆，如嬰兒之未孩。"從這幾句話上，便可以看得出老子
政治哲學的一班。

【參考】晉王弼註："任術以求成，運數以求匿者智也；元覽無
疵，猶絕聖也；治國無以智，猶棄智也；能無以智乎，則民不辟而
國治之也。"宋范應元註："謂抱一專氣，滌除等事；既以修身明心，
可推充此道以及人物，卽愛民治國之本也。循自然之理以應事物，
莫不有當行之路，則何以智爲？愛民者，非區區愛之，但不害之，
卽愛之至也；治國者，非區區治之，但不亂之，卽治之至也。人能
之乎？"今人王力說："老子以爲此狉狉榛榛之社會，方可以處無爲
之事，行不言之教。吳草廬註：明民將以愚之句云：'其流之弊，則
爲秦之燔經書以愚黔首。'程子亦云：'秦之愚黔首，蓋出於老子。'
而不知有大謬不然者：秦政之愚黔首也，自居明察之地；老子之愚
民也，與之同愚。"

【註】天門闢開，能無雌乎？——百姓是國家的主人，好似天一
般；他雖好似很愚笨的，但他的勢力很大。所以天門是說民心，開
闢是說太平和不太平。雌是屬陰的，奸臣小人也是屬陰的。天門開
闢能無雌乎？是說民心在治亂的關頭，你能夠不去親近那奸臣和小
人嗎？

【參考】晉王弼註："天門，謂天下之所由從也；開闢，治亂之
際也。或開或闢，經通於天下，故曰天門開闢也。雌應而不倡，因
而不爲，言天門開闢，能爲雌乎？則物自賓而處自安矣。"宋范應元
註："天門者，以吾之心神出入而言也。心神本不可以出入言，然而

應物爲出，應己爲入；出則開而入則闔，不可不如是而言也。《莊子·天運篇》'載正者，正也，其心以爲不然者，天門弗開矣。'成玄英註亦云：'天門者，心也；雌者，言其主靜而和柔也。'亦❶而後應之義。謂吾之心卽天之心，當於一動一靜之際，常爲雌柔，使神氣和順，則陰陽之言無一開一闔亦和順矣。"莊子《庚桑楚》篇："有乎生，有乎死，有乎出，有乎入，入出而无見其形，是謂天門。天門者，无有也，萬物出乎无有。"近人嚴復說："凡六問皆前後相救之言。如愛民治國矣，而能無用；知天門開闔由我，而能爲雌；明白四達，而能無爲。如此之愛國治民，出於誠心；其雌乃雄之至，其無爲乃無不爲也。"又有把這雌字解作順受的意思，因爲雌的性是安靜順受的；天門開闔，是說天下正在變亂的時候，那治國的人，第一是要依順天道，依順民心。

【註】明白四達，能無爲乎？——明白四達，是說治國家的人，能夠把天道人心的本原，看得十分明白；那便能把天下四處都管得很好，便是不用什麼法律、刑罰、禮教也可以把天下治得很好。這是老子"無爲而治"的政治哲學。

【參考】晉王弼註："言至明四達，無迷無惑；能無以爲乎，則物化矣。所謂'道常無爲，侯王若能守，則萬物自化。'"宋范應元註："明白，虛也，四達，通也。謂此心虛明坦白四達皇皇，感而後應，應而常虛，无以私意爲之，人能之乎？蓋此心無爲而無不爲也；无爲是本，无不爲是末。然本末一貫，得其本則以一行萬，而逐處皆是；通乎末則會萬歸❷，而无時不中。但人當守其本，則末自歸一爾"。

---

❶ 原書"亦"字後空一格，漏字。——編者註
❷ 原書"歸"字後空一格，疑漏字。——編者註

【註】生之畜之。生而不有，爲而不恃，長而不宰，是謂玄德——管理國家的人，對待人民，要順着天道生人的理，不去傷害他的生機，還要順人性的自然，便是生之畜之。那生機是天成的，帝王不傷害人民的生機，算不得是帝王的恩德，所以說生而不有。不有，是說不要自以謂有功。帝王把國家治理得好，這是有才能的人在人羣中應盡的義務；不要仗着自己有功去欺壓百姓，這便是爲而不恃。帝王雖是人民的首領，但也要順着天理人性的自然做去，不要用專制手段，快自己的私心，所以說長而不宰。宰，是說專制的意思。玄德，是說能合於天地原理的好行爲。

【參考】晉王弼註：“生之不塞其原也，畜之不禁其性也；不塞其原，則物自生，何功之有？不禁其性，則物自濟，何爲之恃？物自長足，不吾宰成，有德無主，非元而何？凡言玄德，皆有德而不知其主出乎幽冥。”有德不知主，是說有愛人的德性，却能順人的天性，不拿自己的私見，硬替人做主，去干涉人的行爲，便是愛人不妨礙人的自由。宋范應元註：“謂萬物皆根於道而生，本於德而養；然生之而不以爲己有，爲之而不恃其功，至於長成而不爲之主，故萬物各得其所而不知所以然而然，是謂玄德也。聖人體是道而無迹大而化之，是以百姓不知帝力，玄之德也。蘇曰：‘其道既足以生畜萬物，又能不有不恃不宰，雖有大德，而物莫知之也，故曰玄德。’”近人嚴復說：“夫黃老之道，民主國之所用也，故能長而不宰，無爲而無不爲。君主之國，未有能用黃老者也。漢之黃老，貌襲而取之耳。”今人馬敍倫考訂這一段文字道：“自‘生之畜之’以下，與上文義不相應，皆五十一章之文。”

第十一章

——又稱"三十輻章"。輻，是車輪子的橫木。

三十輻，共一轂；當其無，有車之用。挺埴❶以爲器；當其無，有器之用。鑿戶牖以爲室；當其無，有室之用：故有之以爲利，無之以爲用。

【註】三十輻，共一轂，當其無，有車之用——輻，是車輪子上面的橫木；轂，是車輪子中心的一個小圈，外面接着橫木的脚，裏面空心的，可以□❷在車軸頭上。這車轂外面可以受得住三十個輻；裏面，可以套住軸心，做全車一個緊要的機關。祇因他空心的作用，祇因他的空洞，纔能發生車子的效用。所以說：當其無，有車之用。做人也應該學車轂一般，心中空空洞，洞順着天道德自然做去；不要心中有存一個主觀的觀念，纔能合萬物的本性，得到太平的效用。

【參考】晉王弼說："轂，所以能統三十輻者，無也；以其無能受物之故，故能以實統衆也。"宋范應元註："輻，車輞也；轂，輻所輳也。此假物以明大道虛通之用也。車轂虛通，然後運行；故三十輻共一轂，當其無處，乃有車之用也。"朱熹說："無，是轂中空

---

❶ "挺埴"當爲"挺埴"。——編者註
❷ 原稿殘。——編者註

處；惟其中空，故能受軸而轉運不窮。"

【註】挺埴以爲器；當其無，有器之用。鑿戶牖以爲室；當其無，有室之用——挺字有寫作埏字的，但埏字講不通，應改寫挺字；挺字，有拉長來的意思，又是搓的意思。河上公註："一和也。"《釋文》註："挺，柔也。"奚侗說："陶人治土，必先柔和之而後可以爲器。"下面緊接着一個埴字，埴是黏土。挺埴，是說燒器的人，先把黏磁搓土捏，便土質細膩。器，是說磁器，盌盞一類；那盌盞中空，纔能盛物，纔能得到器的效用。所以說：'當其無有器之用，半扇門稱做戶，牆上的窗稱做牖；鑿開牆壁，裝上窗戶，那屋子裏面纔可以住得人。祇因屋子裏面是空的，所以能住人，能得到屋子的效用。比方人，先須把自己胸中的主觀思想除去，虛心考察天地間自然的眞理，順著眞理做去，纔能適合環境而生存。人的虛心容納眞理，好像磁器的容物、屋子的容人一般。

【參考】晉王弼註："木、埴、壁，所以成三者，而皆以無爲用也。"宋范應元註："挺，和也；埴，《說文》'黏土也'；謂挺和黏土，以爲器也。器中虛，通則能容受；室中虛，通則能居處。是當其無處，乃有器與室之用也。……此亦假物以明吾心虛通之用也。"

【註】故有之以爲利，無之以爲用——有，是說人參透了天道自然的眞理做去，無往不利；但人能夠得到這種利，須先要虛心除去成見，便是無字的作用。人心無私欲私見，纔能明白天道。有，好似人的身體；無，好似人的精神。人的身體雖是實質，雖是有，但是全靠這虛靈不可捉摸的精神，纔能表現出他的作用來，所以說："有之以爲利，無之以爲用。"

【參考】晉王弼註："言無者，有之所以爲利，皆賴無以爲用也。"宋范應元註："故凡有形之以爲利者，皆無形之以爲用也。不特車器室然爾。何以驗之？吾之身有形也，其中有無形者之以爲用也；豈特吾身，凡天地萬物，皆然也。"呂惠卿說："乘則觀乎車，用則觀乎器，居則觀乎室，其用未嘗不在於無，其則不遠矣。至於身不知吾之所以用者何耶？故有之以爲利，無之以爲用；有之以爲利，而無之之爲用，則所謂利者，亦廢而不用矣。有無之爲用，而無有之爲利，則所謂用者，亦害而不利矣。是以聖人入而未嘗有物也，所以爲無之之用；出而未嘗無物也，所以爲有之之利。"

第十二章

——又稱"五色章"。說人要研究天地的眞理，不可被眼前的色相所迷。

五色令人目盲；五音令人耳聾；五味令人口爽；馳騁畋獵，令人心發狂；難得之貨，令人行妨：是以聖人爲腹不爲目，故去彼取此。

【註】五色令人目盲；五音令人耳聾——老子的學說，是在"無爲"；惟無爲纔可以無不爲。要實行無爲，第一要靜。老子說："牝常以靜勝牡，牡以靜爲下。""清靜爲天下正。""致虛極，守靜篤，萬物並作，吾以觀其復。夫物芸芸，各復歸其根；歸根曰靜，是謂復命。"人在頭腦清靜的時候，纔能體會得天地間的眞理；那外面的聲色貨利，都是使人迷失本性的根源。所以說五色令人目盲，五音令人耳聾。人的耳目，被五色五音迷住了，便看不到天地間的眞色，聽不到天地間的眞音，好似盲目聾耳一般。人被私欲、私情迷住了，也看不到天地間的眞理了。

【參考】宋范應元註："人多以見色爲明，而鮮能反照於無色之色，可謂盲矣！人多以聽音爲聰，而鮮能反聽於無聲之聲，可謂聾矣！"《莊子·天地篇》也說："失性有五：一曰五色亂目，使目不明；二曰，五聲亂耳，使耳不聰；三曰，五臭薰鼻，困惾中顙；四曰，五味濁口，使口爽厲；五曰，趣舍滑心，使性飛揚。此五者，皆生之害也。"

【註】五味令人口爽，馳騁畋獵，令人心發狂——爽，是失去的意思；心發狂，是說人心放縱，不能回到天性自然的路上去。口中嘗遍了五味，那舌頭便失了眞味的知覺。人天天做那打獵的事體，以殺害禽獸爲快樂的事體，從此養成殘忍的天性，好似❶了狂一般。人在世上，受了聲色貨利的引誘，也便忘了天地間的眞理；處處違背眞理做去，身心都得不到安慰。

【參考】晉王弼註："爽，差失也；失口之用，故謂之爽。夫耳目口心皆順其性也，不以順性命，反以傷自然，故曰盲聾爽狂也。"宋范應元註："本虛靜心，則聖不可知；馳騁田獵，則心逐禽獸，發而爲狂。"

【註】難得之貨，令人行妨——天地生人，又生萬物，生五穀，生布帛，生各種人生日用的材料，供給人用；這是天地自然的作用，凡是人類衣食住所用的材料，必是易得。祇須人能勤力工作，決不使你爲難。至於難得之物，天原不是供給人用的，所以生產不多，要得他也不容易。那難得之貨，往往不切於人生日用的；祇因人心好奇，把難得之貨看得十分珍貴，如珠玉一類的東西，不但飢不能食，寒不能衣，反容易引起人盜劫的心思。——女人又拿他做誨淫的工具。——使人想出種種欺騙、搶劫敗壞品行的法子來，去得到他，所以說行妨，是說妨礙人品行的意思。這都是逆天道的事體。

【參考】晉王弼註："難得之貨，塞人正路，故令人行妨也。"

---

❶ 原書"似"字後空一字。——編者註

宋范應元註：“貴難得之貨，則妨守道之行。”馬其昶說：“行妨，妨農業也。”

【註】是以聖人爲腹不爲目，故去彼取此——腹，是說心，便是精神寄託的所在；目，是說外面形式上的關係，便是肉體。爲腹不爲目，是說人要保養得精神清靜，纔能看得到天地自然的眞理，不可專貪肉體的快樂，被聲色貨利迷住了，失了精神上的安慰。又說腹是深藏的，目是流動的；爲腹不爲目，是說人要學得腹一般的深靜，不要被人欲所引誘而流動不定。

【參考】晉王弼註：“爲腹者，以物養己；爲目者，以物役己，故聖人不爲目也。”宋范應元註：“爲腹者，守道也；爲目者，逐物也；去，撒也。聖人爲內而不爲外矣，焉肯玩好哉？故去彼色聲香味田獵好貨之事，而取此虛通之道也。然去者，非區區去物也，但不貪愛也。雖有五色畢陳，五音畢奏，五味畢獻，難得之貨畢呈；至於田獵之事，有時乎因除害而爲之，皆不足以撓其心，蓋中有去外取內之道也。”李嘉謀說：“腹者，受而不取，納而不留，易足而無情，非如目之無厭，愈見而愈不足也。目馳於外，腹止於內。”

第十三章

——又稱"寵辱章"。

寵辱若驚；貴大患若身。何謂寵辱若驚？寵爲上，辱爲下，得之若驚，失之若驚，是謂寵辱若驚。何謂貴大患若身？吾所以行大患者，爲吾有身；及吾無身，吾有何患？故貴以身爲天下，若可寄天下；愛以身爲天下，若可託天下。

【註】寵辱若驚，貴大患若身——人順天地自然的眞理做去，盡力工作，盡量享用；不求過分，不貪安逸，原沒有什麼寵和辱的分別。一定是你不肯工作，祇知道受人的保護，受人的憐寵；有憐寵便有羞辱，人人倘然能自立，不依賴人，不受人的憐寵，也沒有人來侮辱你。所以寵辱的來，都是出於意外，不是順人情的自然，叫人心中驚慌的。再人人盡力做社會上的工作，做學問家和做工人，沒有貴賤的分別；因爲他的職業，都是社會上所需要的。在社會的本身看來，學問家和工人一般的需要。你若一定要把一種人看得尊貴，將來必定有人因爲爭奪這個尊貴，打倒這個尊貴，太❶禍便來了。好以❷今日共產主義，打倒資本家一樣；這都是你這尊貴的身子

---

❶ "太"當爲"大"。——編者註
❷ "以"疑爲"似"。——編者註

招出來的禍事。

【參考】晉王弼註：“寵必有辱，榮必有患；寵辱等，榮患同也。”宋范應元註：“謂寵爲辱根，身爲患本；人多不悟，故發明之。”近人嚴復說：“世固無足以寵辱我也，以吾驚之，故有寵辱；亦無所謂貴大患也，自吾有身，而後有貴大患。”姚永概說：“二句蓋古語也，故下文釋之。”

【註】何謂寵辱若驚？寵爲上，辱爲下，得之若驚，失之若驚，是謂寵辱若驚——照這文氣看來，那寵辱若驚，貴大患若身兩句，是老子引證的成語；下面的語，都是解釋這成語用的。上是說末；下是說根。有末便有根，有因便有果，有寵便有辱。人人自立，順着眞理做去，原沒有什麼寵辱的；人類起了僥倖心、依賴心，不順天理，不肯拿自己的勢力去換得享用，有受寵的時候，便有受辱的時候，所以明白道理的君子，得到寵，是很詫異的，因爲人人平等，不應該去得人的寵。得了寵，倘然沒有羞辱的事體來，也是很詫異的；因為有寵，一定有辱，所以說失之若驚。失，是說沒有受羞辱。

【參考】晉王弼註：“爲下得寵辱榮患若驚，則不足以亂天下也。”宋范應元註：“辱因寵至，是寵爲辱根，故寵爲下。得寵為榮，失寵爲辱，有寵易有辱，是以達者非特失寵若驚，其得寵亦若驚。至於功成名遂而身退，故無辱也，此所謂寵辱若驚。”

【註】何謂貴大患若身？吾所以有大患者，爲吾有身，及吾無身，吾有何患？——這個身字，是說主觀的我；人類所以互相侵奪，互相殘殺，而時時給人羣以不安，時時阻礙人羣的進化，這是爲什麼？這由於看得吾身太眞，利益要吾身享用，禍害讓別人去承受；人人把禍害推在別人身上，那人羣中充滿了禍害，到頭來自身也遭了禍害。他不知道人羣是個大我，吾身是個小我；小我包括在大我

裏面，不能離大我而獨立，所以要使吾身受到榮貴，先要使社會不受大患。吾身忽然貴了，忽然遭大患了，這都是看得吾物太眞，看得人羣太輕的結果。你倘然不把個人看得太重，人人先去把個社會補救好了，那我個人便不成問題了。所以說：「吾所以有大患者，爲吾有身；及吾無身，吾有何患？」

【參考】晉王弼註：「大患，榮寵之屬也；生之厚，必入死之地，故謂之大患也。人迷之於榮寵，返之於身，故曰大患若身也。」宋范應元註：「『何謂貴大患若身』者，猶言不輕大患，如不輕此身也；倘輕患而不慮患，輕身而不修身，則自取危亡也。是以君子安而不忘危，存而不忘亡，故終身無患也。不言人有大患，而言吾有大患者，假身以喻人也。此復答曰：吾之所以有大患者爲吾有身也。蓋此身一墮濁世，事物交攻，乃大患之本也；苟吾無身，吾有何患？是知有身，斯有患也。然則既有此身，則當貴之愛之，循自然之理以應事物，不縱性欲，俾之無患可也。」

【註】故貴以身为天下，若可寄天下，愛以身爲天下，若可託天下——人能把富貴利祿的心思看得平淡，不因为身外的富貴弄齷齪了自己的心性，這眞是能貴其身、愛其身了；能貴其身、愛其身的人，纔可以把天下的事體去寄託給他。

【參考】晉王弼註：「無以易其身，故曰貴也，如此乃可以託天下也；無物可以損其身，故曰愛也，如此乃可以寄天下也。不以寵辱榮患損易其身，然後乃可以天下付之也。」宋范應元註：「貴以身爲天下者，不輕身以徇物也；愛以身爲天下者，不危身以掇患也。先不輕身以徇物，則可以付天下於自然，而各安其安；能不危身以掇患，然後可以寓天下而無患矣。」嚴復說：「通章若字，皆作『如此乃』三字讀。」

第十四章

——又稱"視之不見章"。這是老子的無身主義，人能忘了自己的身體纔能不受聲色的引誘。

視之❶見名曰夷；聽之不聞名曰希；搏之不得名曰微：此三者，不可致詰，故混而爲一。其上不皦，其下不昧，繩繩不可名，復歸於無物，是謂無狀之狀，無象之象，是謂恍惚。迎之不見其首，隨之不見其後；執古之道以御今之有；能知古始，是謂道紀。

【註】視之不見名曰夷；聽之不聞名曰希；搏之不得名曰微：此三者，不可致詰，故混而爲一——人要明白天地眞正的來原，第一不要拘泥眼前的形色；那眼前可見的色、可聽的聲、可撫摸的身體，都是天地暫時生出來的幻相。你要追想到那萬物未成形沒有聲色以前，他的靈體，與天道合而爲一，不可見，不可聽，不可撫摩的，那纔是萬物眞正的根源。所以我們要練成不迷戀眼前聲色體質的習慣，見了有色的，好似不見一般；聽了有聲的，好似不聞的一般。手摸着了實在的體質，好似沒有體質一般，所以說夷、希、微。夷，是銷滅的意思；希，是清靜的意思；微，是細小的意思。但是怎麼

---

❶ "之"字後漏"不"字。——編者註

樣可以不見不聞不感覺？這三種理由，倘然分着研究，那是不能問得明白的，必定要把這三種原理混合成一個無身主義，纔能明白。什麼是無身主義？便是把自身也看成是天地暫時生出來的幻相，須用超然的眼光、客觀的態度去研究出一條人物共通的原理。那時既沒有身，又沒有物，還有什麼聲色體質？便混而爲一了。

【參考】晉王弼註："無狀，無象，無聲，無響，故能無所不通，無所不往，不得而知；更以我耳目體不知爲名，故不致詰混而爲一也。"宋范應元註："道無色，視之不可見，故名曰夷；道無聲，聽之不可聞，故名曰希；道無形，搏之不可得，故名之曰微。此三者，不可推致而詰問之，故合而爲一。"河上公註："夫無色無聲無形，口不能言，書不能傅；當授之以靜。求之以神，不可詰問而得也。"蘇轍說："視之而見者，色也；所以見色者，不可見也。聽之而聞者，聲也；所以聞聲者，不可聞也。搏之而得者，觸也；所以得觸者，不可得搏也。此三者，雖智者莫能詰也，要必混而歸於一而可爾。"嚴複說："有可說，有可聽、有可搏；使其無之，將莫之視，莫之聽，莫之搏矣。夷希微之稱焉由起乎？然則道終不可見，不可聞，不可搏乎？曰可，惟同於夷希微者，能之。"易順鼎說："搏，乃搏字之誤。宋陳搏，字希夷，旣取此義。"

【註】其上不皦，其下不昧，繩繩不可名，復歸於無物——天道混沌，可以意會，而不可以言說，所以說其上不皦。上，是說天道；皦，是說明白的意思。不皦，是說混沌的意思。待道生天地，天地生萬物以後，各有各的形色，又各有各的名稱，分得很清楚的了，所以說其下不昧。其下，是說天地萬物；昧，是糊塗，不昧，是說不糊塗。但萬物雖分得很清楚，他靈性的寄託還是同一個混混沌沌的天道所產生的；所以這個天道，終古長存，不可明說，所以說繩

繩不可名。繩繩，是終古不斷，沒有窮極的意思。雖有天地，雖有萬物，那天地萬物，因爲他有形體，終有形體銷滅的一天，而依舊歸於混沌，所以說復歸於無物。

【參考】宋范應元註：“物之在上者多明，在下者多昧；唯此道，則在上而不明在下而不昧。蘇曰：‘物之有形，皆麗於陰陽；故上曒下昧，不可逃也。’道雖在上而不曒，在下而不昧，不可以形數推也，此道繩繩而不絕。然而終不可名也，故復歸於無物。”李嘉謀說：“既不爲色形氣之所囿，則所謂元明者，乃一精明爾。方其未散，混沌而爲一，雖寄於明而不可謂明，故曰其上不曒；雖不可謂明，亦不可謂不明，故曰其下不昧。未嘗須臾可離可去也，故曰繩繩不可名。復歸於無物，而不可謂之無物，故曰無狀之狀，無物之象。”

【註】是謂無狀之狀，無象之象，是謂惚恍——天道是不可捉摸的，沒有形象的；但人考察天地萬物的本性，又看他自然的變化，便好似看出了他的形狀一般，所以說無狀之狀，無象之象。惚恍，便是恍惚不可捉摸，可以意會而不可以言傳的，這便是天道的眞理。

【參考】晉王弼註：“欲言無耶，而物由以成；欲言有耶，而不見其形，故曰無狀之狀，無物之象也。惚恍不可得而定也。”宋范應元註：“謂道不可以狀言，而萬狀由之而著，故曰无狀之狀；道不可以象言，而萬象由之而見，故曰无物之象。道不可以有无言，是謂惚恍；惚則於無非無，恍則於有非有也。蘇曰：狀，其著也；象，其微也。无狀之狀，无物之象，皆非无也；有既不可名，故謂之惚恍。”《韓非子·解老篇》：“人希見生象也，而得死象之骨，案其圖以想其生也，故諸人之所以意想者，皆謂之象也。今道雖不可得聞見，聖人執其見功以處見其形，故曰無狀之狀，無物之象。”

【註】迎之不見其首，隨之不見其後——天道既生萬物，天地間事事物物，都可以看得出天道自然的本性；天道是無始無終，無孔不入，無有邊際的，所以迎之不見其首，隨之不見其後。

【參考】宋范應元註：「於无非无，於有非有；故迎之不見其首，隨之不見其後。蘇曰：『道无所不在，故前後不見。』」李嘉謀說：「其來無始，故迎之不見其首；其去無終，故隨之不見其後。」近人嚴復說：「見首見尾，必有窮之物；道與宇宙，皆無窮者也，何由見之？」

【註】執古之道以御今之有，能知古始，是謂道紀——天道是長存的，又是不變的；無古無今，總是自然不息，所以看了過去的事實，便可以對付眼前環境，並且可以預料將來的結果，這便是執古之道，以御今之有。道紀，是說天道有一定不變的法紀，人祇須順着自然的法紀做去。

【參考】晉王弼註：「無形無名者，萬物之宗也；雖今古不同，時移俗易，故莫不由乎此以成其治者也，故可執古之道以御今之有。上古雖遠，其道存焉，故雖在今，可以知古始也。」宋范應元註：「虛通之道，自古固存，當持此以理今之事物也。能知自古生物之始，此乃常道之綱紀。執古道以御今，如網有網紀而不紊也。」近人嚴復說：「執古二語與孟子『求故』同一義蘊。科哲諸學，皆事此者也。吾嘗謂老子爲柱下吏，又享高年，故其得道，全由歷史之術。讀執古、御今二語、益信。」

第十五章

——又稱"古之善爲上章"。

古之善爲上者，微妙玄通，深不可識。夫唯不可識，故强爲之容。豫兮若冬涉川，猶兮若畏四鄰，儼兮其若客，渙兮若冰釋，敦兮其若樸，曠兮其若谷，混兮其若濁：孰能濁以静之？徐清。孰能安以久之？徐生。保此道者，不欲盈；夫唯不盈，故能蔽不新成。

【註】古之善爲上者，微妙玄通，深不可識——上文説執古之道，以御今之有；這一章便接下去，説古時有上等聰明的人，他能夠明白天地間最微妙的眞理，又能把微妙的眞理運用在萬事萬物上，因此那極頂聰明人的知識，不是平常人可以知道的。

【參考】宋范應元註："善爲上者，謂善能體道之人也；惟其善能體道，故其心微妙而與物冥通，淵深而不可測也。"

【註】夫唯不可識，故强爲之容——祇因天道深奥，不容易認識；所以我們須用勉强的工夫，用純客觀的態度，去研究天道，容納天道。

【參考】宋范應元註："今有若人，豈讓於古？夫惟不可測，故强爲善之形容，謂下文也。"

【註】豫焉若冬涉川，猶兮若畏四鄰——豫，是象一類的野獸；猶，是猴一類的野獸。豫獸在冬日水淺的時候渡河，欲進又退，心中疑惑不定；猶在山中行走的時候，常常回頭四顧，祇怕四面有兇惡的野獸來欺侮他。所以說豫焉若冬涉川，猶兮若畏四鄰。老子教人研究眞理的方法，要用純客觀的態度，時時虛心懷疑，不可用主觀的態度一味自信，一往直前，絕不回顧；因自信力太強，往往見不到眞理。老子教人要和豫、猶二獸一般的虛心懷疑，這實在是一般做學問、求眞理、發明自然科學的人所必要的態度。

【參考】晉王弼註：“冬之涉川，豫然若欲度若不欲度，其情不可得見之貌也。四鄰合攻，中央之主，猶然不知所趣向者也。上德之人，其端兆不可覩，德趣不可見，亦猶此也。”宋范應元註：“此形容善爲上者，循理應物，審於始而不躁進也。應物既已，而尚若畏四鄰，蓋謹於終而常不放肆也。”《文子‧上仁篇》亦說：“豫焉若冬涉川者，不敢行也；猶兮若畏四鄰者，恐自傷也。……行不敢行者，退不敢先也；恐自傷者，守柔弱不敢矜也。……夫道退，故不能先守；柔弱，故能矜。”

【註】儼兮其若客，渙兮若冰之將釋，敦兮其若樸，曠兮其若谷，渾兮其若濁——做學問、研究眞理，第一不可自誇，要虛心謙讓，好似見了賓客一般，所以說儼兮其若客。待到一步一步研究進去，愈研究愈明白，好似那冰塊快要溶化的時候一般，所以說渙兮若冰之將釋。但天地間的眞理無窮，學問無窮，便是得到了一點知識，也須容納在腔子裏不可誇張輕浮；要厚重謙退，好似鄉下人一般愚笨，所以說敦兮其若樸。敦，是厚重的意思；樸，是說渾然原氣。在研究眞理的時侯，要把心中主觀的意思除去，把胸中空着，好似山谷一般的空曠着，所以說敦兮其若谷。又要把他度量放大，

各方面的情狀事理都要容納在胸中。用比較的方法看出眞理的所在，所以說渾兮其若濁，好似江河的能夠容納汙濁的水。

【參考】晉王弼註：“凡此諸著，皆言其容象，不可得而形名也。”宋范應元註：“已上皆言若者，謂善爲上者形諸外有如此，而其中則不可得而測也。”

【註】孰能濁以靜之？徐清。孰能安以久之？徐生。保此道者，不欲盈——濁以靜之徐清，是說做學問或是研究眞理的人，須先把頭腦冷靜，虛心考察萬事萬理，從這裏面看出眞學問、眞天理來；好似大海容納了濁水，却慢慢的靜下去，那水便也慢慢的清了。安以久之徐生，是說十年生聚的意思；天下在大亂以後，須使人民安居樂業，那生機便慢慢的發展開來了。明白天道的人，常常願虛願退願柔弱，不願剛強自滿，所以說不欲盈。

【參考】晉王弼註：“夫晦以理物則得明，濁以靜物則得清，安以動物則得生，此自然之道也。孰能者，言其難也；徐者，詳慎也；盈，必溢也。”宋范應元註：“謂心雖應物而誰能濁之，以其能安定之而徐自清也。謂此心誰能安定，以久而不復應物哉，感之而徐自生也。”近人嚴復說：“‘濁以靜之徐清，安以久動之徐生。’天演眞理，萬物之成由此。”

【註】夫唯不盈，故能蔽不新成——明白天道的人，纔能有眞知灼見，不受外界聲色的蒙蔽，有新的成就；新成，是說暫時幻相。

【參考】晉王弼註：“蔽，覆蓋也。”宋范應元註：“保守此道者，當虛其心不欲使人欲充塞其中也。天惟虛，故能盡自然之理，以應萬變而依然如故也。”俞樾說：“蔽，是敝之假字。”

第十六章

——又稱"致虛極章"。這一章,是根據上章不盈的意思演繹下來的。

致虛極,守靜篤;萬物並作,吾以觀其復。夫物芸芸,各復歸其根;歸根曰靜;是謂復命。復命曰常,知常曰明。不知常,妄作凶;知常,容。容乃公,公乃王,王乃天,天乃道,道乃久沒身不殆。

【註】致虛極,守靜篤,萬物並作,吾以觀其復。——要明白天道,須先要澈底的除去主觀態度,處處虛心考察天地自然的現象,不可絲毫夾雜主觀的私心在裏面,這便是致虛極。但是如何可以養得這心性空靈呢? 第一,是要使我的心能夠十分守靜。我靜然後可以看得到天地萬物的動;從萬物動的時候,看出天道的真理來。但是這一個靜是要真靜,要十分的靜,絲毫妄想夾雜不得,所以說守靜篤。我虛了,我靜了,我自身跳出在私心私欲以外,那眼前所留的,祇有萬物的真;從萬物並作的時候,看出巡環不息、永古長存的真理來,所以說吾以觀其復。

【參考】晉王弼註:"言致虛物之極篤,守靜物之真正也。萬物動作生長以虛靜,觀其反復,凡有起於虛,動起於靜,故萬物雖並動作,卒復歸於虛靜,是物之極篤也。"宋范應元註:"吾心之初,

本來虛靜；出乎自然，初不待致之守之。逮乎感物而動，則致守之
功，不容一息間斷矣。是以老子教人致虛守靜。致虛之極，守靜之
篤，則不離於初；不離於初，則萬物並動，而吾能以是觀其復歸於
虛靜也。夫惟虛靜，然後能動而有常。在易，陰極而一陽反生於下，
謂之復；復則生生之道，常久而不已也。蓋動自靜來，動極復靜矣；
非虛極而靜篤者，不能觀之。雖然，致虛守靜，非謂絕物離人也。
萬物无足以撓吾本心者，此眞所謂虛極靜篤也。蘇曰‘致虛不極，
而有未忘也；守靜不篤，則動未忘也。丘山雖去；而微塵未淨，未
爲極與篤也。’蓋致虛存虛，猶未離有；守靜在靜，猶陷於動。而況
其他乎？不極不篤，而責虛靜之用，難矣！”馬其昶說：“以上所云，
皆致虛守靜之事；以下推言其功效之所暨也。”

【註】夫物芸芸，各復歸其根；——芸芸，是說種類多的樣子。
天地間有鑛物、有植物、有動物，而每一物類之中，又有幾千萬不
同形質的種。同是一種，又有各各不同的特性。譬如人類有黃白紅
黑顏棷色的不同，同是一色種的人，又有各人的性格不同。從來說
的：“人心之不同如其面。”這可以算得極芸芸的能事了。但是合天
地間各種不同的物類，却有一個共通原理；原理是什麼？便是自然。
生也自然，死也自然；不但是天地間的物類，便是天地自身，也不
能逃出這自然的演化。這自然的眞理，眞是萬物之根。

【參考】晉王弼註：“各返其所始也。”芸芸，也有寫作凡物貟
貟。傅弈說：“古本如此。貟字，《玉篇》音云：‘又音運，物數亂
也。’一本作夫物芸芸。《莊子·在宥篇》曰：‘萬物芸芸，各復其
根。’芸字，成玄英疏云：‘象多也。’《玉篇》與《韻略》訓芸字，
皆云‘香草也’。今從古本。”宋范應元註：“此假物以喻人也。凡
物數雖紛亂，然而无有不歸其根者。”

【註】歸根曰靜；是謂復命。復曰常，知常曰明。——自然既是萬物的根，而自然的狀態，是一個靜字；我們偶然到山野地方去，滿眼都是長林茂草，高山流水，夾着數聲啼鳥，天機活潑，生趣泱然。這是什麼道理？這便是靜字的表現。各種生物，都靜靜的順受着天理，安守着本分；靜靜的吸取大自然的空氣和日光，合着自然的生機，盡他自然的壽命。春榮秋枯，便得到這豐滿的生趣。這都是回復大自然的天命，纔能保持他各種物性的常態；在他天賦的機能中，得到充滿的發育。不像人時時動他的私慾，違抗天理；不能靜便不能常，因此人類獨多疾病夭死的痛苦。

【參考】晉王弼註："歸根則靜，故曰靜；靜則復命，故曰復命也；復命則得性命之常，故曰常也。常之爲物，不偏不彰，無皦昧之狀，溫涼之象，故曰和常曰明也。"宋范應元註："命，猶令也；天所賦爲命，萬物受之而生也。常者，久也；復命，則常久也。在人言之，根者本心也；歸根者，反本心之虛靜也。吾心之初，本來虛靜，於此可以見道之令也，卽天之所賦者。故靜篤則可以復道，虛通之令而有常也。然則不歸根則不能靜，不能靜則是牽於物欲，不能復道虛通之令而常久也。故致虛之極，在乎守靜之篤也。蘇曰：'苟未能自復其性，雖止動息念以求靜，非靜也；故歸根，然後爲靜。'"今人王力說老子的主靜，是靜中有動的。"動中寓靜，靜中有動，方爲老子之道。豈不動如木偶始可謂之靜哉？今夫行路者，動也；不匆遽以致顚，不冒險以蹈危。靜也，跛者不行而心馳千里之外，雖不動乎，要不能謂不靜。……以靜態爲動機，則其動無害矣。"

【註】不知常，妄作凶，知常容。——不知常，是說人不明白天地自然的常理，祇知擴張私欲，侵略虛偽，造作種種壓迫人民違背人道的法律制度；又因爭奪個人的權利，造成戰禍。自古人民兵士

被野心軍閥驅迫陷害，送去性命的，不知其數；又因妄想成佛成仙，妖言惑衆，煉丹打坐，違背生理，這種都是不順天地自然的氣化，妄作妄爲；他的結果，便逃不出一個凶字。你倘然能夠明白天地自然的常理，不妄想，不作惡；人人安心樂業，博愛平等。不欺詐，不侵略，那便是順天理，可以得到自然的結果，而毫無痛苦，所以說知常，容；容，是說容順的意思。

【參考】晉王弼註：“唯此復乃能包通萬物，無所不容；失此以往，則邪入乎分，則物離其分。”河上公註：“不知道之常，妄作奸凶巧詐則失神明，故凶。”宋范應元註：“如常久自然之道，則虛通而無不包容也；旡不包容，乃無私也。”

【註】容乃公，公乃王，王乃天，天乃道，道乃久沒身不殆。——公，是說人人都適合的公理；王，是廣大的意思，是說公理能適人心；天，是說公理和天一般的偉大，人人服從公理，和服從天命一般；天命是什麼？便是自然，自然是天地成功的大道；人能順天地自然的大道，纔能使人人得到永久的太平，更能使生命延長，所以說道乃久，不但是生命延長，便是人死以後，他的眞精神，仍舊可以回復到天道；生死巡環着，永久不滅，所以說沒身不殆。

【參考】晉王弼註：“無所不包通，則乃至於蕩然公平；蕩然公平，則乃至於無所不周普；無所不周普，則乃至於同乎天，與天合德。體道大通，則乃至於極虛無窮；極虛無得道之常，則乃至於不窮極也。無之爲物，水火不能害，金石不能殘；用之於心，則虎兕無所投其齒角，兵戈無所容其鋒刃，何危殆之有？”宋范應元註：“旡不包容，則公而無私，衆邪莫當；王者，天下歸往之稱。惟其旡私，故天下之人往而歸之；王乃如天之不言而行，旡爲而生。不言而行，無爲而生，乃虛通而大也；虛通而大，則常久自然，則終身不危殆矣。”

第十七章

——又稱"太上章"。太上，是說用虛守靜、順天地的自然，是做人、治國最上的方法。

　　大上，下知有之；其次，親而譽之；其次，畏之；其次，侮之：信不足焉，有不信焉，悠兮其貴言；功成事遂，百姓皆謂我自然。

　　【註】大上❶，上知有之——大字和太字通用。太上，是說政治進步到極地的時候；下，是說國中的百姓。知有之，是說百姓終身安居樂業，永遠不受戰爭的恐慌，賦稅的痛苦，管理百姓的人，從不去擾害人民，那人民心中僅僅知道上面有一個治國的人，這是十分太平的境象，也是老子政治思想的極軌，無為而治的真精神。怎麼可以做到這地步？便也逃不出"自然"二字。管理國家的人，能夠順着民心的自然，使他生活着，安居着；做百姓的人，也能夠順着天道的自然，就人力可能的範圍以內求進步，自治自享，永遠不勞上面管理國家的人去干涉他，太平無事，官民兩忘。在百姓心中，祇知道有一個帝王或官吏的名義罷了。實在到了這民治精神發達到極步的時候，人人能自治；那帝王官吏，也徒成了寄生蟲，簡直我

――――――――――
　　❶　"上"當為"下"——編者註

們可以不要他。

【參考】晉王弼註："太上，謂大人也；大人在上，故曰太上。大人在上，居無爲之事，行不言之教，萬物作焉而不爲始，故下知有之而已，言從上也。"宋范應元註："太古在上之君，無爲無欲，道化流行，不見其迹，下民各得其所，但知有君而已。"今人胡適說："《永樂大曲❶》本，吳澄本，皆作'不知有之'。日本本，作'下不知有之。'"今人陳柱說："《韓非·難三》及《淮南·主術》，均與舊本同，則舊本是也。此謂太上之民，止知有應得之賞罰而已。"胡適又說："焉字，和乃字通。應讀成'信不足，焉有不信'。"

【註】其次，親而譽之——親而譽之，是說管理人民的人，做些有利於人民的事體，能夠愛惜百姓。那百姓便好似兒女的親近父母一般去親近那治國的人，大家嘴裏都稱贊他好。這原是很好的了，但爲什麼要說其次呢？這便是治國的人有所爲而爲，便是不自然。治國的人，祇須順着百姓自然發展的趨向，去指導他；百姓受着天地的供養，自然得到安樂，原不必治國的人再給他什麼恩惠。倘然這恩惠是有實利的，這便是治國的人叨天之功；倘然這恩惠是徒有虛名的，這便是治國的人有意作僞。況且人民爲什麼譽你？原是說你有恩德。但這恩德是比較出來的名詞，那人民總經過你暴虐的時候，纔能覺得有恩德的時候，也須這個恩德不是眞恩德，是把虐政減輕罷了。可憐百姓受暴君極度的壓迫，把他的神經，驚慌得麻木了；把減輕的暴虐，認做恩德，便裝着滿臉的苦笑去親他、譽他。再退一步講，算他的恩德是眞的，這也是僭越；治國的是人，百姓也是人，人同受天地的養育，同依着天地自然的氣化，生死憂樂，

---

❶ "曲"當爲"典"。——編者註

誰又能給誰的恩德？人類祇有平等的互愛互助，人決不能給人恩德；所爲恩德，也不過是作僞，不過是虛名，或竟是盜天地之功以爲己功。有了恩德的名義，便犯了老子無名之戒，所以說其次。

【參考】晉王弼註：“不能以無爲居事，不言爲教，立善行施，使下得親而譽之也。”宋范應元註：“其次之君，漸不及古；仁義旣彰，民雖親愛而稱美之，然朴自此散。不如相忘於道德也。蘇曰：‘以仁義治天下，其德可懷，其功可見。故民得親譽之，其名雖美，而厚薄自是始矣。’”

【註】其次，畏之——畏之，是說管理國家的人，拿威力去壓迫人民，使人民害怕，得到暫時形式上的平安，這是又其次了。本來那治國的人，盜竊了天地的大權，有作福的時候，便有作威的時候，所以那帝王，或其他治國的人，給人民恩惠，人民也不必感謝他。旣偷了天地的權力，喜怒聽命，人民有親而譽之的時候，便也有畏之的時候，這是無足怪的。

【參考】晉王弼註：“不復能以恩仁令物，而賴威權也。”宋范應元註：“大朴旣散，人僞日生，又其次之。君道之以政，齊之以刑，民免而无恥，雖畏之而亦侮之也。”

【註】其次，侮之：信不足焉，有不信焉——侮，是說人民對於政府的革命行爲；那政府偷竊了天地的權力，作威作福，用暴力壓迫人民到了極度，那人民從痛苦呼號中得到覺悟，知道人是不能欺迫人的，也沒有力量欺迫人的。政府的所以有這一種力量，都是人民把多數人的力量退讓給他的；倘然人民齊心合力的起來，把各人自己的力量要囘來，那政府也便好似驢子剝去了老虎皮，無能爲的了。一旦恍然大悟，便一齊起来侮辱政府，有革命的行動，推倒政府。但這也是政府自己招出來的，因爲他自己信不足，人民纔不

信他。

【參考】晉王弼註：“不能法以正齊民，而以智治國；下知避之，其令不從，故曰侮之也。夫御體失性，則疾病生；輔物失眞，則疵釁作。信不足焉，則有不信，此自然之道也。己處不足，非智之所齊也。”宋范應元註：“蘇曰‘以政齊民，民非不畏也；然力之所不及，則悔之矣。’故上之誠信不足，則下亦有不誠信者矣。”近人嚴復說：“將亡之民，無不悔其政府者。英之察理，法之路易是已。”

【註】悠兮其貴言；功成事遂，百姓皆謂我自然——悠兮，是說自然的意思。政府原是人民的公僕；須聽人民的自然，不可反抗民意自作主張，多發號令。言，是說政府的號令；貴言，是說政府須把號令看得十分貴重，不可輕易發出去，須以民意爲依違。能順民意治國家，自然能功成事遂，百姓不感覺痛苦，政府不感覺困難；到那時候，百姓不覺得是政府的力量做成功的，祇覺得自然成功的，便是無爲而治的本意。

【參考】晉王弼註：“自然，其端兆不可得而見也，其意趣不可得而覩也；無物可以易其言，言必有應，故曰悠兮其貴言也。居無爲之事，行不言之教，不以形立物，故功成事遂，而百姓不知其所以然也。”宋范應元註：“聖人誠信旣足，其於言也，尙且貴之而不輕發，則民自誠信矣。故功成事遂，百姓不知帝力，皆曰我自然，此乃相忘於道德也。河上公曰：‘百姓不知君上之德淳厚，而以爲當自然也。’”

第十八章

——又稱"大道廢章"。大道，便是天道；人作僞的事體愈多，那天道破壞的地方也愈多。

大道廢，有仁義；慧知出，有大僞；六親不和，有孝慈；國家昏亂，有忠臣。

【註】大道廢，有仁義——我在上一章已說過，人受天地自然的氣化而生，祇須順着天道，使他得到平均享用、平均發育，本來沒有貧富智愚的分別；現在人類的有貧富，是人類不良的制度，自己造成功❶的。人類的有智愚，也是人類不良的環境造成功的。天地生人，平均支配，給他衣食住的材料；自從人類的大盜出世，劫奪了衆人的衣食住，享用着無量的富貴。好似現在的軍閥官僚和資本家，他們偶然高興，分些使用不了的金錢衣食給窮苦百姓，大家便稱他仁人義士；其實他所施給貧民的金錢衣食，原是貧民自己所本有，而被富豪劫奪去的。現在富豪，從貧民自己的一份中分了一些還給貧民，這算不得什麼仁義。富豪侵略平民的生計，正是他破壞天地平均養育人的大道，卻又偸享着仁義的好名兒。

【參考】晉王弼註："失無爲之事，更以施慧立善道進物也。"

---

❶ "功"疑爲"衍"字。——編者註

宋范應元註：“大道未嘗廢，廢之者人也；自大道毀而有仁義之名也。蘇曰：‘大道之隆也，仁義行於其中，而民不知；道既廢而後仁義見矣。’”《壯子・馬蹄篇》：“純樸不殘，孰爲犧尊？白玉不毀，孰爲珪璋？道德不廢，安取仁義？性情不離，安用禮樂？”今人王力說：“是有不善而後有善；物之不齊，亂之始也。”

【註】慧知出，有大僞——天生人手足、五官，使他盡力工作；又生五穀棉絲牛羊木石，使他盡量享用。大家平均工作，平均享用，原是很自然的，也不用什慧知；自從大奸，他劫奪了多數人的衣食財帛，又定了許多仁義道德的好名詞來欺驅衆人，衆人也學著他，一面儘量做劫奪的事體，一面又竭力作僞，去博得仁義道德的虛名。所以你看今日號稱大慈善家的，他在別一方面，沒有不做殺人不眨眼剝奪窮人生計的大土豪大軍閥的，這便是他的智慧，也是他的大僞。

【參考】晉王弼註：“行術用明，以察姦僞，趣覩形見物，知避之，故智慧出，則大僞生也。”宋范應元註：“知慧者出，去質尙文，使天下不任其眞，是以有大僞也。”近人嚴復說：“近世歐洲，詐僞之局，皆未開化以前所未有也。”今人王力說：“嘗謂大奸慝多出文人，讀書彌多，適以濟惡，玩目不識丁之徒於股掌之上。”這都是用慧知的大錯。

【註】六親不和，有孝慈，國家昏亂，有忠臣——我嘗說人類祇有人羣，沒有父子夫婦弟兄等關係；人羣祇有同類的情感作用，沒有什麼孝慈忠愛等名稱。那人羣和同類的情感，是自然的結合、天性的表現；人倫和附屬於人倫忠孝慈節等名稱，是人造的虛僞的標榜。譬如說敬老憐幼、男女相悅、朋友相助，這是人類同情性自然的表現；你祇須依着情感自然的發達，盡量用你憐敬相悅相助的力

量，那人羣的愛力，自然能夠團結起來。各人精神上，自然得到充實的愉快和安慰。人與人之間，倘然要拿孝慈忠愛等名稱去維持他，去提醒他；這便是作偽，便是不孝不慈不忠不愛的裂痕。徒務虛名的，往往失了他的實惠。

【參考】晉王弼註："甚美之名，生於大惡，所謂'美惡同門'。若六親自和，國家自治，則孝慈、忠臣不知其所在矣。魚相忘於江湖之道，則相濡之德生也。"宋范應元註："六親和，則誰非孝慈？國家治，則誰非貞臣？大道不廢，則安取仁義？故六親不和然後有孝慈之名；國家昏亂，然後有貞臣之號，亦猶大道廢而後有仁義也。大道固有常矣，孰若循其自然而要知；以爲孝慈，處其當然而不知以爲貞，相愛而不知以爲仁，適宜而不知以爲義。平平蕩蕩，由於中而不知所以然，豈不正直哉！"

第十九章

——又稱“絕聖棄智章”。是說人祇須盡他的良心待人，盡他的
聰明工作，不要有聖智的名稱。

絕聖棄智，民利百倍；絕仁棄義，民復孝慈；絕巧棄利，
盜賊無有：此三者，以爲文不足，故令有所屬。見素抱樸，少
私寡欲。

【註】絕聖棄智，民利百倍；絕仁棄義，民復孝慈；絕巧棄利，
盜賊無有——這是老子極端的政治革命論。他感覺當時一般行政的
人，個個自命爲聖智，聲聲說愛國愛民，但他的結果，所謂聖智的
人，不過腰包裏多裝些錢，功名加高幾級。最大的聖智，做了帝王，
便是盜賊的首領；而一般忠順奴才，口口聲聲稱他“天皇仁聖”的。
誰知聖智的身體愈肥，百姓的肌肉愈瘦；聖智的地位愈高，百姓的
壓迫愈重。刮盡人民的錢財，犧牲百姓的性命，去養政府中少數的
聖智；這一種聖智，不如快快的斷絕他，拋棄他。他所劫奪去人民
百倍的利益，依舊還給人民。還有假仁假義的行爲，我們也要棄絕
他：老年人保護兒童，少年人憐敬老年人，這是天性的自然，不用
有仁義的名稱；一有名稱，便有人作偽，專圖好名兒，便不做真仁
真義的事體了。人類在世界上，祇須盡合作互助的心力，享用天然

的物產，便是"各盡所能，各取所需"，原不用巧。一有巧利的見界，便起欺騙的意思，那盜賊也便跟着起來。人羣在世界上，是整個的，利他便是自利；我要利己，先須利羣，社會不安全，個人也無處寄託；所以仁義、聖智、孝慈、利巧，是人類利他自利應有的工具，出於天性之自然，原不必巧立名目，反容易引起人作偽的心思，這真是老子的無名主義。

【參考】晉王弼說："聖智，才之善也；仁義，人之善也；巧利，用之善也：而直云絕，文甚不足；不令之有屬，無以見其指。"宋范應元註："聖智本欲以利民，而其末必至害民；蓋聖智之迹彰，則寖失兂爲之化也。上失兂爲，則下多妄作，故絕棄世俗之所謂聖智之事，則民百倍其利矣。蘇曰：'世之人不足以見聖智之本，而見其末，以爲以巧勝物者也。於是馳騁於末流，而民始不勝其害矣！'仁義本欲以治民，而其末必至亂民。蓋仁義之名顯，則寖失自然之本也。孟子曰：'孩提之童，無不知愛其親者；及其長也，兂不知敬其兄也。'孩提之童，自然如此，初不知爲仁義也。蘇曰：'及其衰也，竊仁義之名以要利於世；於是子有遺父而父有虐子，此則仁義之迹爲之也。'巧利本欲以便民，而其末必至撓民；蓋巧利之習勝則寖失淳樸之風也。蓋聖智仁義巧利，非亂天下；而天下後世必有斯亂，故當棄絕之也。"《莊子·馬蹄篇》："夫殘樸以爲器者，工匠之罪也；毀道德以爲仁義也，聖人之過也。"近人嚴復說："以下三章，是老子哲學與近世哲學異道所在，不可不留意也。今夫質之趨之文，純之俞雜，由乾坤而馴；至於未旣濟，亦自然之勢也。老子還純返樸之義，猶江河之水；而使之在山，必不逮矣。夫物質而強樸以文，老氏訾之是也；而物文而返之使質，老氏之術非也。何則？雖前後工者之爲術不同，而其違自然拂道紀則一而已矣。故今日之治，莫貴崇尙自繇；自繇則物各得其所自致，而天擇之用，存其最宜。太平之盛，可不期而自至。"

【註】此三者，以爲文不足，故令有所屬。見素抱樸，少私寡欲——三者，是說聖智、仁義、巧利，這三種名稱；爲文不足，是說這種稱文字的名稱，不能夠包括人類所有一切自然的天性：做了聖，便失了智；做了仁，便失了義；做了巧，便失了利。且人顧全了名義上的好聽，往往要失了實際上的美德；倒不如把這種偏於一面的名義棄絕了，盡人類自然的天性，不作僞，不好名，互愛互助，一舉一動都表現出良心的自然。雖沒有聖智、仁義、巧利等名目，而能包括一切聖智、仁義、巧利的美德。原来人的美德是整個的，總之一句話，是良心二字，不能強分什麼是仁、什麼是義，所以老子說令有所屬。令，是善的意思；屬，是相連的意思，人類善的行爲，都發於自然的天性，出於一個源泉的，所以說見素抱樸。素，是說人性的本來面目；樸，是人心渾厚，處處依着天道自然表現出來，沒有私心，沒有欲念，本着良心去做那全人羣的私、全人羣的欲，而我個人的私欲也便得到了，便是大公。這樣是無可名的，也便是老子的無名主義。

【參考】宋范應元註："故善者有所連屬不離素樸，則民見素抱樸，自然私少欲寡矣。屬者，接續之義，謂接續上古之素樸，絕棄後世聖智仁義巧利之事也。"河上公說："見素者，當見素守眞，不尙文飾也；抱樸者，當抱其質樸以示下，故可法則。"

第二十章

——又稱"絕學無憂章"。絕學，是說不學作偽，心中便毫無顧慮。

絕學無憂：唯之與阿，相去幾何？善之與惡，相去何若？人之所畏，不可不畏，荒兮其未央哉！眾人熙熙，如享太牢，如登春臺。我獨怕兮其未兆，如嬰兒之未孩。儽儽兮若無所歸！眾人皆有餘而我獨若遺，我愚人之心也哉，沌沌兮！俗人昭昭，我獨昏昏；俗人察察，我獨悶悶。澹兮其若海，飂兮若無止。眾人皆有以而我獨頑似鄙，我獨異於人而貴食母。

【註】絕學無愛❶——天地生人，各有他的本能；各人盡他的本能，順天地其然的真理，去得到他生活上應有的享用，原不必學的。待到學成的事、學成的人，便是不自然、便是作偽。不自然的事、作偽的人，是違反天道的，不能持久的；時時心中要提防着、憂慮着，怕人把他的假面具揭破。祇有不學，纔能無憂。

【參考】晉王弼註："爲學者日益，爲道者日損；然則學求益所能而進其智者也。若將無欲而足，何求於益？不知而中，何求於進？夫燕雀有匹，鳩鴿有仇；寒鄉之民，必知旃裘，自然已足，益之則

❶ "愛"當爲"憂"。——編者註

憂。”宋范應元註：“絕外學之僞，循自然之眞，則旡憂患。孟子曰：
‘人之所不學而能者，其良能也；所不慮而知者，其良知也。’老氏
絕學之意，是使人反求諸己，本然之善；不至逐外失眞，流於僞也。
君子學以致其道，後世徒學於外，不求諸內，以致文滅質博溺心，
聖人有憂之，故絕外學之僞。”近人嚴復說：“絕學固無憂，顧其憂，
非真無也，處憂不知，則其心等於無耳。非洲鴕鳥之被逐而無復之
也，則埋其頭目於沙，以不見害己者爲無害。老子絕學之道，豈異
是乎？”今人陳柱說：“此章絕學，卽六十四章‘學不學復衆人之
過’之說也。《韓非子·喻老篇》：以王壽貪書而焚書爲學不學；又
《淮南子·人間訓》，言秦牛缺遇盜，以言知而被殺，爲能以知知而
未能以知不知。‘知不知’，卽‘學不學’也，皆卽絕學無憂之說。”

【註】唯之與阿，相去幾何，善之與惡，相去何若？——唯，是
有敬意的應聲；阿，是有惡意的應聲。人對人本來是有敬意的；祇
因作僞的心思一動，便發出沒有敬意的應聲来。這沒有敬意的應聲，
不是天然的，是學成的。但人的應唯或應阿，祇在他心中的一轉念，
一眞一僞，相去極微細，而他人格上的關係却極大。那善惡的分別，
也和唯與阿的分別一樣；在心中發出來的時候，差得有限，而結果
相差却很大。老子教人注意人心發動之初，事事須順天理做去，便
沒有阿的應聲和惡的行爲了。

【參考】宋范應元註：“體道之士，自然謹善，無慢與惡。蓋明
本心，元善也。但循天理而發，則全乎善；縱人欲而發，則流乎惡。
故老氏舉唯阿善惡相去何若，教人省察之方；未明乎道者，當觀唯
阿善惡未發之時，方寸湛然，純乎天理，無有不善，此乃本心也。
若不求之於內，而徒學之於外，皆僞也。”近人嚴復說：“唯阿同而
有差數，故曰幾何；善惡異而有對待，故曰何若。”

【註】人之所畏，不可不畏，荒矣其未央哉！——慢聲的答應，是人所不願聽的；惡人的名稱，是人所不願受的這都是人之所畏。人的畏惡名，是出於天性的本然，所以不可不畏反抗天性的惡名。但從；來人被作僞的虛榮心所蒙蔽，竟有在表面上博得善的虛榮，而在暗地裏却做惡的事實，喪害天良，不知畏懼，這實在是荒謬極了。他離開天道的中心思想，愈走愈遠了，所以說荒矣其未央哉！這是老子慨嘆世道人心的話。

【參考】晉王弼註："歎與俗相返之遠是。"宋范應元註："慢與惡，逆乎天命，皆人之所畏，不可不畏，君子所以慎其獨也。嘗觀人之不畏者，乃其平日僞學之荒，不明眞道故外爲恭善之虛文，内爲慢惡之實事也。謂衆人之荒於外學，其未知眞道之中正哉！此興嘆也。"

【註】衆人熙熙，如享太牢，如登春臺——熙熙，是說昏迷忙亂的樣子；衆人被私欲迷亂，忙着作僞，得到虛榮，便十分歡樂，好似吃太牢的肉。太牢，是古時用一牛一羊一豬，最尊貴的祭祀。好似在春臺上游玩一般。春臺，是說在臺上觀望春天的景色，祇被空的境界迷住，得不到實惠。好似人被虛僞的私欲迷住，終日在勢利場中鑽營，精神得不到眞正的安慰。

【參考】晉王弼註："衆人迷於美進，感臺榮利，欲進心競，故熙熙如享太牢，如春登臺也。"晉王弼註：本，是"如春登台"；是說好似春天在台上觀望春景一般的快樂。

【註】我獨怕兮其未兆，如嬰兒之未孩——怕字，《說文》：'怕，無爲也。"兆，是說氣色表露在外面。怕兮其未兆，是說心中空空洞洞，一順天地自然之道做去，不被外面的虛榮所引誘；所以氣色不變，沒有貪欲的行爲表露在外面。保存混厚的天性，好似初

生出來的嬰兒，還不曾到孩童的時候。因爲孩童便知道貪欲，老子勸人存心要忠厚，常存赤子之心，不要略起貪欲之念。

【參考】晉王弼註：“言我廓然無形之可名，無兆之可舉，如嬰兒之未能孩也。”宋范應元註：“聖人之心，淡然無欲；謂衆人熙熙然悅樂，偏學恣縱情欲，如享太牢之味，如登春臺而觀逐外失眞而不自覺。我獨靜居情欲未兆之始，如嬰兒之未有分別也。”

【註】儽儽兮若無所歸！——儽儽，是向下掛的樣子，也是臨空的樣子。儽儽兮若無所歸也，是說心中不存私見，廣大空洞，順着天理自然做去，便是用客觀態度，研究天地自然的道理。

【參考】宋范應元註：“聖人之心，常虛常靜，无去无來；故儽儽兮外無文飾，其若不足，内不離道，似无所歸也”。

【註】衆人皆有餘而我獨若遺——衆人，是說一班不明白天道的人；大家爭權奪利，做出種種違背天道的事體來，他們一時志氣昏迷。自以爲心滿意足，好似有餘。獨有那明白天道的人不與衆人爭名利，順着天道做去，好似被衆人所遺棄。

【參考】晉王弼註：“衆人無不有懷有志，盈溢胸心，故曰皆有餘也；我獨廓然無爲無欲，若遺失之也。”宋范應元註：“聖人之心，无得无失；衆人皆以偏學爲有餘。而我與道合同，實无所得，故獨若失也。”

【註】我愚人之也哉，沌沌兮！——老子嘗説“大智若愚”。那十分明白天道的人，知道順天理之自然，不必勞心作僞，妄求名利；從外面看去，好似一個愚人，心中一片混厚，不貪名利，不分善惡，所以説沌沌兮。沌字，音囤，混厚不分的意思。

【參考】晉王弼註：“絕愚之人心，無所別析，意無所奸欲，猶然其情不可觀，我頹然若此也。沌沌無所別析，不可爲明。”宋范應元註：“聖人之心，渾然天理，終日如愚謂我獨愚；蒙人之心也哉。沌沌兮，混然不分也。”

【註】俗人昭昭，我獨昏昏，俗人察察，我獨悶悶——俗人昭昭，是說俗人爭名奪利，在極微細的地方，都不肯讓過，看得十分清楚；昏昏，是說看不清楚的意思。在明白天道的人，看羣衆的利益，便是自己的利益；除了羣衆以外，個人無所謂利益，所以他看個人的權利很淡，好似不曾看見一般，所以說昏昏。察察，是說看得分明的意思。俗人自利的心太重，凡有名利可圖的地方，一絲不肯放過，獨有明白天理的人，不計較個人的利益的。悶悶，是說不計較的樣子。

【參考】晉王弼註：“昭昭，耀其光也；察察，分別別析也；悶悶，情不可觀。”宋范應元註：“謂俗人皆逐境爲明，我獨守道如昧；俗人皆察察用智，我獨閔閔存眞。”

【註】澹兮其若海，飂兮若無止——澹兮其若海，是說明白天道的人，存心恬淡，虛心容納着自然做去，心中不預先主張好似海一般的能容納江河，便是用客觀的態度，考察自然之理。飂兮，是說隨風飄蕩的樣子。說一任天理做人，不妄想，不作僞，不自作主張，好似隨風飄蕩，沒有停止的地方。

【參考】宋范應元註：“澹兮深不可測，故若海也；飂兮一無所係，故似無所止也。”

【註】衆人皆有以而我獨頑似鄙——以，是說心中有一定的主意；俗人不明白天道，好自作主張，人人心中存着妄想，自利自私，有極堅強的主觀態度。獨明白天道的人，知道人祇須順着自然做去，完全不用自主的；所以他凡事不動私心，好似頑石一般，又好似鄙夫一般。

【參考】晉王弼註："以，用也；皆欲有所施用也。無所欲，爲悶悶昏昏，若無所識，故曰頑且鄙也。"宋范應元註："謂衆人皆有用，我獨頑然不變，似鄙陋也。"河上公註："以，有爲也；頑，无爲也；鄙，若不逮也。"

【註】我獨異於人而貴食母——世人都錯認自私自利的人類的本性，是天道的自然；獨老子能見得天道的本相，各人求生存於天地之間，不求利而利自在，不存私而私自存。祇須順着人類生存自然的原則做去，人的服從天道，好似嬰兒的就食於母親，所以說貴食母。

【參考】晉王弼註："食母，生之本也。人者皆棄生民之本，貴末飾之華，故曰我獨欲異於人。"宋范應元註："食者，養人之物，人之所不可無者也。母者，指道而言也，謂我所以獨異於人者，而貴求養於道也。"今人王力說："食母，生之本也；謂我獨貴生民之本，衆皆貴末飾之華也。"

第二十一章

——又稱"孔德之容章"。說大德所包容的天道。

孔德之容，惟道是從。道之爲物，惟恍惟惚。惚兮恍兮，其中有象；恍兮惚兮，其中有物；窈兮冥兮，其中有精；其精甚眞，其中有信：自古及今，其名不去，以閱衆父。吾何以知衆父之然哉？以此。

【註】孔德之容，惟道是從——孔，是大的意思；孔德之容，是說有大德的人，能夠容納萬民，使他人人各安生業，各享太平的幸福，並沒有什麼奇妙的方法，祗在他能夠順從天道。天道是使人類生存在自然的境界，管理國家的人，不必造作許多不自然的法則，和作僞的禮教出來，使人犯法。又引動虛僞的思想，自私自利，互相侵奪，使人羣感覺不自然，不能相容於天地間。

【參考】晉王弼註："孔，空也；惟以空爲德，然後乃能動作從道。"宋范應元註："甚有德之人，无不包容；其所以无不包容者，蓋唯道之是從也。"河上公註："孔，大也；有大德之人，無所不容，惟受垢濁，處謙卑也。"

【註】道之爲物，惟恍惟惚——恍惚，是說在若有若無可說不可說之間。天道原是大自然的變化，天地在天道之中，人又在天地之

中；拿一個藐小的人類，也無法說明天道的眞確現狀。便是這天道二字，也是學者假設的，所以他是極大而不可見、不可說的。但你若能細細的體會萬物的所以生長、人類的所以生存，都有一定自然的原則；你違背了自然的原則，便不能生存。小之於一草一蟲的生物，他都能順合天性而生存；一草一蟲的本性，便是天性。這樣說來，天道又似可見可說的，所以說惟恍惟忽。

【參考】晉王弼註：“恍惚無形，不繫之歎。”宋范應元註：“道本不可以物言，此言爲物者，蓋萬物皆出於道也；道不可以有无言，故曰惟恍惟忽”。

【註】忽兮恍兮，其中有象，恍兮忽兮，其有物——這是說大自然產生萬物的經過。象，是說形象；物，是說物質。這恍惚不可捉摸的大自然，先產生一種氣體的形象。這和希臘哲學家太理斯說“水是萬物的原則”，安那雪・孟特說“冷熱氣體，是萬物的原則”，安那雪・孟尼斯說“氣是萬物的原則”，海勒克・來脫斯說“火是萬物的原則”一樣。他們所說的水火冷熱氣，便是老子說的象。象，祇是一個氣象，由氣進一步，便變而爲有體質的物；於是化生礦植動物出來，而成世界。所以說“其中有物”。

【參考】晉王弼註：“以無形始物，不繫成物；萬物以始以成，而不知其所以然。故曰‘恍兮惚兮，惚兮恍兮，其中有象也’。”宋范應元註：“謂以道爲无，則非无；以道爲有，則非有。然而萬象由斯而見，萬物由斯而出。”近人嚴復說：“有象之物，方圓是也；有物之物，金石是也；有精之物，草木蟲人是也。”

【註】窈兮冥兮，其中有精；其精甚眞，其中有信——窈，是説深的意思；冥，是靜默的意思。是說天道深遠靜默，祇能在人類及一切動物的性靈中表現出來；性靈，便是老子所說的精。天地生萬

物，在萬物未成形以前，先給他個性；他這個性，歷千萬年不改變的，與天地一般的久遠，這便是眞。管理天下的人，第一須順人民的個性，順萬物的性，便是順天道。信字和伸字通用，萬物既各有天賦的個性；他無論受了如何強大暴厲的壓迫，最後總要把他的個字伸張出來的。好似專制的帝王、殘暴的軍閥官吏，雖竭力壓迫人民，強姦民意，摧殘人民的個性；但最後的勝利，總在人民，民氣總有伸張的一天。所以說"其中有信"。

【參考】晉王弼註："窈冥，深遠之歎。深遠不可得而見，然而萬物由之，其可得見以定其眞，故曰'窈兮冥兮，其中有精也'。信，信驗也。物反窈冥則眞精之極，得萬物之性定，故曰'其精甚眞，其中有信也'。"宋范應元註："謂道既不可以有无言之，則幽冥昧矣；然而中有至精也，至精無妄，故曰'甚眞'，則是其中有誠信矣。萬物莫不由是而生。人為物靈，其本心眞實無妄，凜不可欺；能於日用之間，循乎自然之理，而眞實無妄，則事事物物，莫不各有當行之路，合乎天之道也。"近人嚴復說："气以夷希微之德而涵三有。甚精故可以觀妙，有信故可以觀徹，為一切之因而有果可驗，物之眞信，孰逾此者？"

【註】自古及今，其名不去，以閱衆父——萬物的天性，終古不改；雖用暴力，也不能銷滅。所以善治天下的人，便能聽人民各安其天性之自然，便得長治久安，這便是天道。從古到今，這天道的名稱，不能離去。從天道的自然現狀，可以看得出萬物起初的天性。衆，是說萬物；父，是說初生萬物的父親。

【參考】晉王弼註："至眞之極，不可得名，無名則是其名也。自古及今，無不由此而成，故曰自古及今，其名不去也。衆甫，物之始也；以無名說萬物始也。"宋范應元註："道無名，然天地人物

非此則不能生，故其生天地人物之名；自今及古，自然不去，以閱
衆始也。衆始則有終，道則无始無終，所以能閱衆始也。"

【註】吾何以知衆父之然哉？以此——這是老子自己說，我何以
知道生萬物的父親是有這樣玄妙的理性呢？這是從天道自然的表現
上看出來的。天道重自然，萬物的根性也愛自然；衆父，便是萬物
的根性。

【參考】晉王弼註："言吾何以知萬物之始於無哉？以此知之
也。"宋范應元註："老子自謂吾奚以知衆始之所以然哉？以此眞道
也"蘇曰：'聖人之所以知萬物之所以然者，能體道而不去故也。"

第二十二章

——又稱"曲則全章"。曲，是說除去個人的主觀態度和私心，纔能把天道完全表現出來。

　　曲則全，枉則直，窪則盈，敝則新，少則得，多則惑：是以聖人抱一爲天下式。不自見，故明；不自是，故彰；不自伐，故有功；不自矜，故長：夫惟不爭，故天下莫能與之爭。古之所謂曲則全者，豈虛語哉？誠全而歸之。

　　【註】曲則全，枉則直——我們辦事說理，最忌的是主觀態度太深，尤其是治理國家。那些暴君民賊，專一虐殺人民，搜括財物，以竭力擴大他的私利私欲的，不去說他；便是忠心爲國，眞意愛民的，倘然自信力太深，不虛心考察人民的公意，專用主觀的眼光治國家，那人民犧牲在當國的片面主義之下，他的痛苦也不減於受暴君民賊的欺壓。所以我們無論治事說理，第一須把私見除去，用公正的態度、精密的心思，考察自然的天道；曲抑了私心，那公理公道纔能保全伸張出來。

　　【參考】晉王弼註："不自見其明，則全也；不自是，則其是彰也。"宋范應元註："曲己以從道則全，枉己以從道則正。蘇曰：'聖人動必循理，理之所在，或直或曲，要於通而已。'故通，無物不迂；不迂，故全也。直而非理，則非直也；循理雖枉，而天下之至直也。”奚侗說：“《易繫辭》‘龍蛇之蟄，以全身也；尺蠖之曲，以求信也。’既此兩句之義。”嚴復說：“曲，一部分也；舉一部分，則全體見矣。故《中庸》曰：‘其次致曲’。天下惟知曲之爲全者，乃可以有得。故兩人重分析之學。”

【註】窪則盈，敝則新，少則得，多則惑——窪，是說虛心的意思，好似地上的窟窿；盈，是充足的意思。人能虛心考察天道，不重私見，那滿肚子藏着極充足的公理，辦事處世，無不適合。敝是舊的意思，天道是終古不變的。人能本着終古不變的天道去處置新的事物，便無處不可以表現出新的氣象，所以說“敝則新”。天地生人，各有一份生產的材料給他；我們祇須盡力工作，盡量享用我們一份衣食住的生活。在生活滿足以後，便不要去佔據、劫奪別人的生計。一個人所吃的祇有一碗，所睡的祇有一榻；你多佔據了也沒有用，徒然叫你心亂。那窮苦的人，生計破你佔盡了，便要大亂起來；世界大亂，便是富貴的也不得安身，所以說多則惑。惑，是亂的意思；非但自亂，并要亂世。

【參考】晉王弼註：“不自伐，則其功有也；不自矜，則其德長也。自然之道，亦猶樹也；根轉少轉得其本，多則遠其眞，故曰惑也；少則得其本，故曰得也。”宋范應元註：“此譬人之德行，皆當持謙也。物之凋敝者，則春生之又新；此譬人之窮達，皆當循理也。地與物不過无妄而已，眞道一則無矢，外學雜則擾亂；是以聖人抱道之一，爲天下法。”河上公註：“自從少，則得多也。”

【註】是以聖人抱一爲天下式——抱一，是老子的一元論。他說萬物是天地生的，天地是道生的，所以萬物不離道，人亦不離道；天道重自然，處置萬物和人人祇須守住自然的一元論，便能上合天

道，下爲天下法。式，是榜樣的意思；自然，是天下萬物公定的唯一的法則。

【參考】晉王弼註：“一，少之極也；式，猶則之也。”河上公註：“抱，守也；式，法也。聖人守一，乃知萬事，故能爲天下法式。”蘇曰：“道一而已，得一則無不得矣。”近人嚴復說：“一者，天下之至少，亦天下之至多。”

【註】不自見，故明；不自是，故彰；不自伐，故有功；不自矜，故長——不自見，是說不自爲聰明；虛心考察眞理，那眞理便顯明出來。不自以爲是，纔能把眞是非分辨出來。彰，是明白的意思；伐，是說自己誇功。人不自己誇功，祇須竭力做去，那功力自然能顯露在衆人眼前。矜，是驕傲的意思；人不驕傲，便能把自己的長處顯露在社會上，得衆人的敬仰。

【參考】宋范應元註：“有道而不自顯露，故明；有德而不自以爲是，故彰。自稱曰伐。有功而不自稱，故有功。自恃曰矜；有所長而不自恃，故長。”蘇轍說：“目不自見，故能見物；鏡不自照，故能照物。如使自見自照，則自爲之不暇，而可暇及物哉？”

【註】夫唯不爭，故天下莫與之爭——不爭，是老子人生哲學的中心思想。人祇須盡力工作，那功德自然能表現出來；待到要爭的功德，決不是眞功德。我可以爭得，別人也可以來爭去；祇有仗着自己的眞本實力，建立出來的功業，實至名歸，你的工夫成了，名也來了，別人也無法和你爭奪。

【參考】蘇轍說：“不自見，不自足，不自伐，不自矜；皆不爭之餘也，故以不爭終之。”

【註】古之所謂曲則全者，豈虛語哉？誠全而成之——“曲則全”是古時的一句成語。曲，是退讓的意思。有大利，使天下人公

共享用；有大事，與天下人公共擔負。能與天下人公共享用的，纔算得是大利；像專制帝王、野心軍閥，祇知擴張自己的私利，剝奪人民的公利，天下皆是窮人，獨有少數富人，他的富是沒有生機的，是有限的，結果窮人忍不可忍，起而共奪富人的財產，那富人不但不能保有自己的富力，并且連生命也犧牲在裏面。所以眞能求太平求富厚的人，須把個人的安樂利益看得輕，努力去求公共的安樂，公眾的富源；自己也是公眾的一份子，眾人得到安全，便是自己得到安全。所以說"曲則全"。祇有眾人安全，各種事業纔有寄託，纔能成功。

【參考】宋范應元註："謂古之所謂曲己以從道則全者，豈是虛言？信全而歸之也。蓋道全而生之，吾當全而歸之矣。蘇曰：世以直爲是曲爲非。將循理而行於世，則有不免於曲者矣。故終篇復言曰'此豈虛言哉？誠全而歸之。'夫所謂全者，非獨全其身也；內以全身，外以全物，物我兼全，而復歸於性，則其爲直也大矣。"馬其昶說："莊子論老子之學曰：'人皆求福，己獨曲全，曰苟免於咎。'苟免，即曲之意；曲者，不求全而自能全。由推是之，雖枉而直，雖窪而盈，雖敝而新；以其有抱一之道，無人我之分也。無人我之分，則不爭；不爭，則自處於一曲而留其餘以處人。'曲則全'，古有此語，老子引而深有味乎其言也。"

第二十三章

——又稱“希言自然章”。希言，是說少言的意思。

希言自然，故飄風不終朝，驟雨不終日，孰爲此者？天地。天地尚不能久，而況於人乎？故從事於道者，同於道，德者同於德；失者同於失，同於道者道亦樂得之。同於德者德亦樂得之，同於失者失亦樂得之。信不足，焉有不信焉！

【註】希言自然——希，是少的意思；希言，是說眞理、眞情的話一定是很少的。作僞的人，善於巧辯，巧辯便多言，多言便不是出於人心之自然；祇有少言纔合於自然之理。這便是老子不言之教、無爲而治的處世哲學。

【參考】晉王弼註：“聽之不聞名曰希，下章言道之出言淡兮其無味也，視之不足見；聽之不足聞，然則無味不足聽之言，乃是自然之至言也。”宋范應元註：“希疏之言，出乎自然，可以傅之無窮，用之無盡也。蘇曰：‘言出於自然，則簡而中；非有其自然而強之，則煩而難信矣。’”今人陳柱說：“章末‘信不足，焉有不信焉’二句文意，與上文不接，疑當在此句下；蓋非自然則有不信，不信故有言，多言必窮，故下引飄風驟兩❶爲喻也。”嘯天意請希言自然

---

❶ “兩”當爲“雨”。——編者註

句，緊接下文飄風驟雨句亦通；因希言自然爲冒句，信不足爲結句。中用飄風驟雨等句，引伸其義。胡適說：上焉字，與乃字通用。

【註】飄風不終朝，驟雨不終日，孰爲此者？天地——飄，是輕的意思。飄風，是說忽然吹來的風；驟雨，是說急雨。忽然吹來的大風和很急的大雨沒有一天到晚不停的；他的來也自然，去也自然。依着天地自然的氣化，來乎其不得不來，止乎其不得不止。沒有一點作僞，或是過分的意思；好似希言一般，人受感情的逼迫，纔有說話，意思完了，說話也完了。故意多說話，便是不自然。所以天地間的大風雨，沒有終朝終日的，因爲他是發於自然。

【參考】晉王弼註：“言暴疾美興不長也。”宋范應元註：“《說文》云：‘冋，風也，疾也。’假此以譬人之暴戾不能久也。”近人嚴復說：“萬物無往而不復。飄風驟雨，往往盛且疾也，故其復也，亦神而速。”

【註】天地尚不能久，而況於人乎？——道生天地，天地的行爲，便是道的行爲；道出自然，天地雖大，亦不能違背自然的原則。天地亦有壽命，亦有一定的運行，他處處都順着自然，所以能夠大，能夠久；所以人若違背自然，憑着自己的私見，一意孤行，最後便要失敗。你看專制的帝王、野心的軍閥，他處處和自然的民意反抗；民意的表現，是自然的，反抗民意，便是反抗自然。“天視卽民視，天聽卽民聽。”拿人力去違抗天地，如何能久呢？

【參考】今人張之純註：“一發無餘，難以持久；天地有飄風驟雨，可謂一發無餘矣，然且不能持久，何況於人？”

【註】故從事於道者，同於道，德者同於德；失者同於失——同於道，同於德，同於失，都是安於自然的意思；明白道德自然的原則，便順着道德的本性做去，處世接物，不用一點私意。失，是少

的意思。失者同於失，是說安於無爲不言之教。

【參考】晉王弼註："從事，謂舉動從事於道者也。道以無形無爲成濟萬物，故從事於道者，綿綿若存，而物得其眞，與道同體。"宋范應元註："有道者同於有道之人，有德者同於有德之人。蓋道同而德合也。然失道亦同於失道之人。"馬其昶說："同，謂玄同，不分別，不矜異也。道德仁義禮玄同則得之，分別矜異則失之。下篇'失進而後德，失德而後仁，失仁而後義，失義而後禮'，即此失字也。"嚴復說："道者同道，德者同德，失者同失，皆主客之以同物而相感者也。"

【註】同於道者進亦樂得之，同於德者德亦樂得之，同於失者失亦樂得之——得之是說享用。同於道者道亦樂得之，是說明白天道的人，順看天道的自然做去，便能夠享用天道自然的快樂。'朝聞道夕死可矣'，有這樣的快樂，所以無言便不言也，能得到清靜幽默的快樂。

【參考】晉王弼註："言隨行其所，故同而應之。"宋范應元註："此乃同聲相應，同氣相求也。是知人之言行，當疏通安靜，不當如飄風暴雨也。"馬其昶說："老子上道德下仁義禮，而又曰'失者同於失'，失即指仁義禮也。然則老子之薄仁義禮，薄其自分別、自矜異耳；若本玄同之道以從事焉，雖於道德爲失，而於仁義禮，人亦未嘗不樂得之也。"

【註】信不足，焉有不信！——這兩句，是囘應第一句的意思，是說凡事都要出於自然，說話也要出於自然，有意思便說，沒有意思便不說；倘然你故意作僞，說許多假話，那你自己的信用先不足了，便有不信你的人了。凡是勉強做的事體，都是信不足。

【參考】晉王弼註："忠信不足於下，焉有不信焉。"宋范應元

註：“上之誠信不足，則下亦有不誠信者應之矣。”河上公註：“君信不足於下，下則應君以不信也。”今人張之純註：“下士聞道大笑之，是信不足也：信不足者，故不必強求其信，而隨俗浮沉以酬答。”嚴復說：“信不足者，主觀之事；有不信者，客觀。”胡適讀成：“信不足，焉有不信。”焉字作乃字講。

第二十四章

——又稱"企者不立章"。用足趾站在地下稱做企。不立，是說不能久立，因爲他是不自然的立。

企者不言❶，跨者不行，自見者不明，自是者不彰，自伐者無功，自矜者不長：其在道也，曰餘食贅行，物或惡之，故有道者不處。

【註】企者不立，跨者不行——在人叢中拿足趾立着，原是要高出人上的意思；但這樣的立，一定不能久立。跨，是大步跑的意思；跑的人是要趕出人先的意思，但快跑的人，決不能久行。結果，那企立的人，比衆反不能久立；跨步的人；此衆反不能久行。因爲他違反生理的自然，不合於天道。

【參考】晉王弼註："物尚進則失安，故曰企者不立。"宋范應元註："立而跂，欲高於人也，然豈可久立耶？行而跨，欲越於人也，然豈可久行耶？跂也，跨也，以譬人之好高爭先，所立所行不正不可以常久也。"

【註】自見者不明，自是者不彰，自伐者無功，自矜者不長——這四句，都是說人主觀的態度太深，反不能得到眞理；因此他所做

---

❶ "言"當爲"立"。——編者註

的事體，都是違背自然，結果必弄到失敗。

【參考】宋范應元註：“世俗之人，皆欲自顯自是，故不明不彰；有功而自稱者，喪其功，有所長而自恃者，失其長。此企、跨、自見、自是、自伐、自矜，六者之於道，曰‘餘食贅行’。”

【註】其在道也，曰餘食贅行，物或惡之，故有道者不處——餘食是說人吐棄的食物，贅行是說越出範圍以外不正當的行爲，都是遭人厭惡，沒有價值的。那企的、跨的、自見的、自是的、自伐的、自矜的，依着天道講，都和餘食贅行一般不正當，得不到好結果的，所以明白天道的人，不肯自滿的。不自滿，主觀盡去，見理自能公明，處事自能正當。

【參考】晉王弼註：“其唯於道而論之，若卻至之行，盛饌之餘也。本雖美，更可藏也。本能有功而自伐之，故更爲肬贅者也。”宋范應元註：“餘食則是人之所棄，贅行非本體之正，是以物或惡之，故有道之士不爲此等餘贅之事也。蘇曰：‘譬如飲食，適飽而已，有餘則腐。譬如四體，適完而已，有贅則累。’”嚴復說：“餘食者，食而病者也。贅行者，行而累者也。自見、自是、自伐、自矜、皆害其全功，猶畫蛇添足，不惟無功，且以失眞矣。”

第二十五章

——又稱"有物混成章"。有物，是說先天地而生。天地的物，便是道。

有物混成，先天地生，寂分寥分，獨立不改，周行不殆，可以爲天下母。吾不知其名，字之曰"道"，强爲之名曰"大"。大曰逝，逝曰遠，遠曰反，故道大，天大，地大，人亦大。域中有四大，而人居其一焉。人法地，地法天，天法道，道法自然。

【註】有物混成，先天地生——混成便是吳稚暉說的"漆黑一團"，希臘初期哲學家所說的氣。老子所說的道，是極廣大，極玄妙，沒有形，沒有名，却是萬物之母、天地之父。西洋哲學家稱爲宇宙觀是考察宇宙來源的，他討論的範圍是追究那世界的起原、歷史、運命、形態、構造，更進一層研究這宇宙有無生命、有無自然運行的秩序。但是不論中西學派，研究這問題的，總以能用純客觀的方法，默察這混成之氣的自然表現，依據他自然的態度，以解決世間萬物的本性，爲最可靠的理論。老子也便是用這個方法的。

【參考】晉王弼註："混然不可得而知，而萬物由之以成，故曰混成也。不知其誰之子，故先天地生。"宋范應元註："道本不可以物言；然不曰有物，則無以明。道而言混成，則混然而成，乃自然也，而求之於吾心之初，則得之矣。有天地，然後萬物生；道先天地生，則非物也。道本有生，亦以其生物而言。蘇曰：'夫道非清、非濁、非高、非下、非來、非去、非善、非惡，混然而成體，其於人爲性。故曰'有物混成'。此未有知其生者，蓋湛然常存，而天地生於其中爾。"嚴復說："老謂之道，《周易》謂之太極，佛謂之自在，西哲謂之第一因，佛又謂之不二法門。萬化所由起訖，而學問之歸墟也。"

【註】寂兮寥兮，獨立不改，周行不殆，可以爲天下母。吾不知其名——寂是說靜，寥是說大。道是靜體，因爲靜纔生動，因爲大纔能生萬物。獨立是說靜的表現，從他靜的一方面看，是千古不變。周行是說動的表現，天地四時運行不息，道亦不息，可以產生萬物，爲萬物之母，這是最不可見、最大、最玄妙的一個天體，無形其色，并是無可名。因爲名是假定，是暫時的，而天道是眞實的，是永久的。

【參考】晉王弼註："寂寥，無形體也。無物之匹，故曰獨立也。返化終始，不失其常，故曰不改也。周行無所不至，而免殆能生，全大形也，故可以爲天下母也。名以定形，混成無形，不可得而定，故曰不知其名也。"宋范應元註："寂寥，言其無聲形也。獨立而不改者，言其無與之並，而常久也。周行而不殆者，言其虛通而無所礙也。可以者，道不可以指陳也。爲天地母者，言其生天地也。"嚴復說："不生滅，無增減，萬物皆對待，而此獨立，萬物皆遷流，而此不改。"

【註】字之曰"道"，強爲之名曰"大"——字是暫時假定的名號，因爲天道無形，性理玄妙，不可定名。但沒有字號，不便稱呼，所以假用一個道字爲分辯的用處。實在這個道字還不能夠包括天道

自然之妙，所以說強爲之，是勉強用的，我們心中還不可被這個大道二字遮蔽住，忘了道體的本來面目。

【參考】晉王弼註："夫名以定形，字以稱可言道，取於無物，而不由也。是混成之中，可言之稱最大也。吾所以字之曰道者，取其可言之稱最大也。責其字定之所由，則繫於大；大有繫，則必有分；有分，則失其極矣；故曰強爲之名曰大。"宋范應元註："謂道無聲形，安得有名？因以其萬物由是而出，故強字之曰道。又以其曠蕩無不制圍，強名之曰大。蘇曰：'道本無名，聖人見萬物之無不由也，故字之曰道。見萬物之莫能加也，故強名之曰大。然其實，則無得而稱也。'嚴復說："其物本不可思議，人謂之道，非自名也，由字得名。"

【註】大曰逝，逝曰遠，遠曰反——孔子說："逝者如斯乎？不舍晝夜！"是說大道運行，日夜不停。不停所以遠。但天地的運行，雖是不息，而他的形性卻是巡環式的，終古不變，所以說反。因爲他巡環式的運行，人往往不覺得他在那裏運行，這便是靜默玄妙的大道。

【參考】晉王弼註："逝，行也，不守一大體而已。周行無所不至，故曰逝也。遠、極也，周無所不窮極，不偏於一逝，故曰遠也。不隨於所適，其體獨立，故曰反也。"宋范應元註："逝，往也，去也，大則去而不可禦。故曰逝。逝則極乎無極，而不可窮，故曰遠。雖極乎先極而不可窮，然復在吾身之中，而於日用之間不可離也，故曰反。蘇曰：'自大而求之，則逝而往矣。自往而求之，則遠不及矣。雖逝雖遠，然反而求之一心，足矣。'"嚴復說："大遠無不至，不反則改，不反則殆，此化之所以無往不復也。"

【註】故道大，天大，地大，人亦大——人爲萬物之一，萬物承天地自然之氣，天地則承道的自然化生。道既是玄妙無窮，天地亦玄妙無窮，人亦玄妙無窮。不獨人，便是草木蟲豸，都秉着天地大

道的自然而生存，所以都是大。因此我們做人的祇須順着大自然做去，不作僞，不違反自然，便能長治久安，得享大道的快樂。

【參考】晉王弼註：“天地之性人爲貴，雖不職大，亦復爲大。與三匹，故曰亦大也。”宋范應元註：“道包維天地，生成萬物。天無不覆，地無不載，故皆曰大；而道尤大焉。”

【註】域中有四大，而人居其一焉。人法地，地法天，天法道，道法自然——道這樣東西，無形無質，却無處不在。其大無外，其小無內，原沒有什麼地域。此域字，原是假定的。四大是說“道、天、地、人”。人是四大之一，亦可說一卽四，四卽一，因爲人心卽天心、道心。順道心、天心，便能長治久安，違背天性之自然，便立刻滅亡。所以人的行爲，以天地大道的行爲爲模範，法是範圍的意思，人須守天地大道自然的範圍，纔能生存。這“自然”二字，並不是在道之上，並不是自然生道，因爲道的精神表現，便是自然。除自然以外，無所謂天道，更無所謂人道。因爲自然，所以無爲，所以無名的。

【參考】晉王弼註：“法，謂法則也。人不遠地，乃得全安法地也；地不遠天，乃得全載法天也；天不遠道，乃得全覆法道也；道不違自然，乃得其性。法自然者，在方；而法方在圓。而法圓於自然，無所違也。自然者，無稱之言，窮極之辭也。”宋范應之註：“道本不可以域言，此就字內而言之也。人法地之靜重，地法天之不言，天法道之無爲，道法自然而然也。……清靜無爲，循乎自然，此天地人之正也。使人一日復性，則此三者，人皆足以盡之矣。”嚴復說：“熊季廉曰：‘法者，有所範圍而不可遇之謂。’洵爲破的之詁。惟如此解法，字方□❶。”

---

❶ 原書殘。——編者註

第二十六章

——又稱"重爲輕根章"。

重爲輕根，靜爲躁君。是以君子行，終日不離輜重；雖有榮觀，燕處超然。奈何萬乘之主而以身輕天下！輕則失根，躁則失君。

【註】重爲輕根，靜爲躁君——人憑主觀態度去研究事理，便要輕舉妄動；倘然用客觀的態度，愼重考慮，便能看出眞理來。把主觀的意思，推翻那事理，纔有根基，所以說重爲輕根。重客觀的人，便能使頭腦冷靜，壓制輕躁的行爲，爲一身的主宰，所以說靜爲躁君。

【參考】晉王弼註："凡物輕不能載重，小不能鎭大。不行者使行，不動者制動，是以重必爲輕根，靜必爲躁君也。"宋范應之註："重可載輕，靜可制動，故重爲輕之根，靜爲躁之主。"高延第說："重謂己身，輕爲天下。身治而後天下治，故云重爲輕根。躁者多欲，惟靜足以制之，故云靜爲躁君。"嚴復說："二語物理公例。執道御時，則常爲靜重者矣。以靜重自重者，自有此驗。"

【註】是以君子行，終日不離輜重——輜重是軍隊中裝載笨重糧食、材料的車子，是養活軍人性命的，好似天道一般重要，所以老

子拿他比做天道。明理的人隨時不肯違背天道做事的。

【參考】晉王弼註：“以重爲本，故不離。”宋范應元註；“君子終日行不離輜重。雖有榮華之視，亦安居而超然不顧，此譬君子不離重與靜也。”今人张之純註：“輜，車也。輜重車所載之重物，蓋喻道之大，如輜車載重，行息不離，恐其輕忽也。”

【註】雖有榮觀，燕處超然——人生在世，各事都任自然，本無所謂榮辱；祇因一時動於感情，把眞理埋沒了，認那種浮華虛榮爲可愛。待到一人安心靜坐的時侯，纔能把心回復本相，覺得人生祇有自然，沒有榮辱思想便超出於榮辱以外，這便是靜爲躁君的意思。

【參考】晉王弼註：“不以經心也。”奚侗說：“雖有榮華之觀，至於退朝燕處之時，遂覺超然自得，是靜可以制躁也。燕爲晏之借字，安也。”

【註】奈何萬乘之主而以身輕天下！——萬乘之主，是说大國的帝王。統管一國政事的，須考察人民自然的心理，順着民心做去，不可祇憑私意，專求一人的快樂。倘然做國王的祇求滿足自己的私慾，不愛百姓，那百姓怨恨到十分，便要推翻國王，便是以身輕天下。這都是不能重、不能靜的大害。

【參考】晉王弼註：“輕不鎮重也。”宋范應元註：“謂君子猶不敢離重與静，如之何爲萬乘之主而以身輕天下哉？蓋不重不靜，則不能鎮輕浮而制躁動。故有道之君，至重至靜，是以天下皆本之以爲根，賴之以爲主也。”奚价❶說：“十三章，故貴以身爲天下，若可寄天下；愛以身爲天下，若可以託天下。《莊子·讓王篇》：‘今世之人，居高官尊爵者，皆重失之，見利輕其身，豈不惑哉？’又曰

---

❶ “奚價”當為“奚侗”。——編者註

道之眞，以治身；其緒餘，以爲國家；其量直，以治天下；由此觀之：帝王之功，聖人之餘事也，非所以完身養生也。今世俗之君子多危身棄生以殉物，豈不悲哉？又云：今且有人於此，以隨侯之珠，彈千仞之雀，世必笑之。何也？則其所用者重，而所要者輕也。夫生者，豈特隨侯之重哉？皆此兩句之誼。”

【註】輕則失根，躁則失君——輕舉妄動，便失了人生的價值，所以說浮根。蓋躁的人，心中失了考察眞理的主見，所以說失君。

【參考】晉王弼註：“失本爲喪身也，失君爲失君位也。”宋范應元註：“人主輕忽慢易，則失根本之重。躁動多欲，則失爲君之德。故人君不可須臾而離於重靜也。”

第二十七章

——又稱"善行章"。

善行無轍迹，善言無瑕讁，善數不用籌策，善閉無關楗而不可開，善結無繩約而不可解。是以聖人常善救人，故無棄人；常善救物，故無棄物；是謂襲明；故善人者，不善人之師；不善人者，善人之資。不貴其師，不愛其資，雖智大迷，是謂要妙。

【註】善行無轍迹，善言無瑕讁——轍迹，是車子走過、人走過的舊路。最善的行爲，是順着天道的自然做去，不肯依着世俗無理的習慣。所以說無轍迹。玉上面的瘢點，稱做瑕。最善的說話，是依着正大的公理說出來的，所以沒有過失的。

【參考】晉王弼註："順應自然而行，不造不始，無物得至，而無轍迹也。順物之性，不別不析，故無瑕讁可得其門也。"宋范應元註："善行己者乘理，故無轍迹。善言事者中節，故無過責。"嚴復說："《南華·養生主》一篇，是此章注疏。其所以善行、善言、善數、善閉、善結，皆不外依乎天理，然何以能依天理？正有事在也。"

【註】善數不用籌策，善閉無關楗而不可開，善結無繩約而不可

解——籌策、關楗、繩約，都是人造的器具。在不明天道的人，以
爲這一類器具可以整理人羣，束縛人心，但愈因有這一類器具，那
人類的爭端愈多，人人作僞，欲脫去這許多器具的束縛。我們中國
的度量衡器具，最不能統一，這是因爲太信器具的病。所以明白天
道的人，以公理服人，可以不用籌策，而得最公平的計數；不用關
楗、繩約，而人自然能受公理的約束。

【參考】晉王弼註："因物之數，不假形也。因物自然，不設不
施，故不用關楗、繩約而不可開解也。"此五者，皆言不造不施，因
物之性，不以形制物也。"宋范應元註："善數物者以一，故無籌策。
善閉情欲者以道，故無關楗。善結人心者以德，故無繩約。"

【註】是以聖人常善救人，故無棄人；常善救物；故無棄物——
聖人能順天道的自然，使人人樂於天道，而自然生長，各盡本能，
以得生養，沒有作僞自害的棄人。拿這自然之理去養萬物，不用人
的私意去干涉他，使他得到自然的道，沒有不自然而夭折的物，所
以說無棄物。

【參考】晉王弼註："聖人不立形名以檢於物，不造進向以殊棄
不肖，輔萬物之自然而不爲始，故曰無棄人也。不尚賢能，則民不
爭；不貴難得之貨，則民不爲盜；不見可欲，則民心不亂。常使民
心無欲無感，則無棄人矣。"宋范應元註："世俗之人，行有迹，言
有過。數而有失，情竇開而不能閉，人心離而不能合；非惟自棄，
而所行所言不善，人物皆被其無窮之害矣。是聖人常善救之，俾歸
其眞道，各得其所，故人無棄人，物無棄物也。"嚴復說："管夷吾
得此，故能下令如流水之源；又能因禍以爲福，轉敗以爲功。因物
之性者，猶化學家因物之成分以爲成分化合者也。"

【註】是謂襲明——襲是繼續的意思。聖人能救人，人民得了聖

人的感化，也能用他渾厚自然的人格去繼續感化別人，那天道便十分光明了。

【參考】宋范應元註：“襲明，猶緝熙之意。聖人救人物之道，至公無私。此惟無隱，彼將自明。譬燈之傳燈，及其明也；混而為一，不知孰為前燈之明，孰為後燈之明；傳之無窮，其明無盡，是謂密傳之明也。人能傳此至明，非特成己成人，又能輔萬物之自然，而無棄人、棄物也。”嚴復說：“莊曰因明，老曰襲明，因即襲也。”

【註】故善人者，不善人之師；不善人者，善人之資——善人，是說明白天道自然之理，去指導人民的人，那人民靠他的引導，得享自然的快樂。師，是指道的意思。那善人固然能指導不善的人。但不善的人，天生他有和善人一般的聰明才力，去發明天道的可能。將來人人是善人，人誰不愛，自然能明白自然的原理，不作偽、不爭奪的做人，便是善人。資是材料的意思，是說不善的人，都有做善人的材料。所謂人皆可以為堯舜，人皆有赤子之心。

【參考】晉王弼註：“舉善以師不善，故謂之師矣。資，取也。善人以善齊不善，以善棄不善也，故不善人，善人之所取也。”宋范應元註：“善人者，繼道之人，先覺者也；非強行善，乃循本然之善也。不善人，未覺者也；非本不善，未明乎善也。師者，人之模範，故先覺者，是未覺者之模範也。資，質也，未覺者亦有先覺者之資質也。人皆可以為善人，特其未覺，而藉先覺者覺之耳。”

【註】不貴其師，不愛其資，雖智大迷——不明道理的人，果然要遵重明理人的指導，這便是貴其師；但是那不善人，正也是善人行善的資料。有學問的人，不得好學的人共同切磋，也是痛苦；滿肚子懷着愛人的人，沒有地方可以實用他的愛，也是痛苦。所以善人也當注意不善人，使他成為善人，施善的資料，所以說愛其資。

見善而不知道師，見不善而不知道資，雖是善人，也是大不善人了，所以說雖智大迷。

【參考】晉王弼註；"雖有其智，自任其智，不因物於其道必失，故曰雖智大迷。"宋范應元註："以先知覺後知，以先覺覺後覺。師固當貴，資固當愛。"嚴復說："人二善不善而已，吾能貴之愛之，天下尚有棄者乎？"馬其昶說；"見不善，非徒以爲戒，又必教之使善；然後吾之善量足是不善人，正善人爲善之資。"

【註】是爲❶要妙——老子的大道，最重無爲，所以說襲明這個襲字，是自然順受的意思，善人拿不善人做行善的資料，已是有有爲的意思。必要養成善人見了不善人自然的去引導他，不善人見了善人自然的去敬重他，纔是要妙的道，無爲之理。

【參考】宋范應元註："故善人之道，如陽和陶物，公而無私，薰然融怡，使人自得之也。一旦洞悟，則默契玄同之眞，了無貴愛之迹；此自古至今，不傅之傅也。是道也，及其至也，雖智者亦有所不曉，此乃謂道之要妙也。"嚴復說："得此，而所爲必成，所交必固，所保必安，是誠要妙。然而道在因襲非自爲也"。

---

❶ 正文爲"謂"——編者註

第二十八章

——又稱"知其雄章"，雄是說剛強的意思。

知其雄，守其雌，爲天下谿；天下爲谿，常德不離，復歸
於嬰兒。知其白，守其黑，爲天下式；爲天下式，常德不忒，
復歸於無極。知其榮，守其辱，爲天下谷；爲天下谷，常德乃
足。復歸於樸。樸散則爲器，聖人用之以爲官長，故大制
不割。

【註】知其雄，守其雌，爲天下谿——雄是說剛強的意思，雌是
說柔順的意思。人有身體，知道用剛強的手段保護自己的身體；但
要使身體順天地自然之氣，纔能快樂長壽，那便要虛心考察天道自
然之理，處處順着自然之理做去，把自己的私心除去，以天地之心
爲心，便是柔順了；便是守其雌了。守雌，是說用客觀的態度研究
眞理，那眞理一層一層，心中明白起來，滿肚子藏着眞理，好似泉
水流入溪中一般。谿是山澗，山澗虛下，所以能容各方的泉水。人
心能虛下，也能容納天下的公理，所以說爲天下谿。

【參考】晉王弼註："雄先之屬，雌後之屬也。知爲天下之先
也，必後也，是以聖人後其身而身先也，谿不求物而物自歸之。"宋
范應元註："夫剛動則躁進，柔靜則謙下，故知其剛動，則守其柔

順。爲天下谿者，以謙自處，如谿之善下也。”

【註】爲天下谿，常德不離，復歸於嬰兒——人能去主觀的私心，虛懷靜氣，容納天下的眞理，如谺❶中容納天下的泉水一般。那最高的德，不離身體，事事出於自然，與天道合而爲一，混厚和樂，天眞瀾漫，和小兒一般。嬰兒滿懷安樂，無恐懼心，無機械心，身神都得到享用，所以說“小兒是神的肯定”。常德，是說最上的德。常字和尚字通用，和第一章常道常名同意。

【參考】晉王弼註：“嬰兒不用智，而合自然之智。”宋范應元註：“謙下則常人之德不離於身，是以反歸於嬰兒之時，神全而氣和矣。”嚴復說：“守雌者必知其雄，守黑者必知其白，守辱者必知其榮。否則雌矣，黑矣，辱矣，天下之至賤者也，奚足貴乎？今之用老者，只知有後一句，而不知命脉在前一句也。”

【註】知其白，守其黑，爲天下式——白是說顯露的意思，黑是說隱伏的意思。愛虛榮的人，必愛顯露；顯露必驕傲，驕傲便要失敗。愛眞理的人，必虛心；虛心便隱伏謙退，而得盡量容納天道，得到精神上的安慰。這是可以爲天下萬世做榜樣的。

【參考】晉王弼註：“式，模則也。”宋范應元註：“白，昭明也，黑，玄冥也；式，法也。守柔持謙，其德昭明，又當韜晦；故知其昭明守其玄冥也。爲天下式者，不自炫耀，人皆法之。”

【註】爲天下式，常德不忒，復歸於無極——忒是差錯的意思，也是失去的意思。常德，是說最高的德；人能保存最高的德，纔能與混厚的天道相合，而享用混厚的快樂。天地未成形以前，是太極，太極之母是無極；無極，是說未成太極，未成天地以前的混然元氣。

【參考】晉王弼註：“忒，差也。無極，不可窮也。”宋范應元
註：“人皆法之，則常德不差，是以反歸於無窮矣。”今人陳柱說：
“雄白榮皆曰知，雌黑辱皆曰守。知者內也，守者外也。則老子之
學，其於雄，於白，於榮，可知矣，此非以爲陰謀也。外不雌，不
黑，不辱，則與天下爭矣。”張之純註：“雌雄以剛柔言，白黑以明
晦言。式，法也，忒，差也。無極，太極之始，至延昧也。”

【註】知其榮，守其辱，爲天下谷，爲天下谷，常德乃足——榮
辱，是說貴賤。谷，是山坳❶，空曠幽靜，可容萬物。說人祇須安於
平常，不可希圖富貴，富貴沒有不失敗的。所以安於平常的人，最
能容納萬福，享用無窮。本來人類一律平等，無所謂貴賤；富貴便
是罪惡，富貴而驕傲尤其是大罪，不合於常德的。祇有人人盡自己
一份的力，享用一份的生產。自然滿足，方合於常德。

【參考】晉王弼註：“此之者，言常反終後，乃德全其所處也。”
宋范應元註：“韜光晦迹，人皆法之。其德尊榮，不敢矜伐，故知其
尊榮而守其卑弱也。爲天下谷者，虛而能谷，深不可測，人歸之，
如水之赴谷也。”

【註】復歸於樸——樸，是說萬物之本來。天理之自然，混沌無
形，無善惡榮辱雄雌黑白形質之分。老子的思想，全寄託在這樸字
上面，是不可道的道，無可名的名，無極之母，繩繩不可名的混沌
狀態。

【參考】晉王弼註：“樸，眞也。”宋范應元註：“樸，純朴也。
虛而能容，則常久之德，無有不備，是以反歸於純朴也。純朴不散，
則非器也。”

---

❶ “山拗”當爲“山坳”。——編者註

【註】樸散則爲器，聖人用之以爲官長，故大制不割——器是成了形質的萬物，那混沌之氣，一散便成萬物；萬物不是常形，不是常名，終究要歸到無名之樸。官長，是官器。官器是各有所偏的：手偏於作事，腳偏於行走，目偏於視，耳偏於聽，不能兼全，祇有一部分的效能；這是已經把樸割散了，不得全知全能。若要得最大的效能，還不割，仍復歸於混厚。

【參考】晉王弼註：“眞散，則百行出，殊類生。若器也，聖人因其分散，故爲之立官長。以善爲師，不善爲資，移風易俗復使歸於一也。大制者，以天下之心爲心，故無割也。”宋范應元註：“器者，樸之散才。器固皆有用，而不可闕然；譬猶手執而不能行，足行而不能執，皆非道之全也。故大制者，其道統而不離，猶樸全而無割也。”呂惠卿說：“樸者眞之全，而物之混成者也。唯其混成而未爲器，故能大，能小，能曲，能直，能短，能長，能圓，能方，無施而不可，則無極不足以言之也。樸散則爲器，器之爲物，能大而不能小，能曲而不能直，能短而不能長，能圓而不能方，故聖人用之以爲而已。非容乃公，公乃大的道也。若夫抱樸以制天下，其視天下之理，猶庖丁之視牛，未嘗見全牛也。行之於無所事，而已恢恢乎其於游刃有餘地矣，何事於割哉？故曰大制不割。”陳柱說：“《莊子·在宥篇》：黃帝問於廣成子曰：‘吾欲官陰陽以遂羣生，爲之奈何？’廣成子曰：‘而所欲官者，物之殘也！’郭注云：‘不任其自爾而欲官之，故殘也。’官字之義，與老子此文同。”

第二十九章

——又稱"將欲章"。

將欲取天下而爲之，吾見其不得而已。天下神器，不可爲也，不可執也。爲者敗之，執者失之。故物或行，或隨，或歔，或吹，或强，或羸，或載，或墮。是以聖人去甚，去奢，去泰。

【註】將欲取天下而爲之，吾見其不得而已——天下不可取，更不可爲。從來得天下的人，都是由民心歸順，不可用强力奪取的。如何民心肯來歸順你呢？必須你能順民利民，保護人民。這順利人民的事體，是要使人民得自然的安樂，不可以用你自己的私心去强爲。你若用强力奪取，用私强爲，那便不能得天下了。已字，和矣字通用。

【參考】宋范應元註："謂天地人，物固有常矣。君天下者，當輔萬物之自由，不可妄爲。蘇曰：'聖人之有天下，非取之也，萬物歸之，不得已而受之。其治天下，非爲之也，因萬物之自然，而除其害爾。若欲取而爲之，則不可得矣。'"

【註】天下神器，不可爲也，不可執也。爲者敗之，執者失之——神是天，天是公的；神器，是說公有的。天下不能估爲私有

的，也不能用強力奪取的。爲是佔有是意思，執是奪取的意思，所以說爲者敗之，執者失之。

【參考】晉王弼註："神無形無方也，器合成也。無形以合，故謂之神器也。萬物以自然爲性，故可因而不可爲也，可通而不可執也。物有常性，而造爲之，故必敗也。物有往來，而執之，故必失矣。"宋范應元註："夫天下之大，語其分，則一物各具一神，語其混，則物之統歸一神，故曰神器。是則隱然有主宰在其間，固不可亂其常矣，豈容加一毫私意以爲之？儻背道叛德，有爲以撓自然者，犯其神也，神必禍之。虛下縱欲，執持以爲己有者，侵其神也，神不與之。"蘇曰："凡物，皆不可爲也。雖有百人之聚，不循其自然而妄爲之，必有齟齬而不服者，而況天下乎？雖然小物寡眾，蓋有可以力取而智奪者；至於天下之大，有神主之，不待其自物則叛，不聽其自治則亂矣。"嚴復說："老子以天下爲神器，斯賓塞爾以國爲有機體，眞有識者。"

【註】故物或行，或隨，或歔，或吹，或強，或贏，或載，或墮——或行或隨，是說有在前面走的，有在後而跟的。行的是出於自然，跟的也出於自然。歔是吹氣，有吹氣的，一定有受氣的；但也須有不願受而反吹還的，這也出於自然。贏，是瘦弱。你故意要使身體強壯，或吃藥物，或操練身體；但也有反愈弄愈瘦弱的，這是不順生理自然的道理，所以說或強或贏。譬如坐車子要圖快意，使車子跑得很快，反而翻車，把坐車的人拋下地來，所以說或載或墮。這都是說不順自然的意思。

【參考】晉王弼註："凡此諸或，言物事逆順，反覆不施，爲執割也。聖人達自然之至，暢萬物之故，情因而不爲，順而不施。除其所以迷，去其所以惑，故心不亂，而物性自得之也。"宋范應元

註："夫陰陽運行，寒暑來往，一消一息，神用無窮。故天下之物，或有行於前，而或有隨於後者；或有噤閉，而或有吹噓者；或有強梁，而或有挫折者；或有培益，而或有墮落者；此皆有神司之，故不可爲不可執也。"

【註】是以聖人去甚，去奢，去泰——甚，是説帝王淫暴過份，以百姓爲芻狗。奢，便是多欲。泰是驕傲的意思。這都是過分的行爲，不自然的行爲。自然，便是適，適可而止，是不過分。所以聖人要去甚，去奢，去泰。

第三十章

——又稱 "以道佐人主章"。去甚、去奢、去泰便合於道。

以道佐人主者，不以兵强天下，其事好還。師之所處，荆棘生焉。大軍之後，必有凶年。善者果而矜，不敢以取强。果而勿矜，果而勿伐，果而勿驕，果而不得已，果而勿强，物壯則老，是謂不道，不道早已。

【註】以道佐人主者，不以兵强天下，其事好還——人與人相利，纔能相愛，相愛纔能從感情上結合成了堅固的人羣。墨子說："交相利，兼相愛。"那統治人民要使人民自然誠服，願受他的統治，一點沒有反抗，這第一要在衆人的利益上着想，要保護最大多數人的利益；謀最大多數人的幸福，纔能長久相安。倘然不顧人民的利益，並且剝削人民的利益，專仗着兵力來壓迫人民，人民一時果然服從，但心中的怨恨日甚，一旦有機會，便要推翻那暴君，回復人民的自由。這自由是天賦予的，沒有什麼人可以奪去的。暫時奪去，終究還是要回復的，所以說其事好還。

【參考】晉王弼註："以道佐人主，尚不可以兵强於天下。況人主躬於道者乎？"宋范應元註："謂爲人臣者當以常道輔佐人主，使國泰民安。不可無事生事，而專以兵强天下，蓋其傷殺之事，好還報也，但有遲速耳。”

【註】師之所處，荊棘生焉。大軍之後，必有凶年——這幾句話，是老子以實事來證明以兵力壓迫天下是無利的。那人民受了暴力的壓迫，雖暫時服從；但在這最短的時間裏，卻又是遍地生荊棘，又是荒年，又是瘟疫，試想那暴力的帝王，實際上能夠得到多大的利益？

【參考】晉王弼註：“言師凶害之物也，無有所濟，必有所傷。賊害人民，殘荒出畝，故曰荊棘生焉。”嚴復說：“人主，凡一國之主權皆是，不必定帝王也。故孟德斯鳩謂伐國非民主之事，藉使爲之，適受其敝。何者？事義相反，不兩存也。”

【註】善者果而已，不敢以取強——果，是說有主義，有把握的意思。人須有真正見到的真理，纔可以算得是主義，胸中纔有把握。什麼是真理？便是道，便是自然。天下最善的方法，莫過於自然。因爲要自然，所以不敢強取。

【參考】晉王弼註：“果猶濟也，言善用師者趣以濟難而已矣，不以兵力取強於天下也。”宋范應元註：“兵本以禁暴除亂，不得已而用之也。禁其暴，除其亂，以活生靈，乃生生之道也。出以律，動以義，決之而已，不專以兵取強也。蘇曰：‘果，決也。德所不能綏，政所不能服，不得已而後以兵決之耳。’河上公說：‘不以果敢取，強大之名也。’”嚴復說：“不云勝，而云果，有道之師勝乃有果，不道者無果也。”

【註】果而勿矜，果而勿伐，果而勿驕，果而不得已，果而勿強——行爲合於天道，是有主義的行爲，是有把握的行爲。但你的有主義、有把握，算不得是你的好處、算不得是你的功，是人人應該順着天道做去的。順天道做去，於你自己有利的，所以你也不必

矜，不必伐，不必驕。一個人明白了天道，不容你不做出合於的天道行爲來。這是受內心的逼迫，出於不得已，是不能夠用強力做成的。

【參考】晉王弼註："吾不以師道爲尙。不得已而用，何矜驕之有也？言用兵雖趨功果濟難，然時故不得已當復用者，但當必除暴亂，不遂用果以爲強也。"宋范應元註："決之而勿矜其能，勿伐其功，勿驕其勢；決之於不得已，此所謂決之，而非以兵取強也。"

【註】物壯則老，是謂不道，不道早已——合於天道的事體，純任自然，終古如一，沒有興，沒有之❶，沒有壯，沒有老，沒有形體，沒有名義。人有壯年的時候，便有老年的時候，這壯年老年，已不是眞的形體。眞的形體，是在無，所以沒有壯老。治國和戰爭，也是如此。眞能治國的人，不靠刑法；能順人民的天性，合於天理的自然，便能長治久安。倘專靠刑法，果然人民有最服從的時候，也有最反抗的時候。服從的時候，好似人的壯年，反抗的時候，好似人的老年，都不是合於自然之道。用兵全靠威德服人，這威德是從自然道德修養出來的，不是靠強大的兵力壓服人的。倘專靠兵力強大，果然能戰勝人；但有更強過你的，也能戰勝你，所以這都不是正道。不合於正道的，便要早夫敗❷。

【參考】晉王弼註："壯武力暴興，喻以兵強於天下者也。飄風不終朝，驟雨不終日，故暴興必不道早已也。"宋范應元註："凡物之壯者必老，惟道則無壯無老。苟不體道，而久恃兵爲壯，得無老乎？知壯極則老，能早止兵，則庶幾於道矣。"嚴復說："不道之師，如族庖之刀，不折則缺，未有不早已者也。中國古之以兵強者，蚩

---

❶ "之"當為"亡"。——編者註
❷ "夫敗"當爲"失敗"。——編者註

尤尚矣。秦有白起，楚有項羽，歐洲有亞力山大，有韓尼伯，有拿破崙，最精用兵者也；然有不早已者乎？曰好還，曰早已，老子之言固不信耶？至有始有卒者，皆有果，勿強而不得已者也。今中國方將起其民以尚武之精神矣。雖然，所望他日有果而已，勿以取強也！"

第三十一章

——又稱“夫佳兵章”。佳兵是說最精練勇敢的軍隊。

夫佳兵者不祥之器，物或惡之，故有道者不處。君子居則貴左，用兵則貴右。兵者不祥之器，非君子之器，不得已而用之，恬澹爲上。勝而不美；而美之者，是樂殺人！夫樂殺人者，則不可以得志於天下矣。吉事尚左，凶事尚右。偏將軍居左，上將軍居右。言以喪禮處之。殺人之衆，以哀悲泣之。戰勝，以喪禮處之。

【註】夫佳兵者不祥之器，物或惡之，故有道者不處——佳兵，是說精練的軍隊，軍隊愈精，殺人愈多，自殺的亦多。因爲仗着兵強，專事侵略，連年戰爭，把所有少壯精銳逐漸死亡，所以說不祥。物，是說人民。物或惡之，是說人民最不願戰爭。尤其在帝國主義下的戰爭，專爲少數野心家擴私欲，於人民幸福、人類公理，毫無關係，反令少壯的人民，整千整萬的葬送在戰場上！老弱的人民整千整萬死在兵災裏！還要刮盡人民的膏血！充他的軍餉。田地荒廢，人民流離！墨子說的：“被攻者，農夫不得耕，婦人不得織，以守爲事。攻人者，亦農夫不得耕，婦人不得織，以攻爲事。”這眞是何苦來？所以明白天道的人，是不主張戰爭的。

【參考】宋范應元註："謂佳好之兵，凶器也。聖王用兵，惟以禁暴除亂，非欲害無辜之民也。然兵行之地，非惟民被其害，昆蟲草木亦受其災，是以物或惡之；故有道焉肯處此以害人物也？雖然，文事必有武備，若夫高城深池，厲兵秣馬，後世固不可闕；但有道者惟以之禦暴亂，不以之取強迫。不得已而用之，不處以爲常也。"蘇註："以之濟難而不以爲常，是謂不處。"嚴復說："此章與孟德斯鳩《法意》論《政兵》一篇，其旨正同。"

【註】君子居則貴左，用兵則貴右——左尊右卑。兵隊在平時原是很看重他，因爲他保護人民維持國威。待到用兵的時候，便刻刻小心，不敢驕傲，好似很卑下的，所以說貴右。

【參考】宋范應元註："左陽也，主生，右陰也，主殺，是以居常則貴左，用兵則貴右，蓋殺伐之事，非以爲常也。兵者兇器，非君子之器，不得已而用之，故凡兵至於不容不用，則君子惟以禁暴除亂也。"

【註】兵者不祥之器非君子之器不得已而用之——這一節意思，和第一、二句重出，疑心是後人的註解，錯夾入在正文裏的。李慈銘刪去這四句；陶方琦刪去兵者不祥之器以下十一句。奚侗說："本章文誼多複叠而不聯貫，疑古註羼入正文，如王道說自物或惡之至而美之者當刪；'但我的意思，衹須刪去這三句。以下恬談爲上，都有獨立的意思，不應當刪去。子書的文章，大半是反複陳說，無非要說明他的中心思想，不足爲奇的。

【註】恬談爲上。勝而不美；而美之者，是樂殺人！——道是生機。道生天地，天地生萬物，生生不息，是自然的運行。殺人是違抗自然的，非到不得已，爲欲保全大多數的生命，纔殺人；這個殺人便是生人，是合於天道的。所以明理的君子，對於戰爭，須持冷

靜的頭腦，看得心理十分清楚，爲保全公理而戰，決不肯爲一時的
意氣或私人的利益而戰，這便是恬談。恬談纔能靜，靜纔能明理，
明理纔能勝人，所以說爲上。但是君子爲保障人道而戰，是人類共
有的天職。便是戰勝了人，也沒有什麼可以誇張的。喜誇張戰功的，
便愛殺人的。愛殺人的人，是意氣用事，不明天道，不講公理，是
自私自利的野心軍閥，是人民的公敵。

【參考】呂註："必不得已而用之，恬談爲上，故勝而不美也，
非所以佳之也。天將救之以慈，衛之以慈者，天下所以樂推而不厭
也。則殺人者，豈其樂哉？"息齊註："夫以恬淡言兵，誠若不類；
然不知恬談則靜，靜者勝之本也。狂躁則動，動者敗之基也。"

【註】吉事尙左，凶事尙右。偏將軍居左，上將軍居右——兵事
喪事，都是凶事。人有凶事，便以右爲大，孔子死了姊姊，他對人
向右面打拱，便是尙右的意思。上將軍是軍隊中的主體，但行軍時
在右面，是戰不忘危的意思。

【註】殺人之衆，以哀悲泣之。戰勝，以喪禮處之——戰勝了敵
人，殺死了許多敵人，這是多麼違背天道的事體！敵人的行爲，擾
亂和平，果然可殺；但他一樣是人類，一樣有生命的，在人道上講
起來，也應該悲泣。何況能殺死多數敵人，自己死的人也不在少數？
今日戰勝了敵人，殺機一開，仇殺不已，焉知我他日不被敵人戰勝？
這都是可悲泣可憂慮的事體。所以戰勝的一方面，也當以喪禮憂之。

【參考】呂惠卿註："夫以喪禮憂之，則是不祥之器，而不美之
可知已。以悲哀泣之，則是不樂殺人也可知已。孔子之察於禮樂者
如此，而謂老子絕滅禮學，豈知其所以絕滅之意乎？"

第三十二章

——又稱“道常無名章”，是說天道玄妙不能定名的。

道常無名。樸雖小，天下莫能臣。侯王若能守之，萬物將自賓。天地相合，以降甘露，民莫之令而自均。始制有名，名亦既有。夫亦將知止，知止可以不殆，譬道之在天下，猶川谷之在江漢。

【註】道常無名——常字和尚字通用，尚字是高尚的意思。道常無名，是說最高的天道是充滿在天地間；下至草木蟲豸，都是順着天地自然之性，無形無色，無處不有，不能有一定的名稱。

【參考】晉王弼註：“道無形不繫，常不可名，以無名爲常，故曰道常無名也。”呂惠卿註：“道常無名。名之爲道，則與道乖矣。方其無名，固未始有物也。”《筆乘》曰：“道常首章，所謂常道也。無名首章，所謂無名也。”

【註】樸雖小，天下莫能臣——樸是說混厚自然的意思。臣，是說屈服的意思。是說混厚自然，盡力做人不貪不義的名利。安心樂業，這一類人，便是尋常小百姓，你也沒有方法去屈服他。因爲他沒有貪心，不受一切金錢勢利的引誘。

【參考】晉王弼註：“樸之爲物，以無爲心也，亦無名。故將得道，莫若守樸。夫智者可以能臣也，勇者可以武使也，巧者可以事役也，力者可以重任也；樸之爲物，憒然不偏，近於無有，故曰莫能臣也。”宋范應元註：“常道無名，固不可以小大言之。聖人因其大無不包，故強爲之名曰大。復以其細無不入，故曰小也。雖然以小而言小，天下亦莫能臣使之也。”嚴復説：“樸者，物之本質，爲五蘊六塵之所附，故樸不可見。任汝如何，所見所覺，皆附樸之物塵耳。西文隆布斯垣希臣官皆器也，樸散而後可臣。”奚侗説“道本無名，強名爲道。道無大小，以樸喩道，故爲小。”

【註】侯王若能守之，萬物將自賓——守是說守天地自然之道，賓是說歸服。是說統治人民的，倘然能順着天道去管理人民，使人民自然安居，那各處的人民都要自動的來歸服你。

【參考】晉王弼註：“抱樸無爲不以物累其眞，不以欲害其神，則物自實，而道自得也。”嚴復說：“守樸比不離輜重深一層。夫重靜樸之德也，爲輕根，爲躁君。我守其主，則萬物又安得而不賓哉？”

【註】天地相合，以降甘露，民莫之令而自均——相合，是說順着道的自然。天地順着道的自然便能降甘露去滋養萬物。那帝王管理百姓也祇須順着人民天性的自然，使他相安無事，百姓便自然不發生爭鬪的事體。自均，是說世界太平，各人得到平均的亨用，不起爭端。

【參考】晉王弼註：“言天地相合，則甘露不求而自降。我守其眞性無爲，則民不令而自均也。”宋范應元註：“言無殺氣，則天地之氣亦交通成和，以降甘露，豈有凶年。至於人，亦不待發號施令，而自均平，此王者道化流之行效也。”

【註】始制有名，名亦旣有——制，是定的意思。天道自然運動，天地萬物受着天道自然的氣運而產生，而變動。各物體中，都有一個天道，是不可見的，無可名的。老子因要說明天地萬物的起

始，所以不能不假定一個道字的名稱，所以萬物都暫時有了一個名稱。其實都是天道化生，都是不可名的。

【參考】晉王弼註：“始制，謂樸散始爲官長之時也。始制官長，不可不立名分，以定尊卑，故始制有名也。過此以往，將爭錐刀之末，故曰名亦既有。”宋范應元註：“道本無名，老子初不得已而強爲之名，以發明後世此始制有名也。名亦既有，則可因有名而及身以來無名之樸，自然純備無間雜欠闕，此所謂止於至善也。”《筆乘》說：“始卽無名，天地之始制者，裁其樸而分之也。始本無名，制之則有名矣。”奚侗說：“始，卽首章無名天地之始。制，作也。道本無名，疆❶制作之爲有名。”

【註】夫亦將知止，知止可以不殆，譬道之在天下，猶川谷之在江海❷——明白了名可名，非常名，便知道眼前各種萬物之名，都是有限制的。萬事可以知足，知足便是有範圍的自由。人能知足，便沒有危險的事體出來。各人守着各人的範圍，便能相安於無事，好似川谷之水流入江海，各有出海的路，不致鬧水災了。

【參考】晉王弼註：“川谷之求江與海，非江海召之。不召不求而自歸者，比行道於天下者，不令而自均，不求而自得。”宋范應元註：“無名之樸，道也。求之於吾心之初則得之矣。豈可不知止而更欲外起妄念，自取危殆耶？故知止所以不殆。”“馬其昶說：“既有君臣父子之名，卽有所當止之則。《大學》云：‘爲人君，止於仁；爲人臣，止於敬；爲人子，止於孝；爲人父，止於慈；與國人交，止於信。’是也。水止於江海，則不溢。人止於道，則不殆。”

---

❶ “疆”當爲“彊”。——編者註
❷ 正文爲“江漢”。——編者註

第三十三章

——又稱"知人者知❶章。"

知人者智；自知者明。勝人爲有力；自勝者強。知足者富；強行者有志；不失其所者久；死而不亡者壽。

【註】知人者智；自知者明——人是天地的化生，也是天道的化生，人心便是道心。人能明白天道自然運行的理，也能夠明白人我自然的本性。孔子說的"己所不欲，勿施於人。"又說"推己及人"；這便是智，便是明。

【參考】晉王弼註："知人者智而已，未若自知者超智之上也。"宋范應元註："人能虛靜，則可以知人，可以自知。知人以智，言非私智也，猶止水之燭物也。自知之明，言乃本明也，猶上水之湛然也。"河上公註："可知人好惡，是智人也。自知賢與不肖，謂反聽無聲，內視爲形，故爲明也。"

【註】勝人爲有力，自勝者強——這個力，不是說威力，是一個人內心修養力，如何能使內心有力，便是能見得天道自然玄妙之處，識力堅定，不爲外界所引誘，這便能勝人。但欲勝人，先須自勝。人的識力不堅定，往往容易被私欲遮蔽。使自己心地光明，不起邪

---

❶ "知"當爲"智"。——編者註

念，這是自勝。自勝須有強大的克制工夫。

【參考】晉王弼註：“勝人者，有力而已矣，未若自勝者無物以損其力。用其智於人，未若用其智於己也。用其力於人，未若用其力於己也。明用於己，則物無避焉。力用於己，則物無改焉。”宋范應元註：“勝，克也。守道之士，謙柔自處，未嘗欲勝人，而人每不能勝之者，惟其有定力故也。定力者何？能克去己私，而全乎天理，此自強也。”

【註】知足者富——真富不必錢多，是要能知足。如何可以知足，全在能節儉。節儉到如何的程度，便須盡力工作，盡自己應有的一份享用。凡是享用，都要講實際。吃飯、穿暖、房屋有相當的空氣，能避風雨寒暑便足，不可講虛榮。一講虛榮，便是有過份的享用，便是佔據了別人的衣食住，而使別人感受飢寒的痛苦。感受痛苦的人，便覺不安：世界的大亂，都是起於不安。再講虛榮的人，時時總覺得自己不足，時時總覺得精神痛苦；祇有知足，便有餘；有餘，便能使身心安足。

【參考】晉王弼註：“知足自不失，故富也。”宋范應元註：“知萬物皆備於我者，則莫富於此也。”陳柱說：“老子貴儉，儉則知足。富貧二字之界說，當曰凡入多於出者曰富，出多於入者曰貧。然則雖日得百錢，儉而行之，日積五十，而時覺有餘，則富矣。雖累十萬，奢以施之，月虧萬金。而時覺不足，則貧矣。”

【註】強行者有志——強行，是說勉力行去。世上凡事，在勉力行去的時候，最是艱難，亦最是有味。時時勉力行去，時時可以提起自己的志氣。求學問要用這個方法，做人也要這個方法；研究自然之道，尤其要用這個方法。

【參考】晉王弼註：“勤能行之，其志必獲，故曰強行者有志矣。”宋范應元註：“得是而自強不息者，有志於道也。”嚴復說：
“志士界說，在此。唯強行者爲有志，亦唯有志者能強行。孔子曰：
‘知其不可爲而爲之。’孟子‘強恕而行，’又曰‘強爲善而已’。德
哲噶爾第曰：‘所謂豪傑者，其心中常有一他人所謂斷做不到者。’
凡此，皆有志者也。”

【註】不失其所者久——所是出處，人能不忘他的出處，便能順
天地自然的氣運以生存，所以能久。人的出處是天地，天地的出處
是道。人要不忘他的出處，不失他的本性，便要不忘天道。

【參考】晉王弼註：“以明自察，量力而行，不失其所，必獲長
久矣。”宋范應元註；“道不可以方所言，此言所者，以萬物由是出
而言也。人能有志於道，不離於初，故不失其所。如此者，乃久
也。”馬其昶說：“《易》曰：‘艮其止，止其所也。’志於其死而不
遷，則一念萬年，故曰久。”

【註】死而不亡者壽——人能明白天道自然的變化，人是暫時偶
然的形質，而天道是無窮的。人順着天道自然的運行，也是無窮的。
人的名稱不是常名，所以死後還於天道自然的氣，纔是永久的。人
能到死不忘天道，雖死而精神不死。天道不死，所以說壽。

【參考】晉王弼註：“雖死而以爲生之道不亡，乃得全其壽。身
沒而道猶存，況身存而道不卒乎?”宋范應元註：“其形雖死，其神
不亡，如此者，方爲壽也。”蘇曰：“物變無窮，而心未嘗失，則久
矣。死生之變亦大矣，而其性湛然不亡，此古之至人能不生不死者
也。”嚴復說：“苟知死而有不亡者，則壽夭一耳。故曰：‘朝聞道，
夕死可矣。’甚矣，人不可以不識，不可以不求，此死而不亡者。”

第三十四章

——又稱"大道氾兮章"。氾是說水流不斷的樣子。天道也似水流不斷，運行不息的。

　　大道氾兮，其可左右！萬物恃之而生而不辭，功成不名有，衣養萬物而不為主。常無欲，可名於小。萬物歸焉，而不為主，可名於大。以其終不自大，故能成其大。

　　【註】大道氾兮，其可左右！——氾是水滿的意思。天道產生萬物，萬物中無不有天道，好似水滿無處不入向左向右，無地不逢。人能順大道自然的氣運做去，無時不適。

　　【參考】晉王弼註："言道氾濫無所不適，可左右上下周旋而用，則無所不至也。"宋范應元註："大道氾兮，周流無窮，不可止以左右言，今言其可左右者，謂可以左可以右也，無可無不可，無在無不在。"嚴復說："大道，常道也。左右之名，起於觀道者之所居。譬如立表：東人謂西，西人謂東，非表之有東西也，非道之有左右也。"

　　【註】萬物恃之而生而不辭，功成不名有——天道生萬物萬物，都靠着天道自然的氣運而生存。天道對於萬物，不論大小，都不辭勞苦，使他自由長生在天地間。他生存萬物，不居生存的功，這便是自然。

　　【參考】宋范應元註："萬物依賴於道以生，而道未常為辭。生物之功旣成，未嘗名爲己有。”

【註】衣養萬物而不爲主——衣，是說遮蓋保獲的意思。天在上面遮蓋萬物，地在下面畜養萬物，但他却不干涉萬物，不替萬物作主，聽萬物各適其天性，自然生存。

【參考】宋范應元註：“覆蓋萬物，而未嘗爲主也。”

【註】常無欲，可名於小。萬物歸焉，而不爲主，可名於大——天道無大無小，可大可小。在他的無形無色上看來，他好似很小的，小至於不可見。他不替萬物作主張，任萬物各依着他自然的個性生長運動，所以無欲。但是萬物的個性，仍是依着天道自然的氣在那裏生長運動，直到形體上的散亡，依舊歸還天道。這天道又是無窮大的，大得看不見他的主體和主動，所以人欲統治萬民，欲合於天道，第一要用客觀的態度，不爲人民作主張，順人民自然的性去整理他，那人民自然歸服你。你的勢力，便無窮的大了。

【參考】晉王弼註：“萬物皆由道而生，既生而不知其所由，故天下常無欲之時，萬物各得其所。若道無施於物，故名於小矣。萬物皆歸之以生，而力使不知其所由，此不爲小，故復可名於大矣。”宋范應元註：“道不可以小大言，故以其常無纖毫之欲而言之，則可名爲小矣；以其萬物歸之而不知主言之，則可名爲大矣。道何嘗自爲大也，惟常無欲而已，亦何嘗知萬物歸之欲爲之主也哉？”

【註】以其終不自大，故能成其大——自大，便是蔑視他人的自由，以主觀的態度干涉別人的行爲。天道容納萬物，而使其各適天性，自然生長，所以他是無窮的大。

【參考】晉王弼註：“爲大於其細，圖難於其易。”宋范應元註：“是以聖人體道無欲，終不自爲大也。故以其終不自爲大，萬物自然歸之，故能成其大矣。一有纖毫之私欲，則物不歸之，安能成其大也？”蘇曰：“大而有爲大之心，則小矣。”

第三十五章

——又稱"執大象章"。

執大象，天下往，往而不害，安平太。樂與餌，過客止。道之出口，淡乎其無味，視之不足見，聽之不足聞，用之不足既。

【註】執大象，天下往——大象，是說太象，最大的形象。最大的象形，不是人力所能見的，存於萬物的體中，包於萬物的體外。執，是守的意思，執大象，便守天道。能守天道的人，便能容納萬物，那天下的人民都去歸服他。

【參考】晉王弼註："大象，天象之母也，不寒，不溫，不涼，故能包統萬物，無所犯傷。主若執之，則天下往也。"宋范應元註："道不可執，此言執者，謂守道者如手之執物不可失也。道本無象，此言象者，以萬象皆由是而兆見，故曰大象也。聖人能執道不失，則天下皆心往而誠歸之，非聖人有招來天下之心也。"呂惠卿說："道之在天下，猶川谷之與江海萬物歸焉而不知。主是無形也。無形也者，大象也，則孰能保我而不往哉？失道而天下往，則去之而已，則其往也不能無害。執道而天下往，則雖相忘於道術，而未嘗相離也，故往而不害。"嚴復說："人皆有所執，特非大象。大象道也，即上章萬物之所歸者。"

【註】往而不害，安平太——人民都願去歸服明白天道的人。那明白天道的人，能使人民自然安適，不干涉自由，不壓迫個性，所以能安居，能平等，能發達。

【參考】晉王弼註："無形無識，不偏不彰，故萬物得往而不害妨也。"宋范應元註："天下皆心往而誠歸之，並育而不相害者，惟聖人一毫無私欲，神安氣平而極於精通無一物不得其所。聖人安平泰，而天下亦自然安平泰也。"嚴復說："安、自由，平、平等，太、合群也"。

【註】樂與偏餌，過客止——這兩句，是譬喻的意思。樂是說音樂，餌是說酒食。音樂、酒食，果然可以使客人留住；但音樂、酒食終有完止的時候，樂停餌盡，那過客也去了。過客去了，依然是冷靜無味。因爲樂與餌是有爲，有爲的事，終有窮盡的時候，也終有失效的時候，所以老子主張無爲。你倘講天道，順天道去結合人心，那人非但永久不散，且愈來愈多。

【參考】晉王弼註："言道之深大，人聞道之言，乃更不如樂與餌應時感悅人心也。樂與餌，則能令過客止。"宋范應元註："此起譬也。張樂設餌，以留過客，過客非不爲之止也；然樂餌終則客去矣，豈同夫執大象者，天下自然歸之而不離也哉？"高延第說："歌舞飲饌，過者遇之，莫不留止。大道淡泊，故無味也，不足爲餌。至道希夷，故無見聞，不足爲樂也。然周而不殆，用之不可盡。既者，盡也。"

【註】道之出口，淡乎其無味，視之不足見，聽之不足聞，用之不足既——天道這樣東西，無處不在，不可見，不可聞，好似空氣一般，無微不入。我們的身體，便是從天道來的。如何可見可聽？

因爲他太大了，便是有味你也嘗不出來，有聲你也聽不出來。實在他的味、他的聲，都是極大的。譬如雷聲，在人類聽了，固然很大，便不覺驚慌起來；但極細微的蟲蟻，却不覺驚慌，這豈不是最大的聲等於無聲的證據？所以最大便用着不完的。旣，是完的意思。

【參考】晉王弼註：“樂與餌，則能令過客止；而道之出言，淡然無味，視之不足見，則不足以悅其目；聽之不足聞，則不足以娛其耳。若無所中然，乃用之不可窮極也。”蘇註：“作樂設餌，以待來者，豈不足以止過客哉？然而樂闋餌盡，將舍之而去。若夫持大象以待天下，天下不知好之，又况得而惡之乎？雖無臭味形色聲音以悅人，而其用不可盡矣。”

第三十六章

——又稱"將欲翕❶之章"。

將欲歙之，必固張之；將欲弱之，必固強之；將欲廢之，必固興之；將欲奪之，必固與之；是謂微明。柔弱勝剛強。魚不可脫於淵，國之利器不可以示人。

【註】將欲歙之，必固張之——歙字，音吸，有收吸併吞的意思。張，是誇大驕傲的意思。是說要去併吞人的國家，或是收吸人的財利，先要使人驕傲。驕傲的人，一定不虛心，不細心，祇知道在虛榮上爭名義，却不在實際上防備人，那別人乘虛而入，便可以併吞他了。這仍舊是老子自然的天道。實在一個國家，或是一個人，決不是別人可以併吞，可以滅亡他的，一定是自己先驕傲大意，被那強大的併吞了去。這是自然的結果，《天演論》說的弱肉強食。我們並不是鼓吹暴力的帝國主義、侵略主義，我們是叫人時時提醒自己不要弱，不要驕傲。弱，驕傲，是走向滅亡路上自然的結果。人之不弱，人之不驕傲，那天下也無所謂強，無所謂併吞。不併吞，是合於自然條律的；併吞，也是合於自然條律的。

【參考】宋范應元註："爐之有韝，方可冶鍊。夫韝之將欲翕

---

❶ "翕"當爲"歙"——編者註

也，必固張之。張之不固，則不能翕也。其次可以類推。天下之理，有張必有翕，有強必有弱，有興必有廢，有與必有取，此春生夏長，秋斂冬藏，造化消息盈虛之運固然也。」

【註】將欲弱之，必固強之；將欲廢之，必固興之；將欲奪之，必固與之——這三句，仍是推廣第一句的意思。老子講自然，但必須人時時去體會天道，在自然範圍中求自存的方法，纔能與自然的力相合，而不爲人所侵略。譬如小孩兒纔能走路，果然要靠大人的扶持；但大人纔扶他時，這小孩若絲毫不用自己的氣力，那大人也不能幫助他，所以天道雖然時時在那裏幫助人，但做人的也時時要自己掙紮去迎合天道。人倘然不知振作，那便是自弱，自廢，自奪，決不是被人弱、被人廢、被人奪。你倘眞能振作，人家也決不能弱你、廢你、奪你。老子的本意，並不是提倡強權，教人侵略，是教人順着天道時時振作，不要自己走到滅亡的路上去。因爲天道也是時時自強不息的。

【參考】晉王弼註：「將欲除強梁，去暴亂，當以此四者物因之性，令其自戮，不假形爲大以除將物也。」宋范應元註：「張之強之興之與之之時，已有翕之弱之廢之取之之機，伏在其中矣。」

【註】是謂微明。柔弱勝則強——天道是十分隱微的，但也是十分明瞭的，因爲不自振作的人一定要自取滅亡，這是絲毫不爽的。所以人不能祇貪圖好聽的名氣，却要求實際的修養。如何能得到實際的修養？便是要避去名義，忍耐謙虛，切實勤懇，這都是内心的修養，在外表看起來，是很柔弱的；但是他的力量是至強的。

【參考】宋范應元註：「幾雖幽微，而事已顯明也，故曰是爲微明。或者以此數句爲權謀之術，非也。聖人見造化消息盈虛之運如此，乃知常勝之道是柔弱也。蓋物至於壯，則老矣。」

【註】魚不可脫於淵，國之利器不可以示人——深水稱淵。魚在深水裏，好似人有內心修養的工夫，別人所看不見的。有內心修養的人，纔可以處這競爭的世界而不失敗。立國在世界上，要有富厚的國力、強盛的民氣，這是眞正的利器，人所不看見的，所以說不可以示人。

【參考】晉王弼註：“利器，利國之器也。唯因物之性，不假形以理物，器不可覩，而物各得其所，則國之利器也。示人者，任刑也。刑以利國，則失矣。魚脫於淵，則必見失矣。利國器而立刑以示人，亦必失也。”宋范應元註：“治國不以道，而以世俗之所謂聖智仁義巧利示天下，而使之亂者，亦猶以利器示人也。……為人主者，不以道德化人，而以利器示人，則是魚之脫於淵也。”陳柱說：“此章老子揭發君主之陰謀也，故曰國之利器不可以示於人。”

第三十七章

——又稱"道常無為章"。無為便是自然，任自然不以主觀的態度去有為。

道常無為，而無不為。侯王若能守之，萬物將自化。化而欲作，吾將鎮之以無名之樸。無名之樸，夫亦將曰無欲。不欲以靜，天下將自定。

【註】道常無為，而無不為——老子教人信道，凡事都要順天地自然之理做去，不要自作主張，用主觀的態度去反抗自然，這便是無為。但也不是教你委心任運，不求自強，不振作，不向上，不奮鬥；是要在合於天道的自然範圍中，求自強振作奮鬥，用客觀的態度，攷察真理，而做一個適合環境的人。所以說：無不為。無不為，便是有為。

【參考】晉王弼註："順自然也。"宋范應元註："虛靜恬淡，無為也。天地人物得之以運行生育者，無不為也。"李嘉謀說："道自無而入有，始於喜怒哀樂之萌，而極於禮樂刑政之備。極而不反，化化無窮，則愈失道矣。故聖人於其將流，則復以樸正之。"

【註】侯王若能守之，萬物將自化。——守之，是說守天道無為的定律，便是順人民的心性，得自然的太平。自化，便是無不為。

政府不干涉人民，人民能自然發展，便使國力民氣到十分強盛的地步。

【參考】宋范應元註："王侯若能守道而虛靜恬淡，則無爲矣。萬物將自化其虛靜恬淡，則是無不爲矣。"嚴復說："老子言作用，輒稱侯王，故知《道德經》是言治之書。然孟德斯鳩《法意》中言：'民主乃用道德，君主則言禮，專制則用刑。'中國未嘗有民主之制也，雖老子亦不能謂未見其物之思想，於是道德之治，亦於君主中求之。不能得，乃游心於黃、農以上，意以為太古有之。蓋太古君不甚高，民不甚賤，事與民主本相近也。此所以下篇八十章，有小國寡民之說。夫'甘食美衣，安居樂俗，隣國相望，鷄狗相聞，民老死不相往來'，如是之世，卽孟德斯鳩《法意》篇中所指爲民主之眞相也。世有善讀二書者，必將以我爲知言矣。嗚呼！老子者，民主之治之所用也。"

【註】化而欲作，吾將鎮之以無名之樸——化，是說人民勢力、物質進步發展到最強的地步。欲作，是說人民被物質所引誘而動私欲，有不合天道的行爲，妨礙人群。那主持政局的人，須使人民養成純樸的風氣，不求虛榮，那私欲自然能消滅下去。

【參考】晉王弼註："化而欲作，作欲成也。吾將鎮之以無名之樸，不爲主也。"宋范應元註："人之心易塞而難虛，易動而難靜，易遷而難守，易變而難常，雖已相化，而或有復爲外物所動，欲起妄作者，則必將鎮之以道，使不敢妄作也。"嚴復說："文明之進，民物熙熙，而文物聲明皆大盛，此欲作之宣防也。老子之意，以爲亦鎮之以樸而已。此旨與盧梭正同，而與他哲學家作用稍異。"

【註】無名之樸，夫亦將曰無欲——"樸"字和"朴"字通用，是本原的意思。天道以無名爲本，原無名，萬物皆是一個本原。順

天地自然之氣產生的，祇有一個自然。自從人造了萬物之名，便硬分出彼此你我，便有私欲，不講自然，不講大同，天下從此多事。所以要囘到無名的本原，是先要破除自己的私欲。

【參考】晉王弼註：“無欲競也。”宋范應元註：“治國者，天下既無妄作之人，則無名之樸，亦無所用之矣，寂寂虛通，蕩蕩無迹，譬如無病而妄藥，達岸而捨舟也。若夫學道之士，因言以明道，悟道以忘言。若復執着有無，豈解玄妙？故曰無名之樸，亦將不欲。”

【註】不欲以靜，天下將自定——人能去他的私欲，纔能明白天道，靜守自然，各在自然的範圍內做適應環境的人，天下便自然太平了。

【參考】宋范應元註：“君天下者，至於欲樸之心亦無，則純於道也，安有妄動哉？無思無爲，不動而化，不言而信，垂衣拱手，天下不待教令而自平正也。”奚侗說：“天下皆歸於無名之樸，夫亦將無欲矣。無欲卽樸。莊子所謂：‘同乎無欲，是謂素樸。’卽此義。”

173

第三十八章

——又稱“上德不德章”。多數版本，將此三十八章以下分爲
《道德經》下篇，據說《道德經》的名稱，因上篇第一句有“道可
道”，下篇第一句有“上德不德”，合上下兩篇“道”“德”二字定
名，這話太覺無聊。我的意思，老子這五千言，是記錄他思想的片
段，非但沒有上下篇可以分，并且也不應該分章名，如今我們爲閱
讀便利起見，已是不合於老子的自然主義，犯了有名的戒律。若硬
將他一篇文章分作上、下篇，又硬派他上篇是說道，下篇是說
德，——河上公注本稱下篇爲“德章”——更是無聊。

上德不德，是以有德。下德不失德，是以無德。上德無爲
而無不爲，下德爲之而有以爲。上仁爲之而無以爲，上義爲之
而有以爲。上禮爲之而莫之應，則攘臂而仍之。故失道而後
德，失德而後仁，失仁而後義，失義而後禮。夫禮者，忠信之
薄，而亂之首。前識者，道之華，而愚之始。是以大丈夫處其
厚，不居其薄；處其實，不居其華。故去彼處此。

【註】上德不德，是以有德。下德不失德，是以無德——王弼把
“德”字解作“得”字，很有意思。“得”是適合的意思，世上本沒
有什麽可稱做“德”字的，人類也決沒有德的行爲。從道到天地，

從天地到萬物，祇有一個適。道的生天地，是道的適；天地的生萬物，也便是天地的適；福物❶的相安、人類的互助，也祇是萬物和人類的適。倘然人類不互助，也不能够享羣衆的福利，而世界不得太平。所以互助是求適於太平。天地不生萬物，也不成其爲天地；道不生天地，也不成其爲道。他們的相生相養，都是求適，並沒有德的意思。人的熱心公益，是要求他身心的適，羣衆得到安適，自己纔能享眞正的安適。明白這個道理，並不要有德的名義，而最上的德的效力，却表現出來了。那不明白人類有互助纔可以得到個人安全意思的人，空求那有德的名義，沽名釣譽，作偽心勞，那眞正的德，却表現不出來，所以無德。

【參考】晉王弼註：“德者得也。常得而無喪，利而無害，故以德爲名焉。何以得德？由乎道也。何以盡德？以無爲用。以無爲用，則莫不載也。故物無焉，則無物不經；有焉，則不足以免其生。是以天地雖廣，以無爲心。聖人雖大，以虛爲主。故曰以復而視，則天地之心見；至日而思之，則先王之至覩也。故滅其私，而無其身，則四海莫不贍，遠近莫不至。殊其己而有其心，則一體不能自全，肌骨不能相容。是以上德之人，惟道是用，不德其德，無執無用，故能有德而無不爲。不求而得，不爲而成，無雖有德，而無德名也。下德求而得之，爲而成之，則立善以治物，故德名有焉。求而得之，必有失焉。”宋范應元註：“孔子不居其聖，乃所以有德。體道而有得於己之謂德。河上公曰：‘上德，爲太古無名號之君。德大無上，故言上德也。不得者，言其不以德教民，因循自然，養人性命，其德不見，故言不德也。’下德不失德，拳之服膺而不敢失，是未能化

---

❶ “福物”當爲“萬物”。——編者註

者也，故於上德爲有間矣。河上公曰：'下德爲號令之君德，不及上德，故言下德也。不失德者，其德可見，其功可稱也。以有名號，及其身故。'蘇曰：'夫德者，性之端，道之用也。聖人之德配天，而無所不利。天何言哉？故上德不以德爲德，是以有大德。下德纔有微善，執爲大德，揚名要譽是以無德。'原夫上古太朴未散，所謂德者，得之於自然，無形無跡，無名無聲，默運之頃，自然與天地同其長久，自然與日月同其常升，斯曰上德不德，是以有德也。至於下古太朴旣散，所謂德者，不失於顯然，如是爲聖，如是爲賢；反而觀之，其視不可道者爲難至，其視不可名者爲莫及。斯曰下德不失德，是無以德。"陳柱說："嘗最愛庚信文：'物受其生於天不謝'之語，爲深得老子上德不德之旨。"

【註】上德無爲而無不爲，下德爲之而有以爲——明白了求適的公理，他的行爲處處爲全人羣着想，人羣的適，便是自身的適，所以他做人羣的事體，好似做自身的事體一般的熱心，是無公私人我的界限。凡是有益於羣衆的事體，却無有不做，所以稱做上德。那不明羣理的人，他做了一點人羣互助的事體，便自己誇張求名，這是故意標榜，便是下德。

【參考】晉王弼註："爲而成之，必有敗焉。善名生，則有不善應焉。故下德爲之，而有以爲也。無以爲者，無所偏爲也。凡不能無爲而爲之者，皆下德也，仁義禮節是也。將明德之上下，輒舉下德以對上德，至於無以爲極。下德，下之量上，仁是也。足及於無以爲，而猶爲之焉。爲之而無以爲，故有爲爲之患矣。本在無爲，母在無名，棄本捨母，而適其子，功雖大焉，必有不濟。名雖美焉，僞亦必生。"宋范應元註："此復釋上德也。謂上德者，不言而信不動而化，無爲而無不爲也，下德爲之，而無以爲者爲，其當然也，無私意以爲之。"

【註】上仁爲之而無以爲，上義爲之而有以爲——最大的德，是無名的。待到有仁義的名稱，已是有界限了。但仁與義比較，仁還是自然的，義却是故意的，所以行仁德的人，是盡其在我，聽其在人；講義氣的人，是要講報施了。人有義於我，我有義於人，方不失義氣；一計較報施，便是作僞，便是小器。所以義是有以爲，仁是無以爲。

【參考】晉王弼註："不能不爲而成，不興而治，則乃爲之，故有宏普博施仁愛之者。而愛之無所偏私，故上仁爲之而無以爲也。愛不能兼，則有抑抗正直而義理之者，忿枉祐直，助彼攻此，物事而有以心爲矣。故上義爲之而有以爲也。"宋范應元註："仁者，愛之理也，義者，事之宜也。愛出乎理，謂之上仁。上仁爲之而無以爲者，非以要譽也，無所爲而爲之也。事得其宜，爲之上義。上義爲之而有以爲者，將以處事也。苟無私意以爲之，則得其宜。纔有私意以爲之，則失其宜，起爭端也。"

【註】上禮爲之而莫之應，則攘臂而仍之——莫之應，是說沒有眞心去承接這禮節的本意，祇利用手臂自然的活動，作揖打拱，去承接這禮節的形式，那心術更不堪問。禮本是形式的防範，但也根據仁義的原理立出來的。如今身體行着禮節的形式，那心却無以應，這作僞到如何地步？

【參考】晉王弼註："直不能篤，則有游飾修文禮敬之者，尙好修敬，校責往來，則不對之間，忿怒生焉。故上德爲之而莫之應，則攘臂而仍之。"宋范應元註："禮者，天理之節文，人事之儀則也。體雖嚴而用不迫，謂之上禮。以敬爲主，以和爲貴。以此教人，而齊民也。然教者必以正，以正不行，是莫之應也。以正不行，繼之以怒，攘臂而扔引之，則反夷矣。夫子教我以正，夫子未出於正也。當此之時，敬和安在哉？不如修其身而天下平也。"河上公註："言禮華盛實裏動，則離道不可應也。上下忿爭，故攘臂相扔也。"今人馬敍倫說："攘借爲纕，說文曰纕，援臂也。仍，扔，音義同。《說文》曰：扔，捆也，捆，就也。"

【註】故失道而後德，失德而後仁，失仁而後義，義失而後禮。夫禮者，忠信之薄，而亂之首——你看他先說道、說德、說仁，說義，最後纔說禮。從無形的漸趨於有形的，從精神的漸趨於形式的。"禮爲亂首"這句話，嚇煞多少俗人，其實也是一句平淡毫不足奇的話。因爲禮節是形式的，人人可以舉得的，任你是窮兇極惡的人，都可以拿禮節來遮掩他的本相，并且可以得到知禮的好名氣，所以世上儘有許多作惡的小人，作僞的君子，都冒充作慈善家，自命爲上等人。他除去形式上的禮節以外，背地裏儘量做許多傷盡天良違背人道的事體，社會上因爲他能夠躲在一個禮字的空名裏面，都看不出他的眞實罪惡來。並且世人因爲要爭這禮字的空名，反失了人道的眞精神，養或這作僞重形式、講空名譽、空場面的惡劣風俗。尤其是因爲要講禮，費去許多無謂的時間與金錢，遠有許多無謂的周旋。窮人因爲要硬爭這個禮的面子，而損失了他無數的金錢與時間。小人却可以利用這個禮來冒充做上等人，而他用他的奸詐手段，社會上豈不是因爲禮而起了極大的擾亂？所以說亂之首。且專重禮節形式的人，往往失了精神上的忠信。他以爲一有了禮，便可以什麼都不講了。好似那拜菩薩和在耶穌跟前行禱告禮的人，他以爲行過了拜跪、禱告的禮以後，便什麼罪都可以免去，什麼惡事都可以做得了。所以說，禮者忠信之薄。又說失義而後禮。義是什麼？便說人應當做的事體。我們做人一切思想能爲，不問他合禮不合禮，

祇須問應當做不應當做。義是自然的，禮是勉強的。義是主動的，禮是被動的。但是我們對於凡事凡物，未做以前，先要問個應當否應當，這不但覺得麻煩，并且要時時存心考察，終覺是有意的，還是不自然的。所以最好是不要講義，要講仁。有仁心的人，他無處不用好心待人，無事不用客觀的態度做出來，很謙虛，很和平，很合於天理的自然。這纔是人道自然的表現。人能有仁心，便可以不必時時存心做好人，而人格無有不好。這為何能做得到呢？這全在人格上的修鍊。修鍊成好人格，便是德，便是得的意思。人能明白得天道的大原理，天道是好生的，是安於自然的，是無名的，是不爭的，是萬物一體的，是博愛的，是變化無窮萬古長存的，是虛的、柔的，能大度包容不表示有功的。我們人類既是道的分體，要求適合生存在這天地間，自然也應當順着天理做去，這纔是最大的人格，最大的德，而是無可名的。不是有意做的，這纔是道。所以我們做人要順自然，合天理，不存心做好人，纔是真正的好人。並且也是應當這樣的，無謂所好不好的分別。一講到好不好，便有名的爭，虛偽的表現了。

【**參考**】晉王弼註：“夫大之極也，其唯道乎？自此已往，豈足尊哉？……不能捨無以為體，則失其大矣。所謂失道而後德也，以無為用德其母，故能已不勞焉，而物無不理。下此以往，則失用之母。不能無為，而貴博施；不能博施，而貴正直；不能正直，而貴飾敬。所謂失德而後仁，失仁而後義，失義而後禮也。夫禮也所始，首於忠信，不篤通簡，不陽責備於表，機微爭制。夫仁義發於內，為之猶偽，況務外飾而可久乎？故夫禮者，忠信之薄，而亂之首也。”宋范應元註：“盡己之謂忠，以實之謂信。自失道之後，愈降愈下，人鮮能盡己以實，是忠信之薄也。忠信薄，而後約之以禮，使之循規蹈矩，弗叛於道。及其末也，以文滅質，反爲亂階之首也。"劉師培說："老子之旨，蓋言道失而德從而失，德失而仁從而失，仁失而義從而失，義失則禮從而失也。"這樣解說，終是牽強。因爲老子明明說"而後"兩字，是說在仁義退化而爲禮，並不是說禮是義的根本。劉君的話，不免輕重倒置。令人陳柱說："禮者，文明之謂也。文明者，人爲之效也。文明愈進，則詐偽愈進，故老子以禮爲亂首。觀吾國文字爲、偽二字，古通'爲'一字，其義深矣。"

【註】前識者，道之華，而愚之始——前識，是說好弄聰明，自作主張。不肯虛心體察天道的人，自以爲是智識在人之前，所以用主觀的眼光，造作虛偽的禮節，妄想用一時的禮節，壟斷千萬年以後的人心。華，是散去的意思。因此，便失散了天道的精華。從此以後，便用禮節去愚弄人民。人民受了禮教的束縛，也不知追求天道的真理，所以自命爲前識的人，拿禮教去愚弄人民，人民果然愚了；那前識的終究是違背天道，終究無法統馭人心，所以更愚，且是第一個愚。

【參考】晉王弼註："前識者，前人而識也，即下德之倫也。竭其聰明以爲前識，役其智力以營庶事，雖德其情，姦巧彌密，雖豐其譽，愈喪篤實，勞而事昏，務而治薉，雖竭聖智，而民愈害。"宋范應元註："前識，猶言先見也。華，榮也，道之散也。謂制禮之人，自謂有先見，故因天理而爲節文，以爲人事之儀則也。然使人離質尚文，乃道之華也。漸至逐末忘本，姦詐日生，人之愚昧，自此始也。"近人章太炎說："夫事不前識則卜筮廢，圜纖斷，建除堪輿相人之道黜矣。巫守既絕，智術穿鑿，亦因之以廢。其事盡於徵表此爲道藝之根、政令之原。是故私智不效，則問人；問人不效，則求圖書；圖書不效，則以身按驗。故曰絕聖去智者，事有未來，物有未覩，不以小慧隱度也。絕學無憂者，方策足以識梗概；古今異方，國異詳略，異則方策不獨任也。」

【註】是以大丈夫處其厚，不居其薄，處其實，不居其華。故去彼取此——能明白天地間大道理的人，稱做大丈夫。世人每不歡喜有忠厚老實的名稱；按到實在講，人能不受繁華的引誘，不做奸惡的事體，順着天道自然的運行做去，不參雜一點人類作偽虛榮的劣根性，纔算是忠厚老實。"厚""實"二字，是人格上最高尚的名稱。惟其厚實，纔能虛心容納天地自然之理。厚的反面便是薄，實的反面便是華。那浮華囂薄，是小人的特性，明白大道的人不願居的，所以說去彼取此。彼，是說薄華；此，是說厚實。

【參考】宋范應元註："是以大丈夫處其忠信之厚，而不處其薄，處其道之實，而不處其華，蓋知仁義禮其末，必至於亂，不如相忘於道德也。故除彼薄與華，而取此厚與實矣。"

第三十九章

——又稱“昔之得一章”。昔是說最初未有天地以前的時候，一是說道。

昔之得一者：天得一以清，地得一以寧，神得一以靈，谷得一以盈，萬物得一以生，侯王得一以爲天下貞，其致之一也。天無以清將恐裂，地無以寧將恐發，神無以靈將恐歇，谷無以盈將恐竭，萬物無以生將恐滅，侯❶王無以貞將恐蹶。故貴以賤爲本，高以下爲基。是以侯王自謂孤寡不穀，此非以賤爲本邪非乎？故致數輿，無輿不欲，琭琭如玉，珞珞如石。

【註】昔之得一者——老子認道爲最高無上，最大無外的一個宇宙本體。因爲他是最高的，最大的，又是最永久的，最早的，先天地而生的，所以說昔，所以說一。昔是最初的，無名的，是天地之始，是最久遠的。一是獨有的，是絕對的，不是相對的。那天地人物無名，有名天地之始，萬物之母，都是相對的。相對的名物，不是最高的，不是最古的。獨有道是僅有的，是最原始的，是產生天地萬物的一個獨有的本體，所以說一。這便是西洋哲學的一元論派，萬有一體論派。這個一，便是天道，便是產生萬物的天道。宇宙間不論萬事萬物，都

---

❶ “侯”當爲“侯”。——編者註

是道的一體所化生，都不能違背道的唯一本性，所以說得一。

【參考】晉王弼註："昔，始也。一，數之始而物之極也。各是一物之生，所以爲主也。物皆各得此一以成，既成而舍以居成，居成則失其母，故皆裂發歇竭滅蹶也。"宋范應元註："物有萬殊，道惟一本。"馬其昶說："道生一，一生二，二者陽陰也。一在陰陽之先，即易之所謂太極，不落形色，生天生地，皆此也。"嚴復說："是各得之一，即道之散見也，即德也。"

【註】天得一以清，地得一以甯，神得一以靈，谷得一以盈，萬物得一以生，侯王得一以爲天下貞——德國華爾富創一元論的哲學，是以唯一原理說明宇宙全體。後，英國黑智爾雖把他分作唯物、唯心二派，他仍拿一元論來貫通物心二界的最高原理。從一元推論到萬物，人也是物之一，所以人的心仍不能違背物的理，這便是老子從道一說到天地神靈谷萬物侯王等萬事萬物，又從萬事萬物歸納在一個道上。順道的便生存，便成功。違道的便滅亡，便失敗。那"清"字、"甯"字、"靈"字、"盈"字、"生"字、"貞"字，都是天地神靈谷萬物侯王的成功。怎麼能成功？便是能得一。得一，便是順天道的唯一原理。"貞"字和"正"字適用，是說能夠明白治天下的正理。

【參考】宋范應元註："物有萬殊，道惟一本，故昔之得一者：天得之以清，地得之以甯，神得之以靈，谷得之而盈，萬物得之以生，侯王得之以爲天下貞。是以各由其一，而不自以爲德也。"馬其昶說："老子言道必及於侯王，救世之心切也。"

【註】其致之一也——這便是論理學上的歸納演繹方法。天道化爲萬物，便是演繹法。從一體化生萬物，因爲萬物是道的一體上化生出來的，所以萬物之性，仍是道的性，萬物之理，仍是道的理。

從萬物可以探究得天道唯一的原理，這便是歸納法。所以說"其致一也"。致，是到極地的意思。無論你從道體演繹到萬物，或是從萬物歸納到道體，推究到極地，都是發生在一個本原上的，這便是老子的一元論，也是各種一元論共通的根本思想。

【參考】晉王弼註："各以其一，致此清，甯，靈，盈，生，貞。"宋范應元註："致，推而極之之謂。其推而極之，一也。"

【註】天無以清將恐裂，地無以甯將恐發，神無以靈將恐歇，谷無以盈將恐竭，萬物無以生將恐滅，侯王無以貞將恐蹶——無以清，無以甯，無以靈，無以盈，無以生，無以貞，都是說不知道順應天道之自然，不能夠與天道合為一體，那便種種失敗了。萬物既是一個道體所化生的，我們便不能夠離道的大原則而自作主張。

【參考】晉王弼註："用一以致清耳，非用清以清也。守一則清不失，用清則恐裂也；故為功之母，不可舍也。清不能為清，盈不能為盈，皆有其母以存其形，故清不足貴，盈不足多。"宋范應元註："蓋一本通乎萬殊，萬殊由於一本，所以謂之一也。故天地神谷萬物侯王，皆不可離於一也，豈自以為德哉？"發，是動的意思。劉師培說盈讀作"廢"，《說文》"廢，屋頓也"。

【註】故貴以賤為本，高以下為基——清、甯、靈、盈、生、貞，都是盈貴滿足的名詞。如何能長保這高貴滿足？是要謙虛，時時用客觀眼光探求道的真相，不要自滿，不要傲驕。因為上善若水，水是不辭卑下的。卑是貴的根本，下是高的基礎，人能虛心下氣，考察真理，知道順天道的自然做去，便能長保他的高貴。世上賤的人多，下層的工作又是社會上緊要的事業，沒有賤的人民，如何能使貴的帝王生存？沒有下層的建設，如何有文明的表現？所以賤是貴的本，下是高的基。既是基本，也便高貴了。所以世上祇有適當

不適當的事物，不應當有貴賤高下的名稱。

【參考】晉王弼註："貴在其母而母無貴形，貴乃以賤爲本，高乃以下爲基"。宋范應元註："夫一，視之不足見，聽之不足聞，賤且下也；然天地神谷萬物侯王皆得之以爲本，實至貴至高也。故貴當以賤爲本，高必以下爲基。蘇曰：'天地之大，王侯之貴，皆一之致。夫一果何物也？視之不見，執之不得，則亦天下之至貴也，故所謂賤且下人。'"今近人嚴復說："以賤爲本，以下爲基，亦民主之說。"

【註】是以侯王自謂孤寡不穀，此非以賤爲本耶非乎——穀是善的意思，不穀是說不善。從來做侯王的，他雖剝奪人民的自由，專橫一世搜括人民的財產享用一世；但他也知自己的行爲是違背天道的。最下賤的是人民，最有大勢力的也是人民。從來專制侯王，雖享用人民的供養，但人民也能革侯王的命。從來說的，賊膽心虛，做侯王的盜竊了人民的權利，又怕人民革去他的命，便在口頭自己稱孤道寡，他意思是說和人民一律平等，一般卑下的。拿這種名稱，和哄小孩子一般的去欺驅人民。你看現在中華民國出了多少盜賊一般的軍閥，搶劫人民的財產，擾害社會的安甯，殺傷人民的生命，壓迫民衆的文化；但他口口聲聲總說是民意所歸，或是代表民意，或是說爲民請命，又自己稱是人民的公僕。這雖是和從來侯王的稱孤道寡一般的口吻，但我們民衆的生機被他壓迫，民衆的意志被他強姦，一次，二次，三次，以至於無窮次。我們民衆究竟爲什麼要這摧殘生命、剝奪自由、搶劫財產、擾亂安甯的公僕？有人說，這正是從來的侯王以至今日的軍閥良心發現的地方！但是他做出這強盜的行爲來，倘然老老實實自己承認是利慾薰心的強盜，却還不失爲磊碌❶大丈夫；他愈昰❷要假借民

---

❶ "碌"當爲"落"。——編者註
❷ "昰"當爲"是"。——編者註

意，愈是稱孤道寡，卻愈是傷失了人格，人民愈是不能信任他。但是我們從侯王的稱孤道寡、稱不穀的心理中，愈看得出賤爲貴之本，下爲高之基。人民是國家的主人，終究是最貴最高而最不可侮的。所以老子設一句反問，此非以賤爲本耶非乎？

【參考】宋范應元註："穀，善也，又百穀之總名也。春秋王者多稱不穀，自稱孤稱寡，有善而自稱不善者，乃不自以爲德也。"劉師培說："《准南·淮原道訓》作：'貴者必以賤爲號'，是古本如此。號，指孤寡不穀言。"我們從這"號"字上，可以看出從來侯王作僞的全部心理來。我們因此可把"非乎"二字，作再進一步的解說。老子明知從來侯王所說的以賤爲本，都是假託的，所以下這"非乎"兩字，表示感嘆的意思。

【註】故致數輿，無輿不欲，琭琭如玉，珞珞如石——"輿"字和"譽"字通用，是稱美的意思。人類是一律平等的，不應當有高貴等名詞上的稱譽。從來所常常稱爲高貴的人，反是最無用、最違背天道、最暴虐、最不肯盡人類工作的天職。下賤的人，反沒有什麼可以使人稱美的，所以說無輿，是無可稱譽的意思。因此，明白眞理的人，不願做高貴和玉一般的侯王軍閥，卻願做一個平常如石一般的小百姓。玉是難得之貨，不適實用，又易啓爭端的。石是最有大功於人羣建築的。

【參考】晉王弼註："玉石琭琭珞珞，體盡於形，故不欲也。"宋范應元註："夫一乃萬物之本，至貴至高，而无形无聲，非稱美可盡，而況其他乎？故推而極之，數數稱美者，無美也，不德者，乃有德也。是以王侯不欲碌碌❶若玉之貴，但落落若石之賤也。"

---

❶　"碌碌"當爲"琭琭"。——編者註

第四十章

——又稱"反者道之動章"。

反者道之動，弱者道之用。天下萬物生於有，有生於無。

【註】反者道之動——反，是說天道化生萬物的時候，天道原是虛靜的；但他化生萬物以後，便是實的動的了，所以說反。但是我們要明白道便是萬物，萬物便是道。道化生萬物的時候，祇是天道動的表現，雖是處於天道的反面，但依舊是不離道的體性。我們再進一步講，須知天道生生不息，運用不窮，無時不在動的方向上走，且是宇宙大動機的根源。不動，便不能生天地萬物。祇是他既生天地萬物以後，是我們人類所能看得見的動；那天地萬物未生以前，或是萬物已銷滅以後，道仍是在那裏動，祇是我們人類所看不見的罷了。

【參考】晉王弼註："高以下爲基，貴以賤爲本，有以無爲用，此其反也。動皆知其所無，則物通矣，故曰反者道之動也。"宋范應元註："反，復也。靜極而復，道之動也。蘇曰：'復性則靜矣；然其寂然不動，感而遂通，天下之故，則動之所自起也。'"近人嚴復說："不反則無以爲長久，不弱則無以必達。"

【註】弱者道之用——弱，是順的意思。道是最虛，最靜，最柔順，從來不自作主張，違抗萬物的生理。但我們須知道他的弱，是要養成容納萬事萬物的眞理，虛懷謙退，不逞主觀的意氣，纔能明白天

187

地間至公至正的大道。這是有主張的弱，有作用的弱，不是柔弱無能的弱。因此，天道最弱，也是最強。任你如何有大勢力的人物，總不能夠背違天道。你若逆天行事，便要得到天道最後的裁判，好似水一般。水是最柔，也是最剛，水最仁慈，能利潤萬物；但你若違背了水性，便有洪水之災，能淹沒高山大地，傷害無數生命。我們從這上面，可以知道天道的弱，正是他的作用，所以說弱者道之用。

【參考】晉王弼註："柔弱同通，不可窮極。"宋范應元註："柔弱之至，道之用也。道無形無聲，天下之弱者莫如道，而天下之至強莫能加焉，此其所以能用萬物也。"

【註】天下萬物生於有，有生於無——老子雖主張無的哲學，但這不過是名義上的認識，其實老子所說的無，是範圍於有形質的。那屬精神的，却還是一個有。道的本體，便是最初的有。沒有道，如何有天地萬？所以說：天下萬物生於有。但是這個有，是精神上的，是道的本體，在我們人類看來，還是一個無。而這個無，却又是各種有形質的萬物之母，所以說有生於無。這第二個有，是說有形的物體。第一個有，是說無形的道體。

【參考】晉王弼註："天下之物，皆以有爲生。有之所始，以無爲本。將欲全有，必反於無也。"宋范應元註："萬物生於有形，而有形生於無形。大道無形，動則生物。其用至弱，常生剛強。昧者每每妄動，而不知靜以復命，比比剛強，而不用弱以全生，惟知物生於有，而不知有生於無。"《文子·道原篇》："無形而有形生焉，無聲而五音鳴焉，無味而五味形焉，無色而五色成焉，故有生於無。"近人嚴復說："無不真無。"陳柱說："無與庶同意，豐也，物之積也，又亡也，逃也，匿也，讀若隱。然則推無字之本義，原非與有對待之無。道隱而未形，故謂之無耳。"

第四十一章

——又稱"上士道章"❶。

上士聞道，勤而行之。中士聞道，若存若亡。下士聞道，大笑之。不笑，不足以爲道。故建言有之：明道若昧，進道若退，夷道若纇，上德若谷。大白若辱，廣德若不足，建德若偷，質直若渝，大方無隅。大器晚成，大音希聲，大象無形。道隱無名。夫唯道善貸且成！

【註】上士聞道，勤而行之。中士聞道，若存若亡——上士，是說最聰明的人。勤而行之，是能夠明白道的本性，自己立志努力，順天道做去。要求人類的安甯發展，須先求合於天道，所以須勤而行之。中士，是說中等資質的人，見理不十分眞確，全賴傍人的勸說，說的時候好似明白，不說的時候便又模糊了，所以說若存若亡。

【參考】晉王弼註："有志也。"近人嚴復說："夫勤而行之者，不獨有志也，亦其知之甚眞，見之甚明之故。大笑者，見其反也。若存若亡者，知之而未眞，見之而未明也。"奚侗說："上智之士，信道甚篤，則勉強而行之。中材之士，守道不堅，則或日月至焉而已。下愚之人，不知道妙，以爲夸大而笑之。"

---

❶ 疑爲"上士聞道章"。——編者註

【註】下士聞而❶大笑之。不笑，不足以爲道——下士，是說智識淺薄，拘泥於眼前勢利的人。他的思考力不能明白天道深遠之理，他聽說老子的道講玄妙，講虛柔，講無名，講卑下，都是一般人所不願聞的；那下士祇迷戀在眼前極狹隘、極淺薄、極虛僞、極短蹙的功利上面。他一聽這高深的道，便要大笑，說你迂腐。但是道的眞價值，眞效用，却正在下士的大笑上，所以說不笑不足以爲道。因爲下的笑，正可以見得道的深遠，而不爲尋常下士所能了解的。

【參考】宋范註："聞道而大笑之者，乃下士也。下士聞道而笑者，以爲虛无而笑也。又聞弱之勝剛，柔之勝强，貴以賤爲本，高以下爲基，皆不信而笑之也。殊不知實運於虛，有生於無，虛无自然，正是道之體，柔弱賤下，正是道之用也。故曰：不笑，不足以爲道。"

【註】故建言有之：明道若昧，進道若退，夷道若纇，上德若谷——"建"字，和"立"字意思通。建言，是說前人傳下來的成語。真能見得天道眞確的人，却是柔靜不言，好似愚笨不明道理的人一般，所以說明道若昧。又能順受天道的人，他全無自私自利的觀念，盡力於謀人羣的幸福，求社會的發展，好以把自己的身體忘去；其實社會全體得到幸福，也便是個人得到幸福，便是聖人後其身而身先，外其身而身存的意思，所以說進道若退。夷，是平的意思。纇，是絲節，是混合的意思。夷道若纇，是說眞能明白天道的人，把天道看得和日用飲食一般平淡，並沒有什麽高深的學理在裏面。人一日不可離布帛粟米，也便是一日不可離道，和自身便是道，道便是自身，合爲一體，所以說若纇。因爲他能明道，能昧能退，

---

❶ "而"當爲"道"。——編者註

能看得平淡，便成了一個最有高尚德行的人。有德行的人，他看得自己很平淡，和萬物是一體，沒有什麼可以驕傲的地方，所以襟懷謙退，虛心好似山谷一般，有大氣度能包涵萬事萬理，所以說上德若谷。

【參考】晉王弼註：“建，猶立也。明道者，光而不耀，後其身而身先，外其身而身存。大夷之道，因物之性，不執平以割物，其平不見，乃更反若纇。上德之人，不德其德，無所懷也。”宋范應元註：“建，立也。故立言有之曰，謂下文也。夷，等也，易也。道之明者，微妙幽玄，故如昏昧。道之進者不與物爭，故如退縮。道之夷者，高而隨宜，故如不平等也。德之上者，虛而能應，故如空谷。”嚴復說：“學廣則謙，識明則愼，自修而後悟平生之多過，故曰若昧，若退，若纇也。”

【註】大自❶若辱，廣德若不足，建德若偷，質直若渝，大方無隅——大白，是說十分合於天道的人，胸襟坦白，却不敢驕傲，時時好似受了羞辱一般。十分有德行的人，他有偉大的度量，能夠包容萬物，沒有滿足的時候。建德，是說有高出人上的德行，却時時好似自己有欠缺的一般。偷，是說欠缺的意思。渝，是被水沒去的意思。質直若渝，是說心地光的人，他是愛做人羣公益的事體，將個人的利益消沒在羣衆裏面，使人看不出他有特別勝人的德性。十分有學問的人，便不肯露出鋒茫❷來，好似方形的器沒有角一般。隅，是角的意思。

【參考】晉王弼註：“知其白，守其黑，大自然後乃得。廣德不盈，廓然無形，不可滿也。建德者，因物自然，不立不施，故若偷。

---

❶ “自”當爲“白”——編者註
❷ “鋒茫”今作“鋒芒”。——編者註

質直者，不於其眞，故渝。方而不割，故無隅也。”宋范應元註：
“白之大者，和光同塵，故如垢汙。德之廣者，不自盈滿，故若不
足。德之建者，不求勝人，不炫聰明，故如輸愚。眞之質者，隨宜
應物，故如渝變。”高延第說：“視之不見，故若昧。爲道日損，故
若退。夷，平也。纇，等也。和光同塵，故若纇。爲天下谿，故若
辱。垢，汙也。受天下之垢，故若辱。已獨取後，故若不足。偸，
苟安也。苟免於咎，故若倫。渝，暗敝也。光而不曜，故若渝。無
厓異之行，故无隅。”

【註】大器晩成，大音希聲，大象無形——這都是老子勸人要學
天道。天道至廣大而至虛靜，運用無窮，而不示形式，所以說大象
無形，並不是眞的無形。因人的身體太藐小，不能見得道的大體，
且道的體在精神上的，本來是不可見的。大音希聲，和大象無形同
是一樣作用。蟻虱小蟲，決不能聽到雷霆的大聲。人的耳力，也決
不能聽到道的大聲。道生天地，又生萬物，這巨大的工作，不知經
過無量數的年歲，纔得成功。祇因天地是大器，所以成功不易。人
欲成大事，立大業，也須學道的本性，虛心求理，精意工作，這依
舊是老子敎人順道的自然之理。

【參考】晉王弼註：“大器成，天下不持全別，故必晩成也。聽
之不聞，名曰希，不可得聞之音也。有聲則有分，有分則不宮而商
矣。分則不能統衆，故有聲者非大音也。有形則有分，有分者不溫
則炎，不炎則寒，故象而形者，非大象也。”宋范應元註：“器之大
者，眞積力久，故晩而成。已上皆言行道之士，深不可測。大道无
聲，而衆音由是而出，乃音之大者也。大道無象，而衆象由是而見，
乃象之大者也，旣無聲無象，焉得有名？”近人嚴復說：“大音過乎
聽之量，大象逾乎視之域。”

【註】道隱無名。夫唯道善貸且成——天道高深，無形無色，不可見，不可名，祇有一種普遍的表現，萬古不斷的運動。他的表現和運動，都寄託在天地萬物身上，所以說隱。我們人人身體中，都隱着道的本性，道的原理；但道的作用，究竟是怎麼樣的呢？他是善貸。貸，是施與的意思。他給了天地萬物的身體，又給他生機，又給他精神，給他養生命、養精神的材料。因爲他能施與，纔能成功天地萬物，所以說善貸且成。所以我們做人既是天道所化生，也須學天道的施與，努力做愛羣互助的工作，以成人羣全體發達的效能，而自身也得到享用。

【參考】晉王弼註：“凡此諸善，皆是道之所成也。在象則爲大象，而大象無形；在音則爲大音，而大音希聲。物以之成，而不見其成形，故隱而無名也。貸之非唯供其乏而已，一貸之則足以永終其德，故曰善貸也。成之不如工匠之裁，無物而不濟其形，故曰成。”宋范應元註：“旣無聲無象，焉得有名？可謂隱矣。故道隱於無名也。道雖隱於無名，然而夫惟此道善貸施萬物，而且善成之也。”今人馬叙倫說：“道借爲大聲之誤也。隱，當讀作。《說文》曰□❶，‘匿也’。”陳柱說：“莊子《齊物論》‘其分也，成也；其成也，毀也。’物無成與毀，復通爲一，此貸且成之誼也。”

---

❶ 原書殘。——編者註

第四十二章

——又稱"道生一章"。

道生一，一生二，二生三，三生萬物。萬物負陰而抱陽，盅氣以爲和。人之所惡，唯孤寡不穀；而王公以爲稱。故物或損之而益，或益之而損。人之所教，我亦教之。强梁者不得其死，吾將以爲教父。

【註】道生一，一生二，二生三，三生萬物——老子的道，便是希臘哲學的宇宙觀。凡是宇宙觀，都是出發於一元論，而演繹成多元論；但歸納起來，還是一個一元論。好似唯物論演繹成唯心論，人是兼物之一，人的心也便是萬物之心，歸納起來，唯心依舊是唯物。天下的理，固然發之於我；但也要證之於物，不能在物上求得實證的，也便不是真理。那沒❶所謂我的理，依舊是萬物共通的理。老子的道，原是一個萬物共通的理，從一理而化生天地，所以說一生二。又從天地看到道的本體，成了三位，所以說二生三。從道與天地所以生成運行的原理，推想到萬物，所以說三生萬物。總之一句話，不從天地萬物共通的體性上研究不出道的原理來的。而人類萬物天地，也要時時順着道的自然趨向做去，這便是一而二，二而

---

❶ 原書此處有逗號。——編者註

三，三而萬物。萬仍囘到於一，所以人本主義是宇宙論的反證；宇宙論也是人本主義的歸結。

【參考】晉王弼註："萬物萬形，其歸一也。何由致一？由於無也。由無乃一，一可謂無；已謂之一，豈得無言乎！有言有一非二，如何？有一有二，遂生乎三。從無之有，數盡乎斯！"宋范應元註："道一而已，故曰道生一也。一之中，便有動靜，動曰陽，靜曰陰，故曰一生二也。一與二便是三，故曰二生三也；其實一也。然動靜無端，陰陽無始，一亦非一；但形於言，則不可不謂之一也。初不是逐旋生之也，自三以往，生生不窮，故曰三生萬物也。何以知其然哉？於吾心之初而得之也！通乎此，則知道本強名爾，何況一、二、三乎？皆自然也。"嚴復說："道降而生一，言一則二形焉。二者，形而對待之理出；故曰生三。"陳柱說："前章曰有生於無，此云道生一，然則老子所謂無者，道也。此道者名之爲有，則不可見，不可聞；名之謂無，則生有。故《莊子・知北游篇》云："予能有无矣而未能无无也。及爲无有矣，何從至此哉？"

【註】萬物負陰而抱陽，盅氣以爲和——陰是虛的，不可見的；陽是實的，可見的。陰是精神部分，陽是肉體部分，萬物都有一個陰陽兩部的作用。求精神上的安適、肉體上的生長，所以說負陰抱陽。靈肉雖是二體，但要使他趨於一致，纔能得到長久的安寧、滿足的享用。這沒有第二個方法，祇在一個"盅"字。"盅"字和"冲"字通用，是謙虛大度的意思。人能謙虛大度，纔能明白眞理。使一切行爲思想，都順着眞理的自然做去，而能使靈肉一致得到自然的途徑，所以說"和"。和，是靈肉合一的意思。做人思想和行爲不能合一，最是痛苦。

【參考】晉王弼註："萬物之生，吾知其主，雖有萬形，冲氣一焉。"宋范應元註："形而上者謂之道，形而下者謂之器。蓋器有形也，道無形也。凡有形之物，皆有无形者寓其間也。故陰陽之氣，交通成和，而物生焉。萬物負陰抱陽，盅氣爲和，皆自然之理也。河上公曰：'萬物中皆有元氣，得以和柔，若胸中有臟，骨中有髓。草木中空虛與氣通，故得久生也。'"馬其昶說："抱負，猶向背也。陽光陰後也。"

【註】人之所惡，唯孤寡不穀；而王公以爲稱——孤寡、不穀，都是不好的名稱，人人所不願的；但從來做王公的，都自己稱孤寡、稱不穀，這是謙退虛心的意思。愈是掌國家大權治理人民的人，愈應當虛心大度，虛心卑下，方能見得眞理，擔得責任。從來稱孤道寡的帝王，雖不過是名義上、口頭上的好聽，但老子便勸帝王要做到孤寡的實，不要祇圖虛名。

【參考】晉王弼註："百姓有心異國殊風而得一者，王侯主焉。以一爲主，一何可舍？"宋范應元註："孤寡不穀，人之所惡；而王侯以此自謂者，孤寡乃法道之一，不穀則不自稱善也。人君以冲眇自稱者，亦法道之冲虛微眇也，豈自尊自大而自以謂有德哉？"

【註】故物或損之而益，或益之而損——損之而益，益之而損，是人情的必然，也是物理的自然。心虛纔能明理，明理纔能享用，這便是損之而益。倘然我處處自滿，對人驕傲，這不但永遠不能增加學識，永遠得不到人的幫助，并且容易招人的怨恨，而爲衆人所打倒，所以說益之而損。"絢爛之極，歸於平淡。"有春夏的繁榮，纔有秋冬的蕭殺，這是天道自然之理。所以老子勸人要得到長治久安，第一要損不要益。益是溢，溢是滿。歸根還是虛心考察天理，用主觀態度而有爲的本意。

【參考】晉王弼註："愈多愈遠，損則近之。損之至盡，乃得其極。既謂之一，猶乃至三，況本不一而道可近乎？損之而益，豈虛言哉？"宋范應元註："謙受益滿招損，物皆然。物既如是，則王侯固常謙虛不自滿也。"馬其昶說："稱孤寡不穀，無損於王公。強梁者求益，而反損"。

【註】人之所教，我亦教之——天地萬物以及人類，既是道的一體所化生，那沒我便是道，我便當順着道的自然原則做去，纔能得到安適，得到生存。推想到萬物，都是如此。因此萬物若能順天道，便得到自然的結果，不順天道，便得到不自然的結果。我在一傍虛心考察，便可以拿人的結果，來做我的教訓，所以說人之所教。我得了教訓，知道做人要合自然，而使人也要得到自然，這便是"推己及人"，"己所不欲，勿施於人"，這便是我亦教人。我的順逆結果，也可以做人的榜樣。固❶爲天地萬物人我，是一體的。

【參考】晉王弼註："我之非強使人從之也，而用夫自然，舉其至理，順之必吉，違之必凶，故人相教。違之，自取其凶也，亦如我之教人勿違之也。"宋范應元註："人之所行，可以教我；我之所行，亦可以教人。是何故耶？人之強梁者，不得其死，是所以教我不可以強梁也，則吾將以爲數之始也。而我之柔弱者，常全乎生，是亦所以人教可以柔弱也，人亦可以此爲數之始也。蓋大道虛無柔弱，乃不言之教父也。"嚴復說："夫公例者，無往而不信也。使人之所教，而我可以不教，或我教而異夫人之所教，凡此皆非公例。"

【註】強梁者不得其死，吾將以爲教父——強梁，是說不明天道不順自然，憑主觀的眼光，反抗公理公勢，那他的結果，也要受到不自然很痛苦的死。本來我們所說的死，在天道是一種變化，是有

---

❶　"固"當作"因"。——編者註

回到無，也是爲產生有的預備，是一種自然的公例，無所爲痛苦。必定人做出反抗天道自然的行爲來，充滿了自私自現的欲念，違背生理心理做去，這纔弄到很快的死，很痛苦的死，便是不得其死。我看了強梁的人不得死，我便可以拿他做榜樣，得到一種教訓的基礎，所以說吾將以爲教父。

【參考】晉王弼註：“強梁，則必不得其死。人相教爲強梁，則必如我之教人不當爲強梁也。舉其強梁不得其死以教耶？若云順吾教之必吉也，故得其違教之徒，適可以爲教父也。”宋范應元註：“人之所行，可以教我；我之所行，亦可以教人。是何故耶？人之強梁者，不得其死，是所以教我不可以強梁也，則吾將以爲斅之始也。而我之柔弱者，常全乎生，是亦所以教人可以柔弱也，人亦可以此爲斅之始也。蓋大道虛無柔弱，乃不言之教父也。”馬其昶說：“周廟《金人銘》云：‘強梁者，不得其死。’此古人所以教人者，吾亦教之。故舉其語而贊之曰：吾將以爲教父。言當奉此銘若師保也！”嚴復說：“強梁者不得其死，公例之一，自古皆然，故可以爲教父。”焦竑說：“母主養曰食母，父主教曰教父。”

第四十三章

——又稱“天下之至柔章”。

天下之至柔，馳騁天下之至堅。無有入無間，吾是以知無爲之有益，不言之教，無爲之益，天下希及之！

【註】天下之至，柔馳騁天下之至堅——柔字，是老子哲學的表現，也是道的本性。柔，是順的意思。天道無言，虛空柔靜他順着物性，使萬物在天地間自然生長，自然行動，纔能得到偉大的成功。但道的體雖至柔，道的性却至剛，天地間不論至偉大至堅固的人物，都不能違背天道的原則。萬物以道的性爲性，那至柔的道，便馳騁在至堅的物性中。你看空氣和水，是天下最柔弱的東西了；但用盡天下最大的力不能減殺水的分量和體質，那空氣是無孔不入。天下最堅強的東西，都被最柔的空氣所毁壞。大風拔木，移山倒海，是空氣動的表現。銹蝕金鐵，蛀爛梁柱，是空氣靜的表現，也是強❶的表現，所以說：天下之至柔，馳騁天下之至堅。柔是天道自然的表現，老子勸人也要學天道的柔去處世立身。但是老子所說的柔，不是教我們一味的柔弱無能，是要人明白天道，適應自然，凡事順着物理人情做去，胸中有最公正的主義，不爲威武所屈，不爲利欲所

---

❶ 原書“強”字前空一格。——編者註

誘，他順受天地的真理，不用主觀眼光自作主張，原是至柔的；但他反抗強暴，維持公理，却是至剛的。那強暴遇到公理，最後總是失敗的。到那時，至柔的天道，便變成至剛的勢力了。

【參考】晉王弼註：“氣無所不入，水無所不出於經。”宋范應元註：“至柔，謂道之用也。至堅，爲物之剛者，道能運物，是至柔馳騁於至堅也。”嚴復說：“此承上章強梁者不得其死而反言之。”馬叙倫說：“七十八章‘天下莫柔弱於水，而攻堅者莫之能先’，當在此下。”

【註】無有入無間，吾是以知無爲之有益——間，是說空間。無間，是說天下最堅硬最嚴密的體質，沒有一些些空間的。但無論如何嚴密堅硬的體質，總不能敵無有的精神。精神是無有的，不可見的；但精神所在，金石爲穿，這便是無有入無間。無有好似民意，無間好似政府軍閥。民意雖是不可見的，無有的；但無論如何強暴的政府，若違背了民意，終至失敗，這也是無有入無間的證據。所以我們做人，總要順着天道。無論你身體如何堅強，總不能違背天道，違背天道，精神上便痛苦，終至失敗。無間的體質裏，終要順受着無有的天道。如何以順受天道？便要虛靜無爲，排除主觀的意見，容納客觀的公理，這便是無爲之有益。

【參考】晉王弼註：“虛無柔弱，無所不通，無有不可窮，至柔不可折，以此推之：故知無爲之有益也。”宋范應元註：“無有者，道之門也。無間者，物之堅實而無間隙者也。凡以物入物，必有間隙，然後可入；惟道則出於無有，洞貫金石，可入於無間隙者矣。吾者，老子自稱也。謂道之所以馳騁於至堅，入於無間者，惟柔弱虛通而已，豈有爲哉？吾是以知無爲之有益而無損也。人能體此道而虛心應物，則不言而信，不動而化，無爲而成，豈無益也？”嚴復說：“無有入無間，惟以太耳。”以太，便是空氣。

【註】不言之教，無爲之益，天下希及之——天地不言，能成其大。至情無言，莫逆於心。“至情無文”，文是言的代表。人的情感，待到需要言文表示他的意思，那他的情感已經有隔膜不自然的地方了。不論哀樂，都以不言爲最深的表示。“黯然神喪”“含情脈脈”，是何等的自然，何等的深刻，又是最合於天道的本性！人能無爲，纔能無不爲。無爲，是說不求自私自利，故意有爲，祇是順着人羣互助博愛的原則，使全社會普遍的發展，我個人也得到天下的大益。所以不言的情、無爲的性，是最公正偉大深熾，也是最有力量，天下無人可及的。

【參考】宋范應元註：“不言之教，柔弱也。無爲之益，虛通也。蓋柔弱虛通者，大道不言之教，無爲之益也，故人當體之。而天下之人，蔽於物欲好尚強梁有爲，自生障礙是以罕有及此道者矣。”

第四十四章

——又稱"名與身孰親章"。

名與身孰親？身與貨孰多？得與亡孰病？是故甚愛必大費，多藏必厚亡。知足不辱，知止不殆，可以長久。

【註】名與身孰親——老子思想，重精神而輕物質；但他正是要保全物質，使他安適，使他生長，使他盡自然的壽命，而順天道的變化，所以要我們先明白物質身體的來源，而用純客觀的態度去研究道的精神作用，體會道的精神變化，得到實際上的享用。我們祇知有道纔能有身，那俗世一切自私自利好名作偽的行為，全是違背道的自然而喪身害理的。不明白天道的人，祇知以身去殉名；但是名與身比較起來。是那裏一樣親？當然是身親。所以老子勸我們要順天道安身，不要求虛名喪身。

【參考】晉王弼註："尚名好高，其身必疏。"宋范應元註："世俗之人，多輕身而殉名貨，貪得而不顧危亡。故老子問之曰：身與名貨孰親？孰多？必竟是身親於名，身重於貨也。"

【註】身與貨孰多——多，是說可貴的意思。貨，是說財物。財物最足以壞性，最足以傷身。人原欲使自身享用名利，去求名利的；但往往因貪圖名利，便斷送了生命。生命已沒有了，要名利何用？

況且人類眞正精神上的安慰，是情是道，那名利反教人感覺煩惱。種種作僞欺騙、劫奪淫殺的事體，都從名利上出來的。做人何貴要這名利？所以老子提醒我們身與貨孰多，是要我們看重身，看輕貨。

【參考】晉王弼註：“貪貨無厭，其身必少。”少是說看輕受損害的意思。陳柱說：《墨子・貴義篇》云：‘今謂人曰：予子冠履，而斷子之手足，子爲之乎？必不爲。何故？則冠履不及手足之貴也！’又曰：‘予子天下而殺子之身，子爲之乎？必不爲。何故？則天下不若身之貴也！’此以身爲貴之說也。《莊子・外物篇》云：‘外物不可必，故龍逢誅，比干戮，箕子狂，惡來死，桀紂亡。’此以名貨爲重之說也。”嚴復說：“馬季長曰：‘左手攬天下之圖書，右手刎其喉，雖愚夫不爲。’則身固重也。故曰貴以身爲天下。楊朱所以得於老者，以此。”

【註】得與亡孰病——得了身外的名利，失去了身體，是那一種害處大？世界上竟有許多因貪名亡身的、因貪財亡身的，到臨死時候纔覺懊悔，便也來不及了。便算不送去性命；一個人得了煩惱累墜的名利，做了一個俗物財奴，精神上受了無限的刺激，又因爲這空名俗富，冒着無限的危險，受了無限的恐慌。去保護他，身體雖不死，他精神却已受了無窮的禍害。所以老子問得名利與亡失身心，是那一樣害處大？

【參考】晉王弼註：“得多利而亡其身，何者？爲病也！”宋范應元註：“至於名貨得而身致危亡，孰爲病邪？蓋因貪名貨而致身亡，必竟是身原無病，而名貨致病也。”

【註】是故甚愛必大費，多藏必厚亡——人類祇有博愛，祇有互愛，沒有甚愛。甚愛便是寵，寵是片面的，是主觀的，是巉視人格的。有寵必有辱，不是人情的自然，所以老子說“寵辱若驚”。況且

甚愛是專制的行爲，你用專制的手段去愛人，將對方面的身體佔爲己有，那對方的人便時時要反抗你，要脫離你的專制，你便要用盡心力去防護他，這是大費精神，而精神上終究得不到安慰的事體。愛人的害，果然如此，愛名利的害，亦是如此。甚愛名利的人，必要大費精神去保護名利；但到頭來，享名愈大，得財愈多的人，他的失敗愈大。所以說多藏必厚亡，連他的生命也因名利而傷失了，這豈不是最厚的亡失？

【參考】晉王弼註：“甚愛不與物通，多藏不與物散，求之者多，攻之者衆，爲物所病，故大費厚亡也。”宋范應元註：“費，耗也。厚，重也。知足則簞食甄❶飮而自樂，知止則功成名遂而身退。此老子復曉之曰：是故甚愛民者，則必大費精神；多藏貨者，則必重失身命。”

【註】知足不辱，知止不殆，可以長久——人生在世，所求的便是一生需要的衣食住；衣祇須穿暖，食祇須吃飽，住祇須可以避寒暑風雨，原不必錦繡美味華屋。這錦繡華美，是人的私欲擴大，不是天然。不穿暖，固然要凍死；不穿錦繡，不致凍死的。不吃飯，不住屋子，固然是有礙於生命；但不吃美味，不住華屋，是無妨於生命的。這都是人不知足，愛好虛榮，不合天道自然的原理。天地生人，給他聰明氣力，原要他盡力工作創造，去得到他天給的一部分的享用。人的享用，是有限的，天給人的享用，也是有限的。人盡力工作，盡量享用，享用過了，決不能有餘。人若有餘食，有餘財，便是去刼奪了他人的享用，你有餘他人便有不足，這是你不知足的行爲。你不知足，他人便感覺不足的痛苦。你有餘了那不足的

---

❶ “甄”當爲“甑”。——編者註

人便要來劫奪你，打倒你，革資本家的命，受種種羞辱，造成恐怖的社會，所以要保持社會的平衡，先要人人知足，纔可以免去羞辱。社會因貧富不均，起了絕大的擾亂，這是社會全體的羞辱。那資本家劫奪了平民的財產，卽不知足，又不工作，到頭來便坐吃山空，流爲乞丐，這是個人的羞辱。因此，我們生在世界上，不但是要工作，幷且要知止。我們的享用是有限度的，人每日所需要的，祇是三碗飯，一件衣，一張鋪。過了這個限度，是不知止。我享用過了限度，在我實際上是虛榮的，是無用的；而在他人，便有不能滿限度的痛苦。我吃了有得多，別人便弄到吃不飽。這吃不飽，便是殆，殆便是窮。社會少數人不守限度，要過分的享用，那多數人便窮了；窮了便要變，變便是社會革命，人類起了大恐慌。所以要全社會不窮，便要人人知止。各人在可能的範圍以內享用，這便是均產，便是平均地權，這便是全人類長治久安之道。

【參考】宋范應元註："惟知足知止而不貪名貨者，則不致汙辱危殆，可以長且久也。"嚴復說："知足知止兩知字大有事在，不然，亦未可以長久也。"大有事，是說要體會天道本然，要用純客觀的眼光，纔能明白天地支配全人羣享用物產的方法。

第四十五章*

　　大成若缺，其用不弊。大盈若盅，其用不窮。大直若屈，大巧若拙，大辯若訥。躁勝寒，靜勝熱，清靜爲天下正。

　　【註】大成若缺，其用不弊——我們考察道的眞理，要從道的本源上、全體上體會出來，不是求一部分片面的發展。有一種抱殘守缺的人，他或是祇知孝親，不知忠於國家或是祇知保家，不知愛羣。在他發展的一部分看起來，我們稱他孝子忠臣，覺得是一個完人；但他不能移孝作忠，不能老吾老以及人之老，幼吾幼以及人之幼，這是片面發展，這是感情用事，這是愚忠愚孝，這是不能見得大道的全體。在大道的本體上講來，實在是缺的，是不完全的。那能明白道體的人，他知道順着天道的自然，做一個合於天理人情的全人格的人。在表面看起來，他不主張專做孝子，專做忠臣，並且主張愛全人羣、主張老老幼幼，主張不要一個吾字，這種人，沒有一個部分道德上的名稱可以加得上他：不是孝子，不是忠臣，不是義士，不是仁人。在這種名義上，好似缺的不全的；但他却是大成的，因爲他能順着天道人情的自然，本着良心去做人。沒有孝子、忠臣、義士、仁人的名稱，却有人的名稱。人是什麼？是一個富於情感，

　　* 本章缺標題說明。——編者註

合於公理，祇知有全人羣，爲全人羣盡力，不爲私人盡力，應當怎麼樣便怎麼樣做。他的人格是應用無窮，非忠非孝，非仁義；亦忠亦孝，亦仁亦義，纔是個大成！

【參考】晉王弼註：“隨物而成，不爲一象，故若缺也。”宋范應元註：“弊，困也。夫道，功成而不處。大成者，無物不成，而不處其功，故若缺也。其用是以不困。”

【註】大盈若盅，其用不窮——盅字和冲字通用，是謙虛的意思。大盈，是說十分明白天道的人，滿肚子裝着眞理，他知道虛心考察天地間的萬物萬理。世間有許多不合理的事，不明理的人，把人類本來的天性染得十分齷齪兇惡。那明白天道的人，遇到了非但不惱恨，反能體量他，順受他，拿天道的公理去教化他，這全是冲的作用。虛心能容物，虛心纔又能感物，應用於無窮。

【參考】晉王弼註：“大盈冲足，隨物而與，無所愛矜，故若冲也。”宋范應元註：“夫道，在坑滿坑，在谷滿谷。大滿者，無所不滿，而不見其迹，故若虛也，其用是以不盡。”嚴復說：“卽缺矣，卽冲矣，吾曷由識其大成大盈哉？曰：自不弊不窮驗之。觀大直，大巧，大辯亦推此術而已矣。故老子之道，非其似者所得托也。”

【註】大直若屈，大巧若拙，大辯若訥——直，是眞理。多數人民意志所在，便是眞理所在。那人民往往被暴力的政府所壓迫，而不能伸張他的意志，在表面上看來，好似眞理屈服了；但任你如何強暴的政府，最後便不能違反民意。違反民意的，終至失敗，終當屈服於公理，那公理便大直了。最巧莫如天地，莫如道；但天地無言，永古如一，好似很笨拙的。人類儘量擴張自己的私欲，巧取豪奪，自以爲得計；但人的小巧，終不能勝天的大巧。作僞者心勞日拙，到那時大巧便打倒了小巧，人的劣根性一齊暴露出來，所以人

終當服從天道。訥是不善於講話。天地有眞理有大度，有極細密的組織，却是終古無言，這正是他的大辯。從來男女到了至情想感的時候，胸中雖有千言萬語，祇須一笑了之，這正是大辯若訥。"相視而笑，莫逆於心"，這正是友誼熱烈到極點的表示。待到要用語言來說明彼此的情感了，那情感上已生了障礙。語言到了辯的時期，這情感完全隔膜了。所以最大的辯，便是無言。辯是明瞭，無言是天道的本性。

【參考】晉王弼註："隨物而直，直不在一，故若屈也。大巧因自然以成器，不造爲異端，故若拙也。大辯因物而言，已無所造，故若訥也。"宋范應元註："大直者，順物自然，故若詘也。大巧者，至妙無機，故若拙也。大辯者，不言而信，故若訥也。此五者：惟其如此，故能大也。下三者不言用，蓋其用亦同上二者。"《莊子·胠篋篇》："毀絕鈎繩，而棄規矩攦工倕之指，而天下始人有其巧矣，故曰大巧若拙。"

【註】躁勝寒，靜勝熱，清靜爲天下正——躁是動的意思，寒是消滅的意思，熱是生長的意思。天下的事理，動則亂，亂則消滅；靜則明，明則生長。人心動於私欲，全社會都陷於爭權奪利，起了絕大的擾亂，而人類的眞意消滅，人羣的生機死亡，我們要補救他，須用冷靜的頭腦，考察社會全體活動的體相，求最大多數的最大幸福，那社會纔能充分發展。全人羣有了生機，而我個人也得到幸福的享用，所以說清靜爲天下正。虛心察理，熱心爲公纔是做人的正道。

【參考】晉王弼註："躁罷然後勝寒，靜無爲以勝熱。以此推之，則清靜爲天下正也。靜則全物之眞，躁則犯物之性，故惟清靜乃得如上諸大也。"宋范應元註："躁極則寒，寒則萬物凋零。靜極則熱，熱則萬物生長。是知躁動者，死之根。清靜者，生之根。故知清靜者，以爲天下之正也。體道者，成而若缺，滿而若盅，直而若詘，巧而若拙，辯而若訥，亦無出於清靜矣。雖然，人豈有靜而不動者哉？但不可躁暴，常當以清靜爲正爾。河上公曰：'勝，極也。'"徐大椿說："凡事相反，則能相制，爲人躁甚，則雖寒亦不覺，而足以勝寒。心靜，則雖熱亦不覺而足以勝熱。由此推之：則天下紛紛紜紜者，若我亦用智術以相逐，則愈亂而不可理矣。惟以清靜處之，則無爲而自化，亦如靜之勝熱矣。"嚴復說："惟能爲天下正者，乃老之清靜也。"

第四十六章

——又稱"天下有道章"。

天下有道，却走馬以糞。天下無道，戎馬生於郊。罪莫大於可欲，禍莫大於不知足，咎莫大於欲得，故知足之足，常足矣。

【註】天下有道，却走馬以糞——糞，是除去的意思。天下有道，是說天下人都明白了道的本體運用，大家順着道的自然原則做去。人人守分，快樂和平，自由平等，博愛互助，人類平均發展，平均享用，沒有爭奪的事體，沒有野心軍閥家，那戰馬也不用了，所以說却走馬。天下既沒有戰爭的事體，那人類一切私利私欲完全糞除，天下從此太平。本來人人擴張私欲，侵略天下公有的權利，社會便不健全，那私人的權利也保不住了。或有把糞字當作糞田解的，說天下沒有戰爭的事體，便可以不用走馬，專去做糞田的事體，這樣解說，未免太死。

【參考】晉王弼註："天下有道，知足知止，無求於外，各修其內而已，故却走馬以治田糞也。"宋范應元註："天下有道之時，人皆清靜無欲，遂無交爭，故却除走馬之事以糞治田疇也。"《韓非·解老篇》："今有道之君，外希用甲兵，而內禁淫奢，上不事馬於戰鬬逐北，而民不以馬通淫物，所積力唯田疇。積力於田疇，必且糞灌，故曰：天下有道，却走馬以糞也。”嚴復說：“純是民主之義。讀法儒孟德斯鳩《法意》一書，有以徵吾言不妄也。”

【註】天下無道，戎馬生於郊——戎馬生於郊，正與却走馬相反，是說滿野外都起了兵馬，國與國相爭，人與人相奪。老子生在戎馬荒亂的時代，眼見人類互相侵略，那各國野心諸侯，都爲擴大自己的私欲，連年戰爭不休，人民流離失所，那可憐的百姓，盡他所有的生命財產，供獻給他軍閥作犧牲品，天下無道到了極地。什麼是無道？便是失了天道的本性。天道是自然相安，致虛守靜的，如今人民受盡痛若，是大不自然，天下兵連禍結，是大不安靜。但最後，天下無道，那野心家的私權，也不能長保。

【參考】晉王弼註：“貪欲無厭，不修其內，各求於外，故戎馬生於郊也。”宋范應元註：“天下無道之時，人皆躁動多欲，遂有交爭，故戎馬生於郊境也。”《韓非子·解老篇》：“人君者無道，則內暴虐其民，而外侵欺其鄰國。內暴虐，則民產絕；外侵欺，則兵數起。民產絕，則畜生少；兵數起，則士卒盡。生畜少，則戎馬乏；士卒盡，則軍危殆。戎馬乏，則將馬出——將應作牸；——軍危殆，則近臣役。馬者，軍之大用，郊者，言其近也。今所以給軍之具，於將馬近臣，故曰天下無道，戎馬生於郊也。”

【註】罪莫大於可欲，禍莫大於不知足，咎莫大於欲得——欲，是說貪得無厭。人生在天地間，憑一身的精力，幫助社會，盡力做生產事業，自然可以得到一生的溫飽。人除溫飽以外，原沒有別的要求。自從那奸惡的人，運用他的陰謀，剝奪了多數人的財產，犧牲了多數人的血汗，養成他特殊的資產階級，他佔據了過量的財產，閒着沒有事做，便想出種種在溫飽以外不是人類所必需的淫樂享用

來，奢華紛靡去銷磨他的精神光陰和金錢，引起了一般社會的貪欲之念，人人都想劫奪平民的財產，去驕奢淫佚的享用。因貪心便起了爭端，或巧取，或豪奪，社會起了絕大的紛亂。拿今日的社會說：農夫盡力於田作，工人盡力於製造，婦女盡力於紡織，安心樂命，得到他溫飽的享用原是心身泰然的；但一旦置身在五都之市，眼看着那淫男蕩女，終日聲色爭逐，翠羽明璫，招搖過市，他這純潔的腦筋中，便起了貪念。這貪念一起，便不能安居樂業。下等的一變而爲男盜女娼，有智謀的便奸詭百出，欺騙引誘，用盡心計去滿他的貪欲，而社會便起了大恐怖。到頭來，貪心的人，終死於貪，而人心從此離道愈遠，不可救藥。所以說罪莫大於可欲。又說："不見可欲，其心不亂。"人類共同努力於產生事業，平均得到享用，原不用起貪心的。起貪心也不過是三餐一宿，不起貪心也不過是三餐一宿，實在貪是起於虛榮心，於實際毫無利益，反壞了心術，違背了道的原理，精神上受無限的痛苦。所以說禍莫大於不知足。平心而論，人在世界中需要物質的供養，都是有限的，何必不知足？這不知足的觀念，是於欲得之心太重，凡物都要歸於己有。人類對於道的本體愈不明瞭，那佔有性愈重。好好的社會上公有的財產、公有的器物，公共保護，公共享用，公共發展，豈不很好？自從將公有的佔爲私有以後，在私人疲精勞神於劫奪防護，往往那守財奴一身盤剝經營，不及享用，他的精神肉體已同歸滅亡。在社會上，却因私人的佔據，而失了平均發展的原動力，成了病的社會。所以說咎莫大於欲得。

【參考】宋范應元註："罪，過也。欲，貪也。可欲，謂凡可貪之事物也。可貪則多愛，愛則求於外而有過。愛之不已，則不知足，故過積而爲禍。禍，害也。言害於人而害於身也，猶不知禍。凡所

貪者，又必欲得之，彼此愛欲，遂起交爭致禍，積而為咎，故咎莫
憯於欲得。蓋必欲得之而不知人之痛，遂致天災之也。蘇曰：'匹夫
有一於身，患必及之。侯王而為是，則戎馬之所自起也。"徐大椿
說："天下所以無道之故，何也？以其嗜欲之多，則必求所以饜其
欲，而荒淫之事興，罪莫大焉。意願甚奢，而不知厭足，則忮求無
已，禍莫大焉。"

【註】故知足之足，常足矣——知足之足，便是將天下的生產力
與生產品，統盤籌算，平均工作，平均享用，在每人應得的範圍以
內，每人實際上需要的量數以內去享用。不起貪心，不圖虛榮，更
不勞奸巧劫奪，那天下的物產，自然豐富，人類便得到永久的享用，
所以說常足。

【參考】宋范應元註："夫惟有道，則清靜恬淡，知天下之物無
可貪者，無不足者，故知足之足常足矣。人能明道，自然知足。蘇
曰：'知足者，所遇而足，是無不足也。"

第四十七章

——又稱"不出戶章"。

不出戶，知天下。不闚牖，見天道。其出彌遠，其知彌少，是以聖人不行而知，不見而名，不爲而成。

【註】不出戶，知天下——天道是要潛心默運體會出來的，祇因他無形無色，無可見，無可捉摸，便是出戶，也是找不到的。祇能將自心比天心，推己及人，纔能見得天道的本體。這種工夫，須要虛心靜氣，纔能成功。人能用虛靜修養的工夫，天下萬事萬物的原理，都可以歸納於天道。所以說：不出戶，知天下。

【參考】晉王弼註："事有宗而物有主，途雖殊而同歸也，慮雖百而其能一也。"宋范應元註："與我同一初者，天下也，何待出戶而知。"

【註】不闚牖，見天道——天道是無所不在，無所不包的。寄身於萬物之中，靡蔓於宇宙之外，拘於眼前的形色的變幻，是不能明白道體的，須要超出於現實的形體以外去研求他一個共通的原則。從來大聖大哲，都是盲目的。希臘詩聖荷馬，是盲目的，惟其盲目，纔能體會天道。在牖隙中，是不能看出道的大體，祇有不闚牖，可以見天道。

【參考】晉王弼註："道有大常，理有大致。執古之道，可以御

今，雖處於今，可以知古始，故不出戶不闚牖而可知也。"宋范應元
註："無爲自然者，天道也，何待闚牖而見。"韓非子《喻老篇》：
"空竅者，神明之戶牖也。耳目竭於聲色，精神竭於外貌，故中無
主。中無主，則禍福雖如邱山，無從識之。故曰不出戶可以知天下，
不闚牖可以知天道，此言神時之不離其實也。"

【註】其出彌遠，其知彌少——人心被眼前的勢利繁華所引誘，
終日忙忙碌碌，去做那爭權奪利的事體，他的心意行爲，離道體愈
遠，對於道的本原的知識愈少。所以要研究道的原理，須要排除眼
前的形勢，不爲虛偽的勢利所引誘。

【參考】晉王弼註："無在於一，而求之於衆也。道視之不可
聞，聽之不可聞，搏之不可得。如其知之，不須出戶，若其不知，
出愈遠愈迷也。"宋范應元註："求之於外者，出益遠，而知益少
也。"《文子·精誠篇》："精神越於外，智慮薄於内者，不能治形神
之所用。遠則所遺者近，故不出於戶，以知天下，不窺於牖，以知
天道，其出彌遠，其知彌少。"嚴復說："出彌遠，知彌少，不可與
上文反對看。作反對看，其義淺矣。其知所以彌少者，以爲道日損
故也，夫道無不在，苟得其術，雖近取諸身，豈有窮哉？而行轍五
洲，學窮千古，亦將但見其會通而統於一而已。是以不行可知也，
不見可名也，不爲可成也，此得道者之受用也。"

【註】是以聖人不行而知，不見而名，不爲而成——道生天地，
天地生萬物，萬物與道爲一體。能明白道體原理的人，便能知道萬
物共通的原則，可以不必行動，能夠分別得出萬物的特性。可以不
必看見他，順着天道的自然去對付萬物，可以不故意有爲而得到成
功，所以說不行而知，不見而名，不爲而成。

【參考】晉王弼註："得物之致，故雖不行，而慮可知也。識物

之宗，故雖不見，而是非之理可得而名也。明物之性，因之而已，故雖不爲，而使之成矣。"宋范應元註："聖人得之於內，是以不行而能知天下者，知其猶是也，不見而能明天道者，名其無爲也，不爲而能成萬物者，成其自然也。"《韓非子·喻老篇》："是以聖人無常行也。能並智故曰不行而知，能並視故曰不見而明，隨時以舉事，因資而立功，用萬物之能，而獲利其上，故曰不爲而成。"這都是用超然客觀的眼光，見得道體的本相，所以能無往而不合於萬物之天性。

第四十八章

——又稱爲“學日益章”。

爲學日益，爲道日損。損之又損，以至於無爲。無爲而無
不爲。取天下，常以無事。及其有事，不足以取天下。

【註】爲學日益——老子的所謂學，是說政教禮樂，及學些精緻
欺騙的方法，使人心時時爲禮教所拘束，不自然、虛僞，失了人類
和平、博愛的本性。且愈是講求政教，愈是不適合於人生實際，是
人道的大憂，所以惟絕學方能無憂，學得形式上禮教的人，他天性
愈汩沒，離天道愈遠，不肯虛心考察天地眞理，處處自滿驕人，所
以說爲學日益，益是滿的意思。滿便不能得到實利。

【參考】晉王弼註：“務欲進其所能，益其所習。”宋范應元註：
“爲俗學者，則日益多事，而心不虛。”河上公曰：“學，謂政教禮
樂之學也。日益者，情欲文飾，日以益多也。”從來說的：“閱歷深
則趨避熟”，這便是學成的奸巧。能趨避的人，自以爲得計，便自滿
自驕；他的天眞，日趨於死亡。

【註】爲道日損——損，是虛心謙退的意思。研究天道的人，他
對於眞理，一天明白一天，對自身便一天虛心一天。用客觀的態度、
除去我的私見，去考察天地萬物的眞實態度、眞實的原理。愈明白
道理，愈是虛心，所以說爲道日損。

【參考】晉王弼註：“務欲反虛無也。”宋范應元註：“爲常道者，則日損私欲，以致虛。”河上公曰：“道，謂自然之道。曰損者，情欲文飾，日以消損也。”李嘉謀說：“爲學所以求知，故日益。爲道所以去妄，故日損。知不極，則損不全，故日益者，所以爲日損也。”

【註】損之又損，以至於無爲——這依舊是“致虛極守靜篤”的意思，人欲充分求知求道，須先將私見完全除去。私見，便是主觀的態度。要練成損之又損的好習慣。損之又損，是說心虛了又虛，虛到了十分，便是到了虛極靜篤的地步，纔能順着天地自然的原理做去，毫不夾雜自己的私見，這便是無爲。無爲，是純客觀的態度，不要用自己的私見去有爲。人到了有所爲而爲，便是惡了，便是僞了。

【參考】晉王弼註：“有爲則有所失，故無爲乃無所不爲也。”宋范應元註：“人心本虛，私欲窒之，則難復其初。漸去之，又去之，以至於無爲，則仍虛矣。”

【註】無爲而無不爲——處事接物，能依據眞理，服從多數，心中一點沒有成見，大公至正，這纔是無爲的眞精神。能服從公理的，便無所往而不勝利，亦無所往而不適合，所以說無不爲。

【參考】宋范應元註：“無爲，虛也。無不爲，通也。虛則通矣。”

【註】取天下，常以無事。及其有事，不足以取天下——取天下，是說得到民衆的敬愛信仰。無事，是說無爲。第一，是不因私人的權利去劫奪天下，是盡力於全民的福利，而爲天下服務。第二，是要順着民意去營公衆的益利，不要違反民意，獨斷獨行。這不是體道切，見理明，不能表現得出的，這纔是無事於天下。若有一絲

一毫自私自利的作用，便不能得到人民的信仰，所以說不足以取
天下。

【參考】晉王弼註：“動，常因也。有事，自己造也。不足取天
下，失統本也。”宋范應元註：“心虛則道通，以道化民，則無事矣。
雖不取天下，而人心自然歸之。及其政令煩，刑法嚴，則雖欲取天
下，而人心不歸之矣。”嚴復說：“雖有開創之君，櫛風沐雨，百戰
苦辛，若漢高、唐太之開國；顧審其得國之由，常以其無事者，非
以其有事者也。若秦隋之君，所以既得而復失者，正此之所謂無事
者耳。誠哉，有事不足以取天下也！”

第四十九章

——又稱 "聖人無常心章"。

聖人無常心，以百姓之心爲心。善者吾善之，不善者吾亦善之，德善。信者吾信之，不信者吾亦信之，德信。聖人在天下，歙歙爲天下，渾其心。百姓皆注其耳目，聖人皆孩之。

【註】聖人無常心，以百姓之心爲心——無常心，是說無爲而爲，不但不可假託天下去謀個人的私欲私利，并且不可以私人的意見去強迫天下的人民來服從我。我當以民意爲依違，以天道爲根據，順人民自然的心性，去引導他走上公正光大的路。服從民意這句話，自來做帝王的和軍閥獨夫的，都能依樣葫蘆的說一句什麼 "天視自我民視，天聽自我民聽" "民爲邦本，本固邦甯" "民爲重，社稷次之，君爲輕"；現在的軍閥，誰不說 "遵重民意"？ "武力是民衆的武力"？但到頭來，沒有一個不壓迫民衆，抛棄民衆，而謀自身利益的。這都是有常心的大害。常心是主觀的心，自私自利的心，祇看見自己，不看見百姓，所以到底得不到民心，而爲人民所共棄。

【參考】宋范應元註："聖人無常心者，無爲無欲，不倚於一物，湛然虛明，寂然不動，純乎道也。以百姓之心爲心者，感而遂通天下之故也。蓋是心之初，無有不同，是以聖人不致有爲多欲，以生百姓之妄心，但感而後以道應之爾。"呂惠卿說："聖人先得我心之盡者也，故無常心，而以百姓心爲心。猶之鑑也，無常形以，所應之形爲形而已。聖之視己心也爲此，則其視百姓心亦若是而已，則善不善，信不信，亦何常之有哉？"陳柱說："此民主之義更明矣。"

【註】善者吾善之，不善者吾亦善之，德善——道生天地，天地生萬物；求生存，愛自然。人既是道所化生，他天性也沒有不愛自然的；自然便是善，所以人的本性，沒有不善的。但世上的人，爲什麼又做出這種自私自利損害羣衆不自然不善的行爲來呢？這全是那僞君子，講究虛榮的名教，講究自私自利的宗法；引誘得羣衆祇有私慾，沒有公理，祇知欺騙，不知自然。墨子提倡"兼愛"。說凡是人類，同是天地間的生活，沒有什麼親疏可分，都一律應當相愛的；這五倫的親疏，是人分出來的，那人羣，是天倫。原應該打破人造的親疏，講究博愛、平等的眞理。況且人性本是愛羣的，倘然沒有人造的所謂五倫在裏面挑撥惡感，人也不知道什麼人應當親，什麼人應當疏；人人相愛，人人相助，豈非成了大同世界？無奈那創造禮教的先生和創造宗法的先生，教人虛僞，教人自私；因虛僞便不相愛，因自私便交相爭，而世界大不善的事體，都從這一點發生出來。所以要人不相欺不相爭，便要打破虛僞的禮教，推翻自私自利的宗法；人人知足，人人互愛互助。所以我們應當明白：那天性善的，固然我應當幫助他；那行爲不善的，我也應當幫助他，使他明白天道，回復善的本性，這纔是得到善的眞理。德字和得字意思相同。

【參考】晉玉❶弼註："各因其用，則善不失也；德善，無棄人也。"宋范應元註："百姓之善者，能本善，循乎自然也。聖人以道而善之，則其善心自固矣。百姓之不善者，未明本善私欲蔽之也，聖人亦以道而善之，則將化而復歸於善也，此所謂德善也。蓋百姓與聖人得之於初者，未嘗不善也。"

【註】信者吾信之，不信者吾亦信之，德信——信，是說待人忠實。從來說的事，無不可對人言。人同是受天道運行，他的氣質心意願望，都是相同的，本沒有什麼可秘密的地方，祇須坦白相見，忠實相待，互助互愛，得到全人羣的發展。自從那宗法社會和分彼此親疎的禮教一造成，那人便汨沒了天性，自私自利，相欺相奪，纔有不信的事體做出來。所以我們待人接物，處處要公開，順着天道合羣的原則做去。見有忠實的人，我們固然應當用忠實去接待他；見有不忠實的人，我們也應當用忠實去感化他，纔能使大家踏上這忠實的途徑，而回復天道。

【參考】宋范應元註："百姓之信者，以其誠實也，聖人以道而信之，則信心自不變矣。百姓之不信者，因私欲而詐偽也，聖人亦以道而信之，則將化而復歸於信也。此所謂德信矣。"這一段，與第二十七章"善人者，不善人之師；不善人者，善人之資"意思一樣。

【註】聖人在天下，歙歙爲天下，渾其心——聖人，是說明白天道的人。在天下，是說對待天下一切人類萬物。歙歙，是說收斂的意思。不敢自大，安於個人的本分，在可能的範圍以內工作享用，便是自由。以不侵犯他人之自由爲界，這樣子虛心明理，纔得到天下人心的和合。渾，是合的意思。

---

❶ "玉"當爲"王"。——編者註

【參考】宋范應元註：“聖人之心，與百姓之心，其初均同乎虛靜，純粹至善，未有惡也。惟聖人清靜無欲，自全其初，則百姓亦清靜無欲，各全其初，故聖人之在天下，收歛其心，無爲無欲，頃刻不敢放縱，則百姓自化。此乃爲天下大合初心也。”今人馬叙倫說：“老子本文，當作‘歛歛焉，渾渾焉’。蓋老子之義，謂聖人之治天下，無所分別。百姓皆欲視聖人之動作，而聖人一切懷之而已。使曰‘爲天下渾其心’，安得復曰‘天下皆注其耳目’乎？”

【註】百姓皆注其耳目，聖人皆孩之——注其耳目，是說一心服從天道的意思。聖人拿眞情眞理去感化人，人人都一心一意的信仰天道，那聖人便感化百姓。人人和善忠實，快樂自然，使他天眞瀾漫的如小孩子一般，所以說聖人皆孩之。范應元之本作“聖人皆咳之”，咳是小兒嬉笑的形狀。

【參考】晉王弼註：“皆使和而無欲，如嬰兒也。”宋范應元註：“百姓皆傾注耳目以觀聽於上，是以聖人清靜無欲，皆使自化，以全其初，而不失其赤子之心，此愛義之至也。”奚侗說“注，耳目視聽專也。視聽專，則少私而寡欲，聖人則視若孩提，以長以養而已。”

第五十章

——又稱"出生入死章"。老子看生死是一種變化，是一種出入，所以說出生入死。

出生入死。生之徒十有三，死之徒十有三，人之生動之死地亦十有三。夫何故？以其生生之厚！蓋聞善攝生者，陸行不遇虎兕，入軍不被甲兵。兕無所投其角，虎無所措其爪，兵無所容其刃，夫何故？以其無死地故！

【註】出生入死——佛家思想，願永遠不生世界，清靜寂滅，免去生命的煩惱和人生的痛苦。老子的思想，是說天道永遠不死，所謂生死，實在是名義上的分別，其實是天道生生不休，永無死滅。我們人所說的生死，實在是物質上的變化，在精神靈氣還是依然存在。死是生的預備，生是死的變化。生是從無形象的變成有形象，死是從有形象的變成無形象的，不過形式上的一有一無，一出一入而已，他的質依舊是不銷滅的，這便是老子所說天道自然的運行。

【參考】晉王弼註："出生地，入死地。"《韓非子》說："人始於生，而卒於死，始之謂出，卒之謂入，故曰出生入死。"近人張之純說："出者苗也，入者沒也。出爲生機，入爲死機。"

【註】生之徒十有三，死之徒十有三——《解老篇》說："人之

身三百六十節，四肢九竅，其大具也。四肢與九竅十有三者，十有
三者之動靜，盡屬於生焉。屬之謂徒也，故曰生之徒也十有三者，
至其死也，十有三具者皆遠而屬之死，之徒亦十有三，故曰生之徒
十有三，死之徒亦十有三。"這個話，近於附會。大概老子的意思，
是說人生是有限的，死是無限的。在時間上比較，生的力與時，約
比死的力與時為十分之三。生是少數，死是多數的意思，徒是類的
意思，是說時間與力量一類的東西，所以說生之徒十有三。但人生
的時候，已伏有十分之三的死機，所以又說死之徒十有三。

【參考】晉王弼註："十有三，猶云十分有三分，取其生道，全
生之極，十分有三耳；取死之道，全死之極，亦十分有三耳。"近人
張之純說："徒猶黨徒之徒類也，言人自受生以來，生之機來居十分
之三，死之機亦居十分之三也"。

【註】人之生動之死地亦十有三——是說人在生存的時候，已預
伏有十分之三的死機，再加人生在世的行動，又往自己跑到死路裏
去。譬如犯刑法，貪色慾，遇刀兵水火之災，這又加上十分之三人
造的死機，所以說亦十有三。人生在世，死的機會多，生的機會少。
動之，和動至二字通用。老子說這個話，是說天道善變，生生不息，
因為要時時的變，時時的生，所以要時時的死，這死是自然的變化。
人生應當死機多，生機少，死的時間長，生的時間短，所以生是出，
死是入。入好似歸，歸的時間應當比出的時間長。

【參考】《韓非子·解老篇》說："凡民之生生而生者固動，動
盡則損也。而動不止，是損之而不止也，損而不止，則生盡，生盡
之謂死，則十有三具者，皆為死地也。故曰民之生生而動動，皆之
死地，亦十有三。是以聖人愛精神，而貴處靜。"

【註】夫何故？以其生生之厚——生生之厚，是人在生的時候，

求生的心太厚，或鍊丹服氣以求長生，或縱情聲色以迷戀現世，誰知這都不是順天地自然的大法。愈是要求生，愈是去死愈近，死機愈重。

【參考】晉王弼註：“而民生生之厚，更之無生之地焉。”《文中子·十守篇》：“故五色亂目，使目不明；五音亂耳，使耳不聰；五味亂口，使口生創；趣舍滑心，使行飛揚。故嗜欲使人氣淫，好憎使人精勞，不疾去之，則志氣日耗。夫人所以不能終其天年者，以其生生之厚夫。惟無以生爲者，即所以得長生。”今人張之純：“生生之厚，謂多欲也。狗欲以求養生，猶諺所云：‘人爲財死，鳥爲食亡’者是也。”

【註】蓋聞善攝生者，陸行不遇虎兕——虎豹蛇蟲的咬人，其初原沒有吃人的意思，祇因人去捕捉殺死害他，他起了驚慌，所以要咬人，再進而吃人，這是獸對於人的正當防衛。我們倘然能明白天道，使人與獸各安於自然的生機，和平安樂，各不相害，那時我們人在虎兕羣中游行，也能不被虎兕傷害。不遇，是說不動死機，遇如不遇也。再進一步說：虎兕雖要傷人，但他是有形的，深居在山林中的，我們可以避去他，陸行可以不遇他的。獨有人的好貪財，好色，爭奪殘殺，是自造死機，是無形的虎兕，不容易避免的。所以善攝生的人，要設法明白天道，不動私欲避去這無形的虎兕。

【參考】晉王弼註：“善攝生者，無以生爲生，故無死地也。”

【註】入軍不被甲兵——這句意思，與上句同，世界上的有甲兵，原是防人侵略，或是侵略人的用。我若能明白天道，在個人範圍以內求自由，求享用，也不用去侵略人。我若能順天道，盡個人的力量工作、防衛、自強不息，人家也無法來侵略我的。到那時，甲兵也沒有用處了。

【參考】晉王弼註：“器之害者，莫甚乎戈兵。獸之害者，莫甚乎兕虎。而令兵戈無所容其鋒刃，虎兕無所措其爪角，斯誠不以欲累其身者也！何死地之有乎？”宋范應元註：“以其神氣全，而無可以投角措爪容刃之地，不關於數也。此乃與道合體，非知巧果敢之列。稽諸成道，而物莫能傷之。”蘇說：“至人常在不生不死中，生且無有，烏有死地哉？”《解老篇》說：“凡兵革者，所也備害也。重生者，雖入軍無忿爭之心；無忿爭之心，則無所用救害之備。此非獨謂野處之軍也，聖人之游世也，無害人之心；無害之心，則必無人害；無人害，則不備人。故曰：陸行不遇虎兕，入山不恃備以救害。故曰：入軍不被甲兵”。

【註】兕無所投其角，虎無其所措其爪，兵無所容其刃——我沒有侵害對方的行爲，對方雖有防衛的武器，也毫無用處。我能自強不息，對方雖有侵害人武器，也沒有用處了。印度的甘地，提倡不合作主義，盡力自養盡力自保，英國以如此政府的強力，也不能損害他，這便是善於攝生的方法，也是合於天道的行爲。

【參考】近人張之純說：“惟其無欲，故不授物以可乘之釁，投措容，皆以閒納物之名無所無處也，猶言無閒。”

【註】夫何故？以其無死地故——人有意求生，反趨死地，所以人能明白天道，凡事順天道的自然做去，不怕死，不求死。一切貪欲爭奪，都是求死。人應當在可能的範圍以求享用，在可能的範圍以內求生存，不與人爭，不被人欺，那一切虎兕甲兵，都失了效，心中不畏死，自然無死地。

【參考】晉王弼註：“夫蚖蟺以淵爲淺，而鑿穴其中；鷹鸇以山爲卑，而增巢其上。增繳不能及，網罟不能到，可謂處於無死地矣。然而卒以甘餌乃入於無生之地，豈非生生之厚乎？故物苟不以求離

其本，不以欲渝其眞，雖入軍而不害，陸行而不可犯也。赤子之可
則而貴，信矣！”近人陳柱說：“《莊子·人間世》云：‘時其飢飽，
達其怒心，虎之與人，異類而媚養己者，順也。故其殺者，逆也’。
夫去其生生之厚，則於物無奪。而能去所厚者以養人，是順物之性
而不逆者也。孰從而害之哉？夫生生之厚，死地也。無生生之厚，
故無死地。”

第五十一章

——又稱"道生之章"。

道生之，德畜之，物形之，勢成之，是以萬物莫不尊道而貴德。道之尊德之貴，莫之命，而常自然。故道生之，德畜之，長之，育之，亭之，毒之，養之，覆之。生而不有，爲而不恃，長而不宰，是謂玄德。

【註】道生之，德畜之——生萬物的是天道，天道受氣運自然的支配而生萬物，待到萬物既生長，既成形了以後，却要德去養他。德是什麼？便是得到的意思。萬物都要得到他適宜的生機，纔能生存。所以人生道德問題，便是時代問題。適合於時代精神的，便是道德。不適合的，便是不道德。我們待人接物，必要使人物各適他的天性，纔是得天道，纔能養萬物。

【參考】宋范應元註："畜，養也。生物者，道也。養物者，德也。"近人陳柱說："道者由也，由是而生者也，故曰道生之。德者得也，得是而後有生者也，故曰德畜之。"張之純說："生，發育也。畜，聚而留之也。"

【註】物形之，勢成之——順着天道生養萬物，萬物得了生義，便各就他的物性成了他的形狀，又順着天道自然發展的趨勢完成了

他生長的工作。

【參考】晉王弼註："物生而後畜，畜而後形，形而後成。何由而生道也？何得而畜德也？何由而形物也？何使而成勢也？唯因也故能無物而不形，唯勢也故能無物而不成。凡物之所以生，功之所以成，皆有所由。有所由焉，則莫不由乎道也。故推而極之，亦至道也。隨其所因，故各有稱焉。"宋范應元註："陰陽相摩，物不得不形。寒暑相推，勢不得不成也。"近人陳柱說："由是賦形而爲物，此物之所以成。又由乎天地靜動之力，故曰勢成之也。勢者，力也。"

【註】是以萬物莫不遵❶道而貴德，道之尊德之貴，莫之命，而常自然——萬物既有了他的性靈體質，要求生長，畜養成形，必須要依着天道的自然，又要得到他適合的營養。他的順天道，求他適合的地方生長，都是自然的趨勢，沒有什麼勢力可以去強迫他，命令他，而萬物自然順從你的。

【參考】晉王弼註："道者，物之所由也。德者，物之所得也。由之乃得，故曰不得不失，尊之則害，不得不貴也。"宋范應元註："皆尊其生之所從，而貴其養之所自也。"近人張之純說："萬物之尊崇乎道，貴重乎德，莫或使之，動乎自然也。"

【註】故道生之，德畜之，長之，育之——天道好似一條路，萬物都從這路上生出來的，生出來了以後，還要有這適宜的環境去安排他。有了適合的地方，使他自然生長，不可去干涉他，束縛他，祇須在一傍供給他生活的材料，所以說長之育之。

【註】亭之，毒之，養之，覆之——亭是安排的意思，毒是預備

---

❶ "遵"當爲"尊"。——編者註

的意思。生養了萬物，還要使他得到平均發展。萬物各得其所，并且要預備供給他生活的材料，源源不斷。覆，是說保護的意思。

【參考】晉王弼註："謂成其實，各得其庇蔭，不傷其體矣。"宋范應元註："物生之後，積累而長，指春而言也。長育，指春也。亭毒，指秋也。亭，凝結也。毒，安也。蓋覆，指冬也。冬乃萬物歸根覆命之時也。四時所以行，萬物所以生，皆道也，故先曰道。"

【註】生而不有，爲而不恃，長而不宰，是謂玄德——不有，是說不佔據以爲私有。不恃，是說不誇張以爲自己的功勞。不宰，是說不替萬物做主宰，任萬物各自順着天性，自然生長。玄，是深遠廣大的意思。玄德，是說得到深遠廣大適合自然的天道。

【參考】晉王弼註："有德而不知其主也，出乎幽冥，是以謂之元德也。"宋范應元註："道生之而不以爲己有，爲之而不自恃其能，長之而不爲之主，是謂玄遠之德也。有德如此，而人莫能知，莫能見，故曰玄。"近人張之純說："玄德，不言之教，無爲之化，言自然也。"

第五十二章

——又稱"天下有始章"。有始，是說萬物有從出的地方。

天下有始，以爲天下母。旣得其母，以知其子；旣知其子，復守其母；沒身不殆。塞其兌，閉其門，終身不勤。開其兌，濟其事，終身不救，見小曰明，守柔曰强。用其光，復歸其明，無遺身殃，是謂習常。

【註】天下有始，以爲天下母——天道永古長存，動則成萬物之形，靜則存萬物之精，萬物也是長存的。萬物的生死，原是萬物的形和萬物的精在那裏交換變化，其實也是無始無終的。這裏說的有始，是萬物成形之始。天下，是說萬物。有了萬物，纔可以成天下。從萬物初生的時候，可以看得出道的變化。天下母，便是天道。

【參考】宋范應元註："道本無始，此言有始者，謂萬物由此始也。母謂道也。道者，有而無形，無而有精，變化不測，通神達生，故謂之母。在人之身，則爲神明，不可以言傳口授而得之也。"近人羅振玉說："道方無名，以物之所資始也。及其有名，則物之所資生也。故謂之始，又謂之母。其子，則萬物也。"

【註】旣得其母，以知其子；旣知其子，復守其母；沒身不殆——母，是說天道。子，是說萬物。明白了天道運行的大原則，

便也可以明白萬物中所包含的自然的天性，使他各自順着天性，自然生長。又從萬物所同包含的天性中，看出一個共通的原則來，這原則便是天道。所以說既知其子，復守其母。萬物是天道動的時候表現成的形質；那天道却要從萬物靜的時候，從他的精神上、天性上，看出來的，所以我們人雖是有形質的萬物，却要守住無形質的天道，使他時時順着天理做去，纔能永久不失本性，所以說沒身不殆。

【參考】晉王弼註：“母，本也。子，末也。得本以知末，不舍本以逐末也。”宋范應元註：“子者，一也。虛而無形，以萬物同得此，所以謂之一也。非天下之至明，不能知之。知此，則天地人物與我同出而異名也。既知其一，復守其道，則終身不危殆矣。”近人羅振玉說：“聖人體道以周物，譬如以母知其子，了然無不察也。雖其智能周之，然未當以物忘道，故終守其母也。”今人張之純說：“物出於道之動，而根於靜。既由至靜無物之中，以觀萬物之發生，求道者當於羣動之交，反求於至靜。守靜主柔，終身不危。”

【註】塞其兌，閉其門，終身不勤——兌字，宋范應元說與說字通用，說字與悅字通用，是人聲色貨利的私欲。目愛色，耳愛聲，鼻愛香，舌愛味，身體意志愛淫放，這都是勞形毀神，迷失天道的大禍根。所以說塞住他引動勸喜的根，閉住他私欲的門，終身便不受人欲的拖累。安心守道，不勞苦他的身體，所以說終身不勤。勤，是勞苦的意思。

【參考】晉王弼註：“兌事，欲之所由生。門事，欲之所由從也。無事永逸，故終身不勤也。”宋范應元註：“兌，說也。門者，以心神之出而言也。濟，成也。目說於聲，耳說於聽，鼻說於香，口說於味，皆泪於一心。故塞其耳目鼻口之所說，以閉其一心之所欲，則神明不出而終身不勞苦矣。塞閉者，雖聲色香味交陳於前，而吾不說之，即塗閉之義也。」高延第說：兌，口也。口為言所從出，門為人所由行，塞之閉之，不貴多言，不為異行，循其自然，不勞而理。即復守其母之事也。尚口者窮，多為者敗，徒長詐偽，無益於事，故不救。」

【註】開其兌，濟其事，終身不救——開其兌，是說放縱私欲的念頭，濟其事，是說做成貪惡的事，便永世不能明白天道，終身不能救拔精神的痛苦。

【參考】晉王弼註：「不閉其原，而濟其事，故雖終身不救。」宋范應元註：「倘開其耳目鼻口之所說，以濟而一心所欲之事，則神明失而終身不可救矣。」

【註】見小曰明，守柔曰強——小，是說微細的地方。那天道運行在萬物身上，無空不入的，所以我們能夠從微細的地方看出天道來，這纔算眞能夠明白天道的人。要修練成內心的強剛，有眞確的見地，有堅忍的氣節，守住天道，不為淫樂所引誘，不為威力所屈伏，在外面看是很柔順的不招人的妬忌，這是眞正充實的剛，所以說守柔曰強。

【參考】晉王弼註：「爲治之功，不在大。見大不明，見小乃明。守強不強，守柔乃強也。」宋范應元註：「小，謂一也。一乃道之子，微而難見。能見一，則眞所謂明矣。柔，謂道也。道乃一之母，弱而難守，守之者必堅。志能守道，則眞所謂強矣。」

【註】用其光，復歸其明，無遺身殃——光，是說人表露在外面的行爲。明，是說人心中的天道。人表露在外面的行爲，處處要合著天道做去，纔能外面表露出光彩來，裏面保守住明靜的天道，不給身體受了貪欲傷害的災禍。

【參考】晉王弼註：“顯道以去民迷，不明察也。”宋范應元註：“心靜則虛，虛則明，明則有光。用其光以接物，反其明以歸虛。能如是，則不贈此身殃咎。”近人嚴復說：“人之於禍而常至於不救也，其始則為之造因，其後則狃禍以為無害。使見之於小，而守之以柔，烏由殆哉？”高延第說：“有道之士，見微知着，故能明。柔可克剛，故能強。用其光，知白也。歸其明，守黑也。察見淵魚者不祥，不為察察，故無殃。”

【註】是謂習常——習字和襲字通用，是繼續的意思。常，是說永久不變的天道。習常，是說順著永久不變的天道做去。

【參考】晉王弼註：“習常，道之常也。”近人張之純說：“襲，承也。常，故常也。謂承襲故常。”

第五十三章

——又稱"使我介然章"。

使我介然有知，行於大道，唯施是畏。大道甚夷，而民好徑。朝甚除，田甚蕪，倉甚虛；服文采，帶利劍，厭飲食，財貨有餘，是謂盜竽。盜竽，非道也哉？

【註】使我介然有知——介然有知，是說心中念念不忘的意思。人祇須順着天道的自然做去，處處不可預先存心，一存心，便不自然。順天道自然的原則做去，本來沒有善惡的分別。倘然心中存着善惡的意思，因要得善名而去做善事，這便是沽名釣魚❶的惡念。佛家說的"有心為善，雖善不賞"，一樣的意思。

【參考】晉王弼註："言若使我可介然有知。"宋范應元註："蓋人生虛靜，纖毫有知，則介然於懷，便不虛靜矣。不虛靜，則道不居之，安能致和？"

【註】行於大道，唯施是畏——大道無心，祇順着自然的運行做去，所以說："道法自然"。人明白天道，也要順着自然的原則做去，不可有意施爲。有意施爲，便動了機械心，慢慢的趨向到惡的一方面去了。所以我們做人，刻刻要防動機械心，機械心便是有所爲而

---

❶ "釣魚"當爲"釣譽"。——編者註

爲；有所為而爲，是妨礙大道的，所以說：行於大道，唯施是畏。唯，是獨有的意思。

【參考】晉王弼註：「行大道於天下，唯施為之是畏也。」宋范應元註：「道本無爲，纔有設施則涉乎迹矣。一涉乎迹，則亂所由生，大有可畏，動可不慎乎？是以聖人無思無為，寂然不動，感而遂通天下之故。」馬其昶說：「使我者，代百姓自我也。謂執政者張布條教，使我畫然知大道當行，邪徑之可畏，以為大道甚夷，而民好徑，不得不防制之也。」王念孫說：「施，讀爲迤，邪也。」

【註】大道甚夷，而民好徑——民字，有昏字的意思，是說昏瞶不明天道的人。天道原是公正平坦的，他是謙虛柔順，人祇須自然做去，自能與天道相合。但昏昏不明大道的人，却不知順着自然做去，祇愛弄機巧，貪私欲，從小徑中走去，便違背大道的原理了。

【參考】晉王弼註：「言大道蕩然正平，而民猶尚舍之而不由，好從邪徑況復施爲以塞大道之中乎？」宋范應元註：「謂大道甚平易，而民甚好行小路，以譬民不由正道，循自然平易處行，而好施設，行險僥倖，以速求名利也。下有甚焉，則上必有好者。」蘇曰：「大道甚夷，無有險阻；世之不知者，以為迂緩，而好徑以求也。故凡捨其自然而有所施設者，皆欲速者也。」

【註】朝甚除，田甚蕪，倉甚虛——朝，是說朝廷，便是帝王的宮室。除，是說清潔整齊。做帝王的搜括百姓的錢財，用女宮庭中，使宮庭富麗清潔，那百姓便窮苦顛沛，四散逃亡，田地也荒廢不種了，倉庫中也空虛沒有餘穀了，那大亂便在目前了。這都是昏瞶糊塗的人，不知道依順天道，好走小徑邪路的大害。天道是要使人人得到平均享用，不能給帝王獨佔富厚。所謂「藏富於民」，那天下便能永久太平。

【參考】晉王弼註："朝，宮室也。除，潔好也。朝甚除，則田甚蕪，倉甚虛，設一而衆害生也。"宋范應元註："先言朝甚除者，謂朝廷尙施為，要賄賂，去君子，取小人，甚開私小之路也。上有好者，下必有甚焉者矣。故智詐並興，官吏偪緰，需求百出，傷財害民，遂致田野荒蕪，倉廩不實。"《韓非·解老篇》："朝甚除者，獄訟繁也。獄訟繁，則田荒；田荒，則倉府虛；府爲虛，則國貧；國貧，則民俗淫侈；民俗淫侈則衣食之業絕；衣食之業絕，則民不得無飾巧；飾巧則知采文；知采文之謂服文采。"

【註】服文采，帶利劍，厭飲食，財貨有餘——因為田地荒蕪，倉庫空虛，那人民不能安居在家鄉，人人用他奸偽智巧，表面穿着鮮美的衣服，而暗地裏却各各帶着利劍，防備人欺詐盜賊的行為。人人求得暫時的安樂，飽食飲酒：好似錢財十分有餘，這都是亂世的現狀。若在太平的世界，人人安居樂業，不用服文采去欺騙人，財產十分富足，却是布衣粗食，沒有浮靡的氣象表露在外面的。

【參考】宋范應元註："偪緰官吏，方且服文采之衣，帶鑒利之劍，文非文而不恤下，武非武而不衛民假，法為非瘠，民肥己贋，飫美異之飲食，積聚有餘之貨財，此皆刼剝於人以恣縱於己，是謂爲盜。而夸張自大，豈道也哉？"《解老篇》說："獄訟繁，倉廩虛，而有以淫侈爲俗，則國之傷也。若以利劍刺之，故曰帶利劍。諸夫飾智，故以至於傷國者，其私家必富。私家必富，故曰資貨有餘。"

【註】是謂盜竽。盜竽，非道也哉——竽是古時一種管樂。奏樂的時候，先吹竽，各種樂器便跟着吹奏起來，所以竽是樂器的首領。盜竽，是說朝廷搜括百姓的錢，享用富貴，是萬惡的首領。這萬惡的首領，不是天道的自然，所以說非道。

【參考】晉王弼註："凡物不以其道得之，則皆邪也。邪則盜也。夸而不以其道得之，竊位也。故舉非道以明非道，則皆盜夸也。"《解老篇》說："國有若是者，則愚民不得無術而效之，效之則小盜生。由是觀之，大姦作，則小盜隨，大姦唱，則小盜和。竽也者，五聲之長也。故竽先則鍾瑟皆隨，竽唱則諸樂皆和。今大姦作，則俗之民唱；俗之民唱，則小盜必和。故服文綵，帶利劍，厭飲食而資財有餘者，是之謂盜竽矣。"

第五十四章

——又稱"善建不拔章"。

善建者不拔，善抱者不脫，子孫以祭祀不輟。修之於身，其德乃真。修之於家，其德乃餘。修之於鄉，其德乃長。修之於邦，其德乃豊。修之於天下，其德乃普。故以身觀身，以家觀家，以鄉觀鄉，以邦觀邦，以天下觀天下。吾何以知天下之然哉？以此！

【註】善建者不拔，善抱者不脫——建，是說對於天道自然的原理有澈底的觀察，有堅固的信仰。拔，是說失去的意思。善建者不拔，是說對於天道下過澈底考察工夫的人，他心中有堅定的主意，不被浮面上的虛榮私欲所引誘而失去把持力。抱，是說心中的思想。脫，是說違背。善抱者不脫，是說對於天道有真實見地的人，他的行為便能夠不遠背天道自然的原理。

【參考】晉王弼註："固其根而後營其末，故不拔也。不貪於多，齊其所能，故不脫也。"宋范應元註："善建德者，深而不拔。善抱道者，固而不換。"《韩非子·解老篇》："聖人一建其趨舍，雖見所好之物不能引，不能引之謂不拔。一於情，雖有可欲之類，神不爲動，神不爲動之謂不脫。"

【註】 子孫以祭祀不輟——從來說的："刻薄成家，理無久享。"刻薄是損人利己的行為，是違背天道的行為。老子是宗法社會正發展的時候，所以說子孫的話，叫人格外注意的意思。人能夠明白天道，使子孫都盡人的本份，工作享用，那子孫便能得到長久發達，世世代代，不斷絕祭祀了。

【參考】 晉王弼註："子孫傳此道以祭祀，則不輟也。"韓非子說："為人子孫者，體此道以守宗廟，不滅之謂，祭祀不絕。"近人張之純說："抱道懷德，靡有失墜，故能令子孫享祀不墜。"

【註】 修之於身、其德乃眞——修，是實行的意思。人不但是能明白天道便算了，一定要先在自己身上實行出來。自身一舉一動，能夠體貼天理人情做去，這纔是眞的能夠明白天道。所以說其德乃眞。從來學問眞理不能實行的，不算學問眞理。不能去實行的，也算不得眞懂學問，眞明白眞理。

【參考】 晉王弼註："以身及人也，修之身則眞。"宋范應元註："修者，去私欲而不使為德之害也。"

【註】 修之於家，其德乃餘。修之於鄉，其德乃長。修之於邦，其德乃豐。修之於天下，其德乃普——本來一個人明白天道，非但力量有限，便是要實行也實行不出來的，非得使人人能夠明白天道，人人順着天道自然的原則做去，那天道的功力纔能表現出來。所以老子說要修之於家，使一家的人都要明白天道去實行出來，他的力量纔能有餘。一鄉的人實行天道，那天道的力量纔能表現出來。長，是表現的意思。豐，是力量厚的意思。普，是平均的意思。天道的原理，最後是在普及平均，使人人工作平均，享用平均，纔能相安，纔能持久。天道的生物也是平均的，天地的養物也是平均的，所以一個普字，是天地所以成功的最大原則。

【參考】晉王弼註：“修之家，則有餘。修之不廢，所施轉大。”宋范應元註：“自修之身，其德乃眞。而至於家之有餘，鄉之長久，邦之豐盛，天下之周普，此皆建德無為之效也。”近人張之純註：“此言修齊治平之有序也。眞者，不妄之謂。餘，裕也。豐，滿也。普，徧也。”

【註】故以身觀身，以家觀家，以鄉觀鄉，以邦觀邦，以天下觀天下——明白天道，第一重在實行。而實行的第一步，便在“推己及人”“以己度人”“已所不欲，勿施於人”，所以說以身觀身。把自身所歡喜的事體，推行到別人身上去，這天道纔能得到眞確的證明。我欲自由，人亦欲自由，所以自由以不妨礙他人之自由為界，這便是以身觀身的本意。所謂他人有心，余忖度之，推而至於一家一鄉，一國一天下，都是如此，人同此心，心同此理，能夠運行天下，使人人心中自然適合的，纔是天道。

【參考】晉王弼註：“以天下百姓，觀天下之道也。天下之道順逆吉凶，亦皆如人之道也。”宋范應元註：“以吾之身，觀人之身，以至於觀家，觀鄉，觀邦，觀天下，一理而已。”近人陳柱說：“此即孟子所謂‘善推所為’之義。以我身之欲如此，觀於他人，亦知其如此也。以我家之欲如此，而知他家亦欲如此也。推而至於鄉邦，莫不皆然。乃至於今日之天下，與異日之天下，莫不皆然。人同此心，心同此理，無不可以推知，此所謂不出戶知天下也”。

【註】吾何以知天下之然哉？以此——此是說我此身，我此家。人決不能一一去問天下的人，但就我此心，便可以明白天下的心都和我心一樣的。我要生存，天下人都要生存；我要安樂，天下都要安樂。因爲人都是天道所化生，所以人都順着天道自然的原則做去。反過來說：天下人不能生存，我一人也決得不到生存；天下人得不

到安樂，我一人也決不能享安樂。能明白天下人心的共同趨向，便
是善建善抱。

【參考】晉王弼註：“此上之所云也，言吾何以得知天下乎？察
己以知之，不求於外也。所謂不出戶以知天下者也。”宋范應元註：
“謂不過以此一身之清靜無欲而推之，則天下洋然可知耳。”

第五十五章

——又稱"含德之厚章"。心中十分明天道的眞理，不被外面的利欲所引誘，所以說含德之厚。

含德之厚，比於赤子。毒蟲不螫，猛獸不據，攫鳥不搏。骨弱筋柔而握固，未知牝牡之合而峻作，精之至也。終日號而不嗄，和之至也。知和曰常。知常曰明。益生曰祥，心使氣曰強。物壯則老，謂之不道。不道早已。

【註】含德之厚，比於赤子——明白天道的人，處處出於自然，沒有故意爲善的行爲，而他的內心，却無處不善，應事接物，隨時能表現他的善来，好似天生成的，所以說厚，所以說含德。含德，便是內心的充實。內心充實的人，他的行為，無處不合於天道，出於自然的表現，好似初生的小兒一般，一點不作偽，一點沒有機械心，見人可悲的他也悲，見人可喜的他也喜，心中不分人我彼此的界限，纔可當得一個厚字。

【參考】晉王弼註："赤子無求無欲，不犯衆物。"宋范應元註："含德者，其德不形也。苟彰其德，則薄矣。赤子者。嬰兒未孩之時，以譬一毫無私欲偽情也。"近人張之纯說："赤子，嬰兒也。天眞未鑿，無施無為，故以為比。"

【註】毒蟲不螫，猛獸不據，攫鳥不搏——這是說明白天道的人，不用機械心，使天下萬物，各生存在各範圍以內，不侵略、不劫奪，十分仁厚。那毒蟲的咬人，因人欲去傷害他，出於自然防衛的行為。如今明白天道的人，不害於各物的自然生存，那毒蟲自然也不咬人，猛獸自然也不抓人，攫鳥自然也不拉人了。人的天性厚，萬物都受到他的感動，天性也厚起來了。

【參考】晉王弼註：「含德之厚者，不犯於物，故無物以損其全也。」宋范應元註：「惡物不敢傷害赤子者，以其德不形，而又無死地也。」蘇子說：「道無形體，物莫得而見也，而況得而傷之乎？人之所以至於有形者，由其有心也。故有心而後有形，有形而後有敵，敵立而傷之者至矣。無心之人，物莫興敵者，而曷由傷之？夫赤子之所以至此者，惟其心無也！」

【註】骨弱筋柔而握固，未知牝牡之合而峻作，精之至也——骨弱筋柔而握固，是說明白天道的人，在外表雖是柔順，能順天道，能容萬物；但他心中卻有真確不變的公理，不被外面的勢利所偪迫，所引誘，所以說骨弱筋柔而握固。峻字，和朘字通用。男女的生殖器，稱做朘。峻作，是說生殖器興奮的時候，雖不在男女交合的時候，那生殖也能興奮起來，這完全是自然的表現，他是無所為而為的，所以說精之至也，是精神自然的趨迫。所以明白天道的人，一切都趨於自然，出於自然，纔能適合於時代，纔能不侵害人的自由。

【參考】宋范應元註：「赤子筋骨雖柔弱，而掌握牢固。未和牝牡之合而朘作者，精全之甚也。」河上公註：「赤子筋骨柔弱，而持物握固，以其意專而心不移。赤子未知男女之合，而陰作怒者由精氣之所至也。」

【註】終日號而不嗄，和之至也。知和曰常。知常曰明——音啞

245

稱做嗄。小孩子終日啼哭，但他的聲音不啞，這因為他發出來的音自然和順，盡他自然的力，不故意竭力大喊，這依舊是很自然很和順的表現，所以說和之至也。明白了這和是出於自然的，纔能歷久不變；歷久不變的，纔是眞能明白天道的，所以說常，說明。

【參考】晉王弼註：“無爭欲之心，故終日出聲而不嗄也。物以和爲常，故知和則得常也。無形不可得而見，曰明也。”宋范應元註：“雖終日啼號而聲不破者，氣和之甚也。以譬含德之厚者，純粹而不雜，靜一而不變也。和出自然，苟好惡內傷，則不知矣。惟沖則和，知和則常久也，故知和曰常。常父之道，非至明不能知之，故知常曰明也。”

【註】益生曰祥，心使氣曰強——祥，是怪異的意思。益生，是說格外要求長壽，格外要求身體強壯。無論人壽有限，不是人力能夠做到的，便是長壽不死，也不是天道的自然，便是國家的怪異了。心使氣，是說人不肯便頭腦冷靜，考察世間的眞理，專迷於眼前虛偽的人事，一味意氣用事，在外表看來是很剛強的，但外表剛強的人，往往內心虛弱又見理不明，不合眾人的心意。所以曰祥，曰強都不是好事體。

【參考】晉王弼註：“生不可益，益之則天也。心宜無有，使氣則強。”宋范應元註：“謂知常久之道者，則因自然而不益生，守和柔而不強壯。不知常久之道者，則欲益生而妄作，是謂妖怪也。欲以心而使氣，是謂強壯也。生道無爲，豈可益之？沖虛自然，豈可使之？”蘇子說：“生不可益，而欲益之，則是其祥矣。祥，妖也。氣惡妄作，而又以心使之，其強梁甚矣。”近人陳柱說：“祥，殃也。益生，為逆自然，故曰益生，曰殃。”

【註】物壯則老，謂之不道。不道早已——人在生時已伏死機，

在幼年已伏中年的動機，在壯年已動了老年的形狀。花正到正盛的時候，便是殘謝的開始，所以說物壯則老。人到壯年已成了硬性，凡事重主觀，不自然，不活潑，離天道的本性愈遠，所以說不道。不合天道，便快到變化死亡的路上去。

【參考】宋范應元註："凡物壯則必老。強壯之人，是謂不合於道，則早已矣"。

第五十六章

——又稱"知者不言章"。

知者不言，言者不知。塞其兌，閉其門，挫其銳，解其分，和其光，同其塵，是謂玄同。故不可得而親，不可得而疏，不可得而利，不可得而害。不可得而貴，不可得而賤，故為天下貴。

【註】知者不言，言者不知——天道無言，自然運行，所以人要明白天道，也須在他虛靜自然中靜察出來，不可雜一點私見，不可用一點主觀態度，所以不可言的。那多言不休，反是不能夠明白天道的人，所以說知者不言，言者不知。

【參考】晉王弼註："知者不言，因自然也。言者不知，造事端也。"宋范應元註："道不可知，不可言。知者知其不可知，不可言，故不言也。言者是不知其不可知，不可言，故言也。然則五千餘言，豈非言乎？此老氏憂後世溺於言辭，而不能反身而求之於此心之初，故令人因言以求意，得意則忘言，要在乎體而行之也！"

【註】塞其兌，閉其門，挫其銳，解其分，和其光，同其塵，是謂玄同——兌字，和說字通用。說字，和悅字通用。人為外界聲色貨利所引誘，一時心中喜悅，迷失本性，見不到天道的本相、人類

的公理，這是七情六欲的門，叫人迷失了本路，亡了人生的眞義。所以老子說要塞住悅人心目的聲色，要閉住貪心私欲的門路，這是拒絕外面引誘的方法。但人要不被外界所引誘，還須用內心修養工夫，第一步要去了好勝的客氣，便是挫其銳；第二步要排斥心中聲色貨利的雜念，便是解其分；第三步要使一言一動純厚自然，深合人情，不愛露鋒芒，這便是和其光；第四步要能用客觀的態度，明白人我相通的天性，凡事以求人羣的幸福為前提，我個人的幸福也合併在全人羣裏面，所以說同其塵；這樣子，纔能與最深微玄妙的天道相合，所以稱為玄同。

【參考】晉王弼註："挫其銳，含守質也。解其分，除爭原也。和其光，無所特顯，則物無所偏爭也。同其塵，無所特賤，則物無所偏恥也。"宋范應元註："言固不是，知亦未是。惟塞兌閉門，以挫情欲之銳，解事物之紛瑩，心鑑而不炫其明，混濁世而不汙其眞者，則是謂與道冥合矣。"蘇子說："道非言說，亦不離言說。然能知者未必能言，言者未必知，惟塞兌閉門，以杜其外，挫銳解分，和光同塵，以治其內者，默然不言，而與道同矣。"

【註】故不可得而親，不可得而疎，不可得而利，不可得而害。不可得而貴，不可得而賤，故爲天下貴——天道是最公正最普遍的，人能夠明白天道，看得人類一律平等，不分你我，不分親疎，沒有特別用私情相愛的人，也沒有因私仇相欺的人。因為一用私心，便是不合天道，不公正。他對待人類的感情，永遠站在水平線上，因為天地待人也是平均公正，沒有特別偏愛偏枯的地方，所以不能分別親疎利害貴賤，偏重在一方面的名稱來。因為他不偏，纔是最尊貴的，最高尚最永久的，最公正的，所以說爲天下貴。

【參考】晉王弼註："可得而親，則可得而疎也。可得而利則可得而害也。可得而貴，則可得而賤也。為天下貴，無物可以加之也。"宋范應元註："若可得而親之，利之，貴之者，則亦可得而疏之，害之，賤之也。何足常貴哉?"呂惠卿說："玄同，則默而成之之道也。若然者，萬物一府，生死同狀，無所甚親，無所甚疏，故不可得而親，不可得而疏。不就利，不遠害，故不可得而利，不可得而害。不榮通，不醜窮，故不可得而貴，不可得而賤。夫可得而親疏利害貴賤者，則貴在於物，而物能賤之。不可得而親疏利害貴賤者，貴在於我，而物不能賤也。其為天下貴，不亦宜乎?"

第五十七章

——又稱"以正治國章"。正便是天道的表現。公正便平等，便博愛，便能永久。

以正治國，以奇用兵，以無事取天下。吾何以知其然哉？以此：天下多忌諱，而民彌貧。民多利器，國家滋昏。人多使巧，奇物滋起，法令滋章，盜賊多有。故聖人云：我無為而民自化，我好靜而民自正，我無事而民自富，我無欲而民自樸。

【註】以正治國，以奇用兵——國家是人民的集合體。人民共同的心理，是要求生存，要求安靜，所以治國的人，能夠使人民生存，使人民安靜，自由發展，便是得到治國的正道。如何能達到這個正道？便要尊重民意，誠心為國家謀幸福，一點不能用奸詐的手段。待到國家與國家起了戰爭的事體，戰爭本是不合民意了，不正了，不妨用奸詐的手段，去得到最後的勝利，所以說以奇用兵。但這用兵一定是對付敵國的，決不是自相殘殺的，也不是對人民用武力，因為對待人民是應當正的。

【參考】晉王弼註："以道治國則國平，以正治國則奇正起也，故以正治國，則不足以取天下，而以奇用兵也。夫以道治國，崇本以息末，以正治國，立辟以攻末。本不立而末淺，民無所及，故必至於奇用兵也。"宋范應元註："兵以禁亂除暴，不得已而用之，不可以為常也。運籌於帷幄之中，決勝於千里之外，以奇異之謀也。"

【註】以無事取天下——用兵果然是背違天道，治國也是不自然，因為人類都是天道所化生，有天地生養萬物，人人平等，人原不能治人的。況且國是妨礙世界大同，引起人類爭鬥的動因，老子不但不贊成治，並且不贊成國家制度，因為國家制度是野心帝王的一種私有制度，是不合人類合羣博愛原則的。所以老子政治哲學的極軌，便以天下為標準。以無事取天下，是說無為而治的意思，使人人安於自然。人人能自由自治，不用政府去治他，那天下人心都能趨向在這一點上了。到那時候，不但不必用兵，且亦不必治。

【參考】晉王弼註："上章云其取天下者，常以無事，及其有事，又不足以取天下也。"宋范應元註："然而以正治國，以奇用兵，不若以大道無事而取天下也。"蘇子說："天下神器，不可為也，為者敗之，執者失之。唯體道者，廓然無事，雖不取天下，而天下歸之矣。"近人張之純說："治國當以正，若以奇，則但能施之於用兵，不示民以詐也。無事，無為也。取謂得其心也。"

【註】吾何以知其然哉？以此——此是說人心的表現，但人心的表現，便是天道的表現。所以明白天道的人，可以從天道中看出人心來。此字，也可以說天道。下面八句，都是在以此字的範圍以內。

【參考】宋范應元註："老子自謂何以知天下如是哉？蓋以此道而知之也。"高延第說："上二章言養生涉世，此言治天下奇正之術。但足自守不足以得志於天下，欲得志於天下，必在乎道德。'以此'指下八句何以知無為能得志天下，觀有為者不能治天下，則知無為能得之矣。"近人張之純說："何以知其然，是謂何以知以奇之不可。"

【註】天下多忌諱，而民彌貧——多忌諱的國家，一定是政府十分專制，法律十分嚴酷，那人民受專制政府的摧殘，橫征暴斂，有苦不敢說，祇剝奪人民的權利，犧牲人民的生命，供少數政府中人的淫樂。而人民的生計愈弄愈窮，不但是生計窮，且政府多忌諱，人民便把真情藏匿起來，處處用虛偽的手段去敷衍政府，慢慢的人民和政府的情感也窮了。一面生計窮，一面情感窮，便逼他走上了革命的路。

【參考】宋范應元註："政事叢脞，賦斂煩苛，動多忌諱，則民無所措手足，故愈貧窮。" 蘇子說："人主多忌諱，下情不上達，則民貧而無告矣。" 近人張之純說："兵機虛者實之，實者虛之，是多忌諱也。然以之治國，則四民不務實而貧。"

【註】民多利器，國家滋昏——利器，是說自私自利的手段。因為政府用奇計與敵人戰爭，奸詐百出，自私自利，帝王用暴力壓迫人民，橫征暴斂，這都是政府和帝王用的利器。人民一方面受了政府奸詐的引導，一方面受帝王的剝削，也竭力講自私自利的手段，人人祇謀私利，不管公益，那國家也窮苦紛亂了。

【參考】晉王弼註："利器，凡所以利己之器也。民強則國家弱。" 宋范應元註："授人以殺人之器，教人以殺人之事，則民多傚效，故國家滋益昏亂，是以兵不可以為常也。" 近人張之純註："利器以之用兵，則殺敵以致果。然以治國，則民多私鬥，而國家昏亂。"

【註】人多使巧，奇物滋起——帝王專事欺壓人民，政府專事剝削人民，人民一方面生活不能安定，一面受政府不道德的引誘，而環境又逼迫他不得不走到自私自利的路上去，因此不明天道，不守正理，祇講究機巧欺詐的方法，去騙得財利。人人走在邪路上，

祇求創造奇物哄騙人，謀得一時的利益，這都是人民窮苦生活不安定的現狀。

【參考】晉王弼註：「民多智慧，則巧偽生。巧偽生，則邪事起。」宋范應元註：「智惠出，有大偽。民多智惠，則不正之事益起。」近人張之純註：「奇技淫巧之物，遍於都市，而民習奢蕩矣。」

【註】法令滋彰，盜賊多有——盜賊的產生，有兩條路：第一條是貧窮的逼迫，第二條是富貴的引誘。那帝王、軍閥、資本家，盜用了人民公共寄託給他的勢力，去壓迫人民，剝奪人民，又用奸詐手段去哄騙人民，自己得到至富極貴。那平民的生計被他剝奪得一絲不留，已經足以逼迫人民走上盜賊的路了。那班富貴人，盜了公共的財，偷了公共的權，還不肯安分享用，還要耀武揚威，窮奢極慾，在窮人跟前誇耀引誘，人誰不願意富貴？窮人的心一動，他便不能安於勞苦的工作，人人去犯法，做盜賊，所以說，牢監裏的盜賊，是牢監外面的富人貴人逼迫引誘成功的。這個現狀，決不是法令所能制止的。且法令愈嚴，盜賊愈多。要國家沒有盜賊：第一要順著天道，使人類平均工作，平均享用；第二要不拿奢華淫靡去引誘他。

【參考】晉王弼註：「立正欲以息邪，而奇兵用多忌諱，欲以恥貧，而民彌貧。利器欲以強國者也，而國愈昏。是皆舍本以治末，故以致此也。」宋范應元註：「夫民窮則濫，民多利器則兇，民多智慧則詐。在上者不能無為無事，而使之自化，方且嚴刑法以誅之，明號令以禁之，而貪官猾吏則弄法以為奸智詐，窮民則相率而為盜。故法令滋彰，而盜賊多有矣。」蘇子說：「患人之詐偽，而多為法令以勝之，民無所措手足，則日入於盜賊矣。」楊增新說：「法令滋彰，盜賊多有，是老子所重者在道德，不在法令也。」

【註】故聖人云：我無為而民自化，我好靜而民自正，我無事而民自富，我無欲而民自樸——這四句，都是以無事取天下的意思。這個我，都是說治國的人。無為，是說不為自私自利而造作法令，那人民自然受了感化，不做自私自利的事體了。好靜，是說與人民各安於天道的自然原則，不去壓迫人民，干涉人民，那人民也安享天道自然，安樂無事。是說不戰爭，不勞苦百姓，那百姓盡力做生計的事體，自然得到富足發展。無欲，是說不動私欲，不去欺騙人民，那人民也不知天下有欺騙的事，天性渾厚，十分樸實，所以說我無欲而民自樸。

【參考】晉王弼註："上之所欲，民從之速也。我之所欲唯無欲，而民亦無欲而自樸也。此四者，崇本以息末也。"宋范應元註："此正己而物正者也。聖人如此，是以雖不取天下，而天下自歸之矣。"

第五十八章

——又稱“其政悶悶章”。悶悶，又稱閔閔。

其政悶悶，其民醇醇。其政察察，其民缺缺。禍兮福之所倚，福兮禍之所伏！孰知其極？正復為奇，善復為妖，人之迷其日固久！是以聖人方而不割，廉而不劌，直而不肆，光而不耀。

【註】其政悶悶，其民醇醇——悶悶，也是無為而治的意思。治國的，要留一部分聽人民自作主張，養成人民自立自治的能力，使人民順着天性享用自由的幸福。做帝王的人，不可定苛刻的賦稅與法律，保全人民渾厚的原氣。悶悶，是大度包容的氣象。醇醇，是忠厚的氣象。

【參考】晉王弼註：“言善治者無形無名，無事無政可舉，悶悶然卒至於可治，故曰其政悶悶也。其民無所爭競，寬大滔滔，故曰其民滔滔也。”宋范應元註：“謂其政以德，悶悶若昏，則其民富足而滔厚矣。”近人張之純說：“悶悶，無為之象。上無為，則民不事智巧，而風俗滔。”

【註】其政察察，其民缺缺——察察，是說苛刻煩瑣的樣子。專在小事上用心，不顧治國的大道，專圖一人的私利，那人民被暴力

所壓迫，便缺乏生產力，而生出怨望來。缺也是說人民不滿意政府的意思。

【參考】晉王弼註：“立刑名，明賞爵，以檢姦偽，故曰察察也。殊類分析，民懷爭競，故曰其民缺缺。”宋范應元註：“其政以智。叢脞為明，則其民財用缺，而醇厚虧矣。”徐大椿說：“察察，煩瑣也。缺缺，虧玷也。上以欺偽防民，民之操行反多掩飾，而俗遂漓矣。”

【註】禍兮福之所倚，福兮禍之所伏——渾厚便能得人心，精明便要失人心，所以拿悶悶的心去待人民，人民便拿醇醇的心來報答；拿察察的心去待人民，人民便拿缺缺的心來報答。人遇到有災禍的事體，便小心謹慎，處處依着天道做人，反可以得福，所以說禍兮福所倚。得到了福利以後，便要驕傲，驕傲便又要得禍，所以說福兮禍所伏。治國的處心待人民，便能得到人民的幫助。驕傲欺壓人民，便要受人民的反抗。這也是禍福報應自然的結果。

【參考】宋范應元註：“謂其政閔，清靜無為，而無福無禍；其政察察，有為躁動，而有福有禍。蓋吉凶悔吝生乎動也。由動而往，則福依於禍，禍隱於福。”《韓非子·解老篇》說：“人有禍則心畏恐，心畏恐則行端直，行端直則思慮熟，思慮熟則得事理。行端直則無禍害，無禍害則盡天年。得事理則必成功，盡天年則存而壽，必成功則富與貴全。壽富貴謂之福，而福本於有禍，故曰‘禍兮福所倚’。人有福則富貴至，富貴至則衣食美，衣食美則驕心生，驕心生則行奇僻而動棄理。行邪僻則生死夭，動棄理則無成功。夫內有死夭之難，而外無成功之名者，大禍也。而禍本生於有福，故曰福兮禍之所伏。”

【註】孰知其極，正復為奇，善復為妖——極，是說天道高深的

理。孰知其極，是說什麼人能夠明白這高深的天道？天道是無為的，是重自然的。治國的人，祇須順着天道民意自然的做去，不要有意用主觀的態度去干涉人民，強迫人民。你如有意去做，便是不合天道自然的趨向。往往在你以為正的，而人民所感受的是奇；在你以謂是善的，而人民所感受的是妖了。何況那治國的人，有意做出許多自私自利的事體，在人民更覺得痛苦不堪了！

【參考】晉王弼註：“以正治國，則便復以奇用兵矣。故國正復為奇，立善以和萬物，則便復有妖之患也。”宋范應元註：“蓋政者，正也。正本無為，苟有心而為正，則生民心，故反為奇異。善本自然，苟有心而為善，則變民心，故反為妖怪。”

【註】人之迷其日固久——人是說治國的人，和一班人民。那治國的人，不明白天道的自然，往往有意去干涉人民的行為，阻礙人民的獨立精神，那人民受政府的壓迫：也知覺痲木迷失了，真理不知，收回天賦的人權利，事事依賴政府，事事畏懼政府，這種黑暗時代，遺傳日久，人道便永無光明的一天，那國家也永永得不到真正的興盛。

【參考】晉王弼註：“言人之迷惑失道固久矣，不可便正善治以責。”韓非子說：“凡失其所欲之路而妄行之者，謂之迷。迷則不能至於其所欲至也。自天地之剖判，以至於今，故曰人之迷也，其曰故以久矣。”

【註】是以聖人方而不割，廉而不劌，直而不肆，光而不耀——這幾句話，都是說遵守天道自然之理。方刑用刀割成的，不是自然的方。那明白天道的人，順着天道自然表露出方正的行為來，不用虛偽的人工去幫助他。劌，是磨刀的意思。人明白了人類平均工作、平均產生的公理，便能自然守廉潔的公理，不奪人的利益，不爰虛

榮。這思想是自然養成的，不必經過磨鍊的工夫，所以說廉而不劌。
肆，是放縱的意思。直，是說人的語言行為十分坦白，但也不可放
縱，放縱便可侵犯別人的界限，這便是自由以不妨礙他人之自由為
界。能明白天道的人，他的行為完全出於自然，不詭祕，也不狂放。
燿❶，是誇張的意思。人的道德學問到了自然成功的地步，便能自然
光明，不必自己誇耀。自然光明，是永久的，充實的。誇耀是虛偽
的，是不永久的。

【參考】晉王弼註：「以方導物，舍去其邪不以方割物，所謂大
方無隅。以清廉清民，令去其邪，令去其汙，不以清廉割傷於物也。
以直導物，令去其僻，而不以直激沸於物也，所謂大直若屈也。以
光鑑其所以迷不以光照求其隱匿也，所謂明道若昧也。此皆崇本以
息末，不攻而使復之也。」宋范應元註：「皆本自然，非有為也，此
所謂不劌矣。如是，則民之淳厚自全，而妖異不作，又奚以察察為
善政哉？」《韓非・解老篇》說：「所謂方者，內外相應也。所謂廉
者，必生死之命也，輕恬資財也。所謂直者，義必公正，心不偏
黨也。」

---

❶ "燿"當為"耀"。——編者註

第五十九章

——又稱"治人事天章"。順天道治人，下合人性，上合天理，所以說治人事天。

治人事天，莫若嗇。夫唯嗇，是謂早服；早服，謂之重積德；重積德，則無不克；無不克，則莫知其極；莫知其極，可以有國。有國之母，可以長久。是謂深根固柢❶，長生久視之道。

【註】治人事天，莫若嗇——嗇，是爱惜節儉的意思。天地生產有限，生人的精力也有限，所以能管理人事，順受天道的人，都要爱惜精力，爱惜物力，在應當用的時候用。明白了這個原理，自然能治人事天。

【參考】晉王弼註："嗇，農夫。農人之治田，務去其殊類歸於齊一也。全其自然，不急其荒病，除其所以荒病。上承天命，下綏百姓，莫過於此。"宋范應元註："謂去人欲以事天道，莫若自爱精力也。"《韓非子·解老篇》說："所謂治人者，適動靜之節，省思慮之費也。所謂事天者，不極聰明之力，不盡智識之任。苟極盡則費神多，費神多則盲聾悖狂之禍至，是以嗇之。嗇之者，愛其精神，

---

❶ "抵"當爲"柢"。——編者註

嗇其智識也。"

【註】夫唯嗇，是謂早服——早服，是說預先順受的意思。要愛惜精神，須趁在精神未失去以前，預先順受天道。到精力已失去以後，再去愛惜他，已是來不及了。

【參考】宋范應元註："服，事也。夫惟自愛精神，是以能早服事天道也，晚則精炁已耗矣。"《韓非·解老篇》說："嗇之，謂術也，生於道理。夫能嗇也，是從於道而服於理者也。眾人離於患，陷於禍，猶不知退，而不服從道理。聖人雖未見禍患之形，虛無服從於道理，以稱蚤服。"

【註】早服，謂之重積德——積德，是說人能見道明澈，主意堅定，內心有相當的修養，不受外面虛榮的引誘，所以說重積德。這種工夫，不是對於天道有長久的觀察，是不成功的，所以說早服謂之重積德。

【參考】晉王弼註："唯重積德，不欲銳速，然後乃能使早服其常。"宋范應元註："謂及早而服事天道，謂之重積吾之所得者也。"《韓非·解老篇》："知治人者，其思慮靜。知事天者，其孔竅虛。思慮靜則故德不去，孔竅虛則和氣日入，故曰重積德。夫能令故德不去，新和氣日至者，蚤服者也。"近人張之純說："早服，預知其損而嗇之也。早服則無不約，內不搖其精，外不騖於欲。"

【註】重積德，則無不克；無不克，則莫知其極——內心有了深厚的修養，見理真，把持定，任你大勢力來壓迫他，他沒有不能戰勝的，所以說無不克，是天理戰勝人欲的意思。待到你戰勝了一切以後，順著天道做去，便可以永古長存，沒有銷滅的時候。

【參考】晉王弼註："莫知其極，道無窮也。"宋范應元註："重積吾之所得，則無不勝於人欲矣。無不勝於人欲，則合於天道，而莫知其窮極。此乃人欲盡去，天道流行也。"近人張之純註："克，勝也。柔勝剛，鈍勝銳，樸勝巧，儉勝奢，謙勝驕，故曰無不克也。舉天下無以勝之，則莫能窺其底蘊。"

【註】莫知其極，可以有國——人能明白天道，順天道做人，順天道處理萬事萬物。那天道是永古長存的，所以人能順天道，他的勢力也是永古長存的。有永古長存的勢力，纔能得人民的信仰而有國。

【參考】晉王弼註："以有窮而涖國，非能有國也。"宋范應元註："德既無極，則可以有國而為君也。能爱民物，則可以有國，此天下國家之本在身也。通乎此者，非以圖國而人自歸之，則其德可以有國也。"

【註】有國之母，可以長久——母，是說根本。有國之母，是說能夠明白了治國家的根本道理。治國家的根本道理，便是順民心，守天道。所以有國以後，須能守天道，順民心，纔能保得國家長久。

【參考】晉王弼註："國之所以安，謂之母。重積德，是唯圖其根，然後營末，乃得其終也。"宋范應元註："母者，道也，精氣之所自而生也。身有道，則精全氣順，可以長生。國有道，則民安物阜，可以久視。此所謂長生久視之道。"

【註】是謂深根固柢，長生久視之道——柢字，和蒂字通用。治國的人，得人民眞心擁戴，纔能長久。如何能得人民擁戴？便當愛民力，順民心。愛民順民，須能明白天道。明白天道，不論做什麼事，都可以深根固蒂，得長生久視之道。

【參考】宋范應元註："譬如木之根深柢固者，則枝葉繁盛，而能長且久也。"近人張之純註："精神者，人之根柢。嗇而藏之，故能長生久視。"

第六十章

——又稱"治大國章"。

治大國，若烹小鮮。以道蒞天下，其鬼不神。非其鬼不神，其神不傷人。神不傷人，聖人亦不傷人。夫兩不相傷，故德交歸焉。

【註】治大國，若烹小鮮——小鮮，是說小魚。煮小魚，不去腸，不去鱗，在鍋中煎煮的時候，不敢多翻動，因為魚身太小，一翻動便要腐爛，任其自然，纔得完整。管理大國的人民，也要和烹小鮮一樣，不可干涉人民的行動，不可常常改換號令，因為國大民多，稍一變動，便要惹起絕大的擾亂。須順着民心的自然做去，纔能長治久安，所以說治大國若烹小鮮。

【參考】晉王弼註："不擾也。躁則多害，靜則全眞，故其國彌大，而其主彌靜，然後乃能廣得衆心矣。"宋范應元註："治大國者，譬若烹小鱗。夫烹小鱗者，不可擾，擾之則魚爛。治大國者，當無為，爲之則民傷。蓋天下神器，不可為也。"《韓非·解老篇》說："工人數變業，則失其功。作者數搖徙，則亡其功。一人之作，日亡半日，十日則亡五人之功矣。萬人之作，日亡半日，十日則亡五萬人之功矣。然則數變業者，其人彌衆，其虧彌大矣。凡法令更則利害易，利害易則民務變，民務變謂之變業。故以理觀之：事大衆而數搖之則少成功，藏大器而數徙之，則多敗傷，烹小鮮而數撓之則賊其宰治。大國而數變法則民苦之。是以有道之君，貴虛靜而重變法。"

【註】以道蒞天下，其鬼不神——愚民信鬼，皆因他見理不明，心不安定。能夠明白天道的人，見理甚明，心中十分安定，所有邪魔鬼怪的事體，都不能惑亂他的心意。所以拿天道治國家，專靠人民自治能力，不信鬼神的事體，鬼也不靈了。

【參考】晉王弼註："治大國，則若烹小鮮，以道蒞天下，則其鬼不神也。"宋范應元註："鬼，歸也。神，伸也。聖人以道無為而臨天下，則陰陽和順，其歸於陰者，不伸於陽也。"《解老篇》說："人處疾則貴醫，有禍則畏鬼。聖人在上，則民少欲，民少欲，則血氣治而舉動理；舉動理，則少禍害。夫內無痤疽癉痔之害，而外無刑罰法誅之禍者，其輕恬鬼也甚，故曰以道蒞天下，其鬼不神。"高延第說："有道之君御天下，上下安於性命之情，不邀福，不稔禍，祈禱事絕，妖祥不興，故其鬼不神。"《莊子》云："一心定而王天下，其鬼不祟。"又曰："陰陽和靜，鬼神不擾"，皆此義也。

【註】非其鬼不神，其神不傷人——人心騷亂，政府淫暴，公理不張，生計斷絕，人民無可告訴，便去求鬼神保佑。人受情感上的作用，便覺鬼神十分有靈感。待到國家安定，人民富裕，政府管理人民處處順着天道做去，人民心中毫無痛苦，人人盡力，人人享樂，到這時候，人民對於鬼神的觀念淡薄，便知鬼神是沒有的，是不可靠的。並不是人民不信鬼，祇因政府不欺壓人民，人民不受痛苦，便不需要鬼神了。所以說非其鬼不神，其神不傷人。

【參考】晉王弼註："神不害自然也。物守自然，則神無所加；

神無所加，則不知神之為神也。"《韓非·解老篇》說："治世之民，不與鬼神相害也，故曰非其鬼不神也，其神不傷人也。"近人張之純註："以道治天下，則民清靜寡欲，無疾痛祈禱之事，邪祟亦不得憑以為禍。"

【註】神不傷人，聖人亦不傷人——天道使人生存安樂，愛惜萬物，不傷人類。那明白天道的聖人，也能夠順天道的自然，使人民自由快樂，不用自私自利的法令去傷害人民。

【參考】晉王弼註："道洽則神不傷人，神不傷人，則不知神之為神。道洽則聖人亦不傷人。聖人不傷人，則不知聖人之為聖也。夫恃威綱以使物者，治之衰也。使不知神聖之為神聖，道之極也。"

【註】夫兩不相傷，故德交歸焉——兩不相傷，是說神不傷人，聖人不傷人。天道順適萬物的本性，而不傷害萬物。明白天道的人，也順適人民的本性，而不傷人民。那萬物和人類受着兩重的保護，他生機一齊發展出來，所以說德交歸焉。

【參考】晉王弼註："神不傷人，聖人亦不傷人，聖人不傷人，神亦不傷人，故曰兩不相傷也。神聖合道，交歸之也。"《韓非子·解老篇》："上不與民相害，而人不與鬼相傷，故曰兩不相傷。民不敢犯法，則上內不用刑罰，而外不事利其產業；上內不用刑罰，而外不事利其產業，則民蕃息；民蕃息，而蓄積盛之，謂有德。"

第六十一章

——又稱"大國者天下之下流章"。下流，是說能夠容納各種人民。

大國者下流，天下之交，天下之牝，牝常以靜勝，牡以靜為天下，故大國以下小國，則取小國。小國以下大國，則取大國。故或下以取，或下而取。大國不過欲兼畜人，小國不過欲入事人。夫兩者各得其欲，大者宜為下！

【註】大國者下流，天下之交，天下之牝——下流，是說能夠容納各方而來歸服的人。國愈大，人民愈眾，人民愈眾多，種類便愈雜。大國好似大海一般，所以說天下之交。交，會合的意思，天下人民所會合的地方。牝，是虛的意思。那大國的所以能夠容納多數人民，實在是那治國的人大度虛靜，明白天道，順人民自然的本性，不用法令干涉人民的自由，好似一個空虛的政府。如何能虛？便須靜。如何能靜？便須明白天道自然的原則。牝是雌的，雌的生物常常靜守，所以說天下之牝。

【參考】晉王弼註："江海居大而處下，則百川流之。大國居大而處下，則天下流之。故曰大國下流也。天下之交，天下所歸會也。牝者靜而不求，物自歸之也。"宋范應元註："天下之所交會大國者，以其能謙而居下也。大國又宜主靜，譬之天下之牝牡，常以靜勝牡之動也。"

【註】牝常以靜勝，牡以靜為天下——牝是雌的，牡是雄的。雌的生物，往往用靜的美引動雄的，這是天性自然的表現。大沒有勝敗的關係在裏面，老子因為上文已用一個牝字做譬喻，此處也拿牝牡做譬喻，其實牝的靜，正是他的本性；且惟有雌的守靜，纔能顯出天地自然的妙用來，所以老子教人學牝的收靜，纔能合於天道，纔能治理天下。

【參考】晉王弼註："以其靜，故能為下也。牝，雌也。雄躁勁貪欲，雌常以靜故能勝雄也。以其靜，復能為下，故物歸之也。"宋范應元註："大國又宜主靜，譬之天下之牝牡，常以靜勝牡之動也。惟靜而無為，可以應動，惟謙而居下，可以得衆。"

【註】故大國以下小國，則取小國——下，是說謙虛安靜的意思。大國以下小國，是說大國能大度謙虛去結交小國，那小國便自然來歸附大國了，所以說則取小國，是說得小國的歸附。謙虛寬厚，是順天道自然的原則。

【參考】晉王弼註："大國以下，猶云以大國下小國，小國則附之。"宋范應元註："大國能謙下，則小國附之。"

【註】小國以下大國，則取大國——小國以下大國，是說小國拿謙虛靜退的心去結交大國，便可以得到大國的保護，所以說則取大國。取，是得到的意思。

【參考】晉王弼註："大國納之也。"宋范應元註："小國能謙下，則大國容之。"老子不是提倡大國併吞小國，小國服從大國的意思，是說大國小國都應謙虛安靜去服從天道，互愛互助，世界纔能太平。

【註】故或下以取，或下而取——取，是說感情融合，各自安適的意思。或下以取是說大國因爲謙虛，得到小國的歸附。或下而取，是說小國因爲謙虛得到大國的寬容。

【參考】晉王弼註：“言唯修卑下，然後乃各得其所。”宋范元註“故大國謙下以取人，小國謙下而取於人。”俞曲園説：“古以字與而字通。大國以下小國，則取小國；小國以下大國，則取大國；猶曰大國而下小國，則取小國，小國而下大國，則取大國也。故或下以取，或下而取，兩句文字無別，疑有奪誤，當云故或下以取小國，或下而取大國。”王樹枏説：“此卽孟子大事小小事大，樂天畏天之義。”老子謙退的道理，實是處世哲學的原則。人與人相交，衹有知足可以持久。如何能知足？須明白天道，明白我一個人在天地間的責任與地位。

【註】大國不過欲兼畜人，小國不過欲入事人——兼畜，是説大度容納歸附的民眾。入事，是説服從有大力的國家。大國的兼畜人，小國的服從人，都是天理自然的趨向。人性總是愛羣的。澈底講起來，世界上不應該有國，衹有人羣的互助互愛；互助互愛，便是兼畜入事。

【參考】宋范應元註：“不過兼畜入事而得所欲，則大小相安。”

【註】夫兩者各得其欲，大者宜爲下——大國容納小國，小國歸附大國，是自然的趨勢，所以説各得其欲。宜爲下，不是説卑下的意思，是説大度謙虛的意思。能虛心下氣，纔能得人的信仰。

【參考】晉王弼註：“小國修下，自全而已，不能令天下歸之。大國修下，則天下歸之，故曰各得其所。欲爲大者，宜爲下也。”魏源説：“人如有欲而不知，所以得遂其欲之道。如大國欲兼畜，小國欲見容，此天下之常情，而今皆以能下得之，則下之爲用也至矣。

故凡天下之物，大者宜爲下。”近人陳柱説：“下字，當作謙下解，非含垢忍辱不圖自強之謂也。知其雄，則内自強矣。守其雌，則外謙下矣。外不謙下，固足以起争端；内不自強，亦足以招戰禍。蟻慕羊肉，羊慕蟻肉，戰争之禍，強國固有罪，弱國亦應負責也。”

第六十二章

——又稱"道者萬物之奧章"。

道者，萬物之奧，善人之寶，不善人之所保。美言可以市尊，美行可以加人。人之不善，何棄之有？故立天子，置三公，雖有拱璧以先駟馬，不如坐進此道。故古之所以貴此道者何？不曰以求得，有罪以免邪？故爲天下貴！

【註】道者，萬物之奧——奧，是奧援的意思，也是庇護的意思。道生萬物，萬物靠天道而生存，所以說道者萬物之奧。

【參考】晉王弼註："奧，猶曖也，可得庇蔭之辭。"宋范應元註："言大道甚深，而萬物皆備。"

【註】善人之寶，不善人之所保——善人，是說明白天道的人。善人之寶，是說明白天道的人，看得天道十分尊重。不善人，是說不明白天道的人。不明白天道的，雖不知天道的可貴，但天道是大公無私的，一般的要保護他的，所以說不善人之所保。這正是萬物之奧的精神。

【參考】晉王弼註："寶以爲用也，保以全也。"宋范應元註："善人珍貴大道而不敢失，不善人依賴之而所以安。"李明哲說："善人自與道親，固寶夫道。不善人雖與道遠，而恃之而生，亦保於道。所以渾善不善而納於大同也。若善者與不善棄，示道之不廣矣。」

【註】美言可以市尊，美行可以加人——天道是無上尊貴。無上的善，雖不能人人明白天道，却是人人知道天道比任何寶物都尊貴，所以有天道的美名，可以表示尊貴，故謂美言可以市尊。倘然你有合於天道的美行，你的地位可以高於人上，所以說美行可以加人。從這地方，可以看得人心本來是善的，人人都知天道的可貴，人人都有明白天道的可能。

【參考】晉王弼註：「言道無所不先，物無有貴於此也。雖有珍寶璧馬，無以匹之。美言之，則可以奪衆貨之賈。故曰美言可以市也。尊行之，則千里之外應之，故曰可以加於人也。」馬其昶說：「美言之入人，猶市物之易售，故曰美言可以市尊。行成於己，人尊仰之，如加被於其身者然，故曰尊行可以加人。有道者之言行如此，雖有不善者，亦感而化矣，何棄之有？此申言道爲不善人之所保也。」

【註】人之不善，何棄之有——明白天道的人，應當實行天道的精神，公正待人，見有不明白天道的人，不但不應該棄他，還當一律愛護他，幫助他。況且人人根性中都有一個天道，人類原是天道所化生的，祇因被虛僞世俗所蒙蔽，明白天道的人，應當盡力去啓發他，不當棄去他。所以說人之不善，何棄之有？」

【參考】晉王弼註：「不善，當保道以免放。」宋范應元註：「人之未能明善豈可棄之？」近人張之純說：「既知天道爲心理之所同，何忍以其不善而棄之？」

【註】故立天子，置三公，雖有拱璧以先駟馬，不如坐進此道——天子三公，是功名中最尊貴的。拱璧駟馬，是器物中最尊貴的。但這個是人造的虛榮，不足貴的，反不如明白天道的可貴，所以說不如坐進此道。

【參考】晉王弼註：“言故立天子置三公，尊其位，重其人，所以爲道也。物無有貴於此者，故雖有拱抱寶璧以先駟馬而進之，不如坐而進此道也。”宋范應元註：“雖有拱璧之異，以先駟馬之良而爲獻，不如坐進此清靜無欲之道之爲貴也。拱璧駟馬，何足道哉？適足以起交爭之患矣！”馬其昶説：“立天子，置三公，則有朝聘之享禮。駟馬充庭，實而先之，拱璧玉以比德，故貴之也，然猶不如坐進此道之爲貴。古者三公坐而論道，故曰坐進。此申言道爲善人之實也。”

【註】故古之所以貴此道者何？不曰以求得，有罪以免耶❶？故爲天下貴——明白天道，隨時得到享用。善人求天道，隨時可以得到天道。惡人求天道，也可以把過去的罪惡免去。所以說：以求得，有罪以免。他可以救人精神上的痛苦，比拱璧駟馬還覚可貴，所以説爲天下貴。且要明白天道，先須除去拱璧駟馬財貨的引誘，因爲拱璧駟馬，不是人人可以得到的。你得了拱璧駟馬，一面引動了你的貪念，一面造成人類的不平等，從此起了人類的爭端。祇有天道可以使人人得到平等享用，平等發展，而永不起爭端，所以説可貴。

【參考】晉王弼註：“以求則得求，以免則得免，無所而不施，故爲天下貴也。”宋范應元註：“古之所以貴此道者何也？非謂其反求諸己則得之，得之則昔雖有罪而亦可以免之邪？故爲天下之貴也！此道求則得之，舍則失之。凡人未得道，則有妄作之罪；既得道，則昔雖有罪，亦可以免而自新，豈復有罪也。蓋循理則非特無罪，又可以利益於人物，豈不貴哉？”馬其昶說：“求以得，謂善人。有罪以免，謂不善人。此章言用人之道，貴善而不棄不善，亦尙慈之所推也。”

---

❶ “耶”當爲“邪”。——編者註

第六十三章

——又稱"爲無爲章"。爲無爲，是說盡力去做無爲的事醴。

爲無爲，事無事，味無味。大小多少，報怨以德。圖難於其易，爲大於其細，天下難事必作於易，天下大事必作於細，是以聖人終不爲大，故能成其大。夫輕諾必寡信，多易必多難，是以聖人猶難之，故終無難矣。

【註】爲無爲，事無事，味無味——無爲，是說不存私見去處置天下的萬事萬物，須純順天道做去，所以說爲無爲。無事，是說治國以安靜爲第一，不要多所干涉，多發號令，強人從己，使萬物自然生存在快樂的天道中，守着安靜的天道，所以說事無事。無味，是說存心平淡，不要貪心，不要好奇，順着天道，使人人平均發展，平均享用做去，沒有特富貴才能的人，纔不起爭端，纔能永遠相安於無事，這便是味無味。因爲天道本來是無爲無事無味，使萬物各順天性在水平線上發展的。

【參考】晉王弼註："以無爲爲居，以不言爲教，以恬淡爲味，治之極也。"宋范應元註："無爲無事無味，皆指道而言也。無爲言其虛，無事言其靜，無味言其淡。本皆自然而致之，守之，甘之，則在乎人，故不可不曰爲曰事曰味也。然此道至易細至和，而行之至難。若果而確，則未嘗難，未嘗招怨也。故聖人不妄爲，而常爲於無爲；不生事，而常事於無事；不就味，而常味於無味也。」

【註】大小多少，報怨以德——這是老子謙退虛靜的意思。能謙虛知道，處處順着天道，處處尊□客觀，所以處小事如大事，處易事如難事。少，是説少困難，便是易的意思。多，是説多困難，便是難的意思。這樣虛心謙讓做人，人雖有怨恨的心思待你，你也當用恩德去待他，這正是明白天道的人做的事。天有風雨滋養萬物，這是天的恩德；但也有不喜風雨的人，而怨恨天的。但天下因少數人的怨恨，而施恩德，這便是天的報怨以德。爲保障人權而立刑法，但盜賊總是怨恨刑法的，國家決不能因盜賊的怨恨，而廢去刑法，這便是國家的報怨以德。況且能順天道做去，人人得到平均享用，也沒有可怨的地方。若還有怨恨的，這一定是不順天道的人，自取滅亡的，也不用我去處治他。所以直可以説天下沒有怨恨的事體，便是有怨，自然有天處治他，我祇須報怨以德。

【參考】晉王弼註：「小怨則不足以報，大怨則天下之所欲誅。順天下之所同者，德也。」宋范應元註：「天地之大，人猶有所憾者。以天地有形跡，故得以憾其風雨寒暑太小多少之或不時；然天地未嘗以人有憾，而輟其生成之德。聖人之大，人亦有所怨者，以聖人有言爲，故得以怨其恩澤賞罰，大小多少之或不齊；而聖人亦豈可以人有怨，而輟吾教化之德？故曰報怨以德。」姚鼐説：「大小多少下有脱字❶，不可強解。」

【註】圖難於其易，爲大於其細，天下難事必作於易，天下大事必作於細，是以聖人終不爲大，故能成其大——天道微細，祇有細

---

❶ "字"當作"字"。——編者註

心靜氣的人，纔能考察得出來。又天下最大的事體，起點於最小。最複雜繁難的事體，總是從平易做起。所以明白天道的人，時時虛心靜氣。難事從平易時候着力，大事從細小時候注意，刻刻不敢自大，不敢看輕事物，不敢遠背天道，所以能夠成功治國平天下，得到全人羣信仰的大事業。

【參考】晉王弼註：“以聖人之才，猶尙難於細易，況非聖人之才，而欲忽於此乎?”宋范應元註：“知一涉言爲難免乎怨，則當於其易而謀之。知一有形迹難成乎大，則當於其細爲之。凡難事必作於易，大事必作於細者，不過在乎此心一發之始爾!”《韓非子·喻老篇》：“有形之類，大必起於小。行久之物，多必起於少。故曰天下之難事必作於易，天下之大事必作於細。是以欲制物者，於其細也，故曰圖難於易也，爲大於細也。”

【註】夫輕諾必寡信，多易必多難——不近人情，不明天道的人，必是要失信的，因爲他在諾的時候，不曾將人情天道細細考察過，待到實行的時候，便有違背人情天道的地方而生阻礙所以弄成失信的事。又凡事看得容易的人，他也是不明白人情天道的，到實行去做的時候，便發生困難，不容易成功了。所以不虛心，不用客觀態度考察天道的人，往往要寡信多難。

【參考】宋范應元註：“夫輕諾許於人者必少信實，固當謹乎言也。多輕易於事者必多艱難，固當謹乎爲也。”

【註】是以聖人猶難之，故終無難矣——這句和上句，是以聖人終不爲大，故能成其大，意思相同。明白天道的人，事事看得不容易，反容易做成事體了，所以說終無難矣。

【參考】宋范應元註：“是以聖人於輕諾多易尙且難之，故終無難也。”近人張之純說：“承上多少言之。惟先思其難，故終無難。”

第六十四章

——又稱 "其安易持章"。

其安易持，其未兆易謀，其脆易泮，其微易散。爲之於未有，治之於未亂。合抱之木，生於毫末。九層之臺，起於累土。千里之行，始於足下。爲者敗之，執者失之。是以聖人無爲故無敗，無執故無失。民之從事，常於幾成而敗之；愼終如始，則無敗事。是以聖人欲不欲，不貴難得之貨；學不學，復衆人之，所過。以輔萬物之自然，而不敢爲。

【註】其安易持，其未兆易謀，其脆易泮，其微易散——安，是説人心渾厚，安分守己，順着天道，平均發展，平均享用，沒有受到勢利貪欲的引誘。在這時候，祇須順着人心的自然引導他，時時不離天道的路，不必造作禮教法律去誘起他欺詐作僞的心思，所以説易持。未兆，又是退了一步，人心雖受了禮教法律的暗示，知道人欲享過量的權利名位，可以用奸詐手段去攫得；但他雖有這個思想，却還不曾表現在事實上，所以説未兆。這違背天道的行爲，在未兆的時候，還容易想法去挽回他，使他的行爲回復到天道的路上來，所以説易謀。脆，是薄的意思，這比未兆又退了一步，説人違背天道的行爲已經表現出來了；但是離天道不久，他作的惡很淺，

所以説脆。作惡脆的人，你若能用天道去補救他，容易使他受你的感化，而與人爲的惡脱離，所以說易泮。微，是比脆還要進一步，人離了天道作惡，已有了相當的時候，所以説微。到這時候，祇須你真能明白天道，拿天道的真理去感化他，還可以將他的惡念散去。這都是老子教人在人欲未動之先，或發動之初去救人。

【參考】晉王弼註：“以其安不忘危，持之不忘亡，謀之無功之勢，故曰易也。雖失無入有，以其微脆之故，未足以與大功，故易也。此四者，皆説慎終也。不可以無之故而不持，不可以微之故而弗散也。無而弗持，則有生焉；微而不散，則生大焉。故慮終患如始之禍，則無敗事。”宋范應元註：“諦觀此心之初，虛靈微妙，安而無危，於此持之，何難之有？持，謂持守道心也。此心之初，私欲未兆，初此謀之，豈爲難事？謀者，慮其有難也。由此而推天下國家方安之時，易爲持守；禍亂未兆之時，亦易爲謀慮也。設若私欲方萌，禍亂方芽，猶易散也。”高延第説：“此申上章之旨。安平無事之時，神旨完固，易於照察；及其有事，神志紛擾，每不自持。”

【註】爲之於未有，治之於未亂。合抱之木，生於毫末。九層之臺，起於累土。千里之行，始於足下——古語説：教婦初來，教子嬰孩。這是説，凡事須要在初起的時候注意，人心之初，渾渾噩噩，不知天道與人欲的分別，用天道去感化他，便成善人，用人欲去引誘他，便成惡人。少成若天性，習慣成自然。所以老子説爲之於未有，是説人心未有私欲的念頭；治之於未亂，是説人心未被貪欲的念所引亂的時候，去教導他。合抱之木、九層之臺、千里之行，都是比方善惡已成之後，便無法改造。而大善大惡，都起於最初的一念，好似大木的萌芽、高臺的基礎、千里的初步。我們要刻刻留心！

【參考】晉王弼註：“爲之於未有，謂其安未兆也。治之於未亂，謂微脆也。當以愼修除微，愼微除亂。”宋范應元註：“此先釋其安易持其未兆易謀之義，謂循理而爲之於私欲禍亂未有之時也。次釋其脆易泮其微易散之義，謂攻理私欲禍亂於未甚之時也。此皆端本澄源之意。”

【註】爲者敗之，執者失之——爲，是說人憑着個人的私見，去強迫天下人依順他。個人的私見，總是自私自利，不合天道的。那衆人受了你的損害，一定要打倒你，使你失敗。執，是說固執自己的意見，不服從多數人的公理，無論你的意見是純粹爲公的，也要失了衆人的心。這都是說不明天道的害。

【參考】晉王弼註：“以施爲治之形名，執之反生事原。巧辟滋作，故敗失也。”宋范應元註：“凡事從小成大，由近至遠。有爲者敗其自然，執着者喪其本真，故私欲自無而有，從微至着，去道日遠，以召禍亂也。”近人張之純説：“爲，已有而爲之也。執，已亂而治示之也。渴而掘井，不已晚乎？宜其敗且失而不可救也！”

【註】是以聖人無爲故無敗，無執故無失——明白天道的人，知道人是受天道支配的，天道是一律平等，合作共享的，你祇須順着多數人的心理，不存私見，不求私利，自然作去，這便無爲。無爲的人，能適合羣衆的心理，得到羣衆的幫助，所以説無敗。能服從公理，迎合多數人的心理，他心中不先存意見，這便是無執。不固執自己的意見，處處順人心，體天道，便沒有錯失了。

【參考】宋范應元註：“道本無爲，心非有作，一念纔起，卽是妄源。爲惡爲善，而事雖不同，逐境逐情，而意常不異。妄念既作，莫非危機。故舜曰：‘人心惟危’，是以聖人寂然不動，感而遂通。天下之故，常因自然，非區區有爲有執，故無敗無失也。”

【註】民之從事，常於幾成而敗之，愼終如始，則無敗矣❶——民之從事，是說人的做事，他起初果然能順着天道做去，那順天道做的事，沒有不成功的；但人往往在將要成功的時候，便自己驕傲起來，這驕傲是違背天道的，違背天道，立刻便要失敗，所以說幾成而敗之，這仍是不明白天道的結果。明白天道的人，知道人時時要順從天道，不可一刻離天道，那做事便刻刻小心，沒有始終的分別。始要順天道，終也要順天道，這樣做事，沒有不成功的。成功了事，也是人類應該的，沒有什麼可以驕傲的，那也不致功敗垂成了。

【參考】晉王弼註："幾成而敗之，不愼終也。"宋范應元註："凡事有爲則有敗，有執則有失。民之從於世事，爲利欲所誘，鮮因其自然，乃生心作意以爲之。其始也未必不謹，其終也多至於貪肆，故常於其事近乎成而敗之。若能謹終如始，則庶幾無敗事矣。"高延第説："以上皆教人愼其始也，以下戒人愼其終。"

【註】是以聖人欲不欲，不貴難得之貨——不欲，便是無欲，無欲便是不貪。人生在世，天地供給衣食材料，祇須盡力工作，便可盡量享用。人一身所用，原是有限的，祇使人人不起貪心，便可永免人類爭奪殘殺的事體。且人類所爭奪的，往往不在衣食，而在不可衣不可食的難得之貨，不可衣不可食的珠玉，有什麼可貴？這實在是不明天道，不求實際，被虛榮心所引誘出來的。所以聖人不貴難得之貨。難得之貨，便是得到了也不適實用的，這完全是被貪念所引動，所以先要無欲。

【參考】晉王弼註："好欲，雖微爭尚爲之與。難得之貨，雖細貪盜爲之起也。"宋范應元註："欲乎不欲，常無爲也。衆人貴難得之

---

❶　正文爲"事"。——編者註

貨，而輕至重之身，欲之勝也。聖人則不然，欲乎不欲，而不貴難得
之貨，將以輔萬物自然之理，而不敢妄爲也。"《韓非子·喩老篇》
說："宋之鄙人，得璞玉而獻之子罕，子罕不受。鄙人曰：此寶也，宜
爲君子器，不宜爲細人用。子罕曰：爾以玉爲寶，我以不受子玉爲寶。
是鄙人欲玉，而子罕不欲玉，故曰欲不欲而不貴難得之貨。"

【註】學不學，復衆人之所過——不學，是"絕學無憂"的意思。
人學得入世工夫愈深，天眞汩沒也愈深。老子勸人要脫離世俗，回復
天道。復，是挽回的意思。衆人所學得的禮敎，養人奸詐虛僞的習性。
道實是衆人的罪，須拿天道去挽回他，所以說復衆人之所過。

【參考】晉王弼註："不學而能者，自然也。喩於不學者，過
也。故學不學，以復衆人之過。"宋范應元註："學乎不學，體自然
也。復，反本之義，尙有爲之迹，而乖自然之道，學之過也。"

【註】以輔萬物之自然，而不敢爲——祇有自然纔能適合天道，
人受天道的支配，原不必自作主張。明白天道的人，不但使自身要
順着天道的自然做去，更要幫助萬物，使他適應天道，却是不敢多
所造作，去違反自然，違反萬物共通生存的大原理。

【參考】《韓非子·喩老篇》說："夫物有常容，因乘以導之。
因隨物之容，故靜則建乎德，動則順乎道。宋人有爲其君以象爲楮
葉者，三年而成，豐殺莖柯，毫芒繁澤，亂之楮葉之中，而不可別
也。此人遂以功食祿於宋邦。列子聞之，曰：使天地三年而成一葉，
則物之有葉者寡矣。故不乘天地之資，而載一人之身，不隨道理之
數，而學一人之智，此皆一葉之行也。故冬耕之稼，后稷不能羡也。
豐年大禾，臧獲不能惡也。以一人之力，后稷不足，隨自然，則臧
獲有餘，故曰恃萬物之自然，而不敢爲。"

第六十五章

——又稱"古之善爲道章"。善爲道，是説能體會天道的人。

古之善爲道者，非以明民，將以愚之。民之難治，以其智多。故以智治國，國之賊；不以智治國，國之福。知此二者，亦楷式，常知楷式，是謂玄德。玄德深矣，遠矣，與物反矣，乃至於大順。

【註】古之善爲道者，非以明民，將以愚之——老子書中，常常提起古字，可見他的思想，必根據前人的行爲和事實。古之善爲道者，這也是拿古人的行爲事實來證明，不是專重空談的。明民，是説使人民知道取巧作僞的方法。人心愈奸巧，違背天道愈遠，所以明白天道的人，不教人用智巧的方法，去取得私人的權要，養成他渾厚的風氣，使人類互愛和平，互助合作，不分公私你我，這全人群纔能得到平均發展，享到同等的幸福，而世界永遠太平。人心渾厚，不自作主張，在表面上看，好似愚笨的，實在是合於天道的。

【參考】晉王弼註："明爲多見巧詐，蔽其樸也。愚謂無知守真，順自然也。"宋范應元註："聖人之道，大而化之，故古之善爲道以化民者，非以明之，將以愚之，使樸厚不散，智詐不生也。所謂愚之者，非欺也，但因其自然，不以穿窬私意導之也。"近人嚴復説：“老之爲術，至如此數章，可謂吐露無餘矣。其所爲若與物反，而其實以至大順。而世之讀老者，尙以愚民訾老子，眞癡人前不得說夢也！”章炳麟說：“愚之何道哉？以其明之，所以愚之！今是駔儈則欺罔人，然不敢欺罔其同類，交知其術也。故耿介甚，以是知去民之詐，在使民戶知詐。”

【註】民之難治，以其智多——智多，是說人心澆薄，奸詐百出，政府法令，人民善於趨避，國家功名，人民善於巧取，祇知擴充私利，不知熱心國事。政府處於孤立無助的地位，所以說難治。

【參考】晉王弼註：“多智巧詐，故難治也。”宋范應元註：“不循自然，而以私意穿鑿爲明者，此世俗之所謂智也。”近人張之純說：“姦巧詐僞，多出於智。民熟法令，趨避愈精。”

【註】故以智治國，國之賊；不以智治國，國之福——道無窮盡，智有完時。事事公開，一聽天道，愛人如己，推己及人，人人感激，不治自化。倘然一用智謀，處處奸詐。稍不留意，眞相敗露，不但從此失却憑藉，無法治國，且取人人厭惡，衆叛親離。況人心渾厚，不可破其天眞，一用智謀，人人模倣，人心大壞，不可收拾，所以說國之賊。治國的人，全在順從天道，以人格化人。不但人民感化，容易治理，且使人人知順從天道，不用欺詐，國不治而治，天下不平而平。

【參考】晉王弼註：“智猶治也，以智而治國，所以謂之賊者，故謂之智也。民之難治，以其多智也。當務塞兑閉門，今無知無欲。而以智術動民邪心，旣動復以巧術防民之僞，民知其術防，隨而避之，思惟密巧，奸僞益滋，故曰以智治國，國之賊也。”宋范應元註：“用智治國，則下亦以智應，惟務穿鑿，不循自然，姦詐斯生，上下相賊。世俗之所謂智者，非國之賊而何？”莊子說：“至德之世，民結繩而用之，甘其食，美其服，樂其族，安其居，鄰國相望，雞

狗之音相聞，民至老死而不相往來。若此之時，則至治矣！」這便是
不以智治國的福。又說：「施及三王，而天下大駭矣。下有桀跖，上
有曾史，而儒墨畢起，於是乎喜怒相疑，愚智相欺，善否相非，誕
信相譏，而天下衰矣。大德不同，而性命瀾漫矣。天下好智，而百
姓求竭矣。」這便是以智治國的害。

【註】知此兩者，亦楷式，常知楷式，是謂玄德——楷式，是榜
樣，也是標準的意思。以智治國，國之賊。不以智治國，國之福。
這是自然的因果。治國家的，便當拿這兩點做標準。能夠認得清這
個標準，知道不用智術治國，纔能合得上天道最深的原理，所以說
是謂玄德。

【參考】晉王弼註：「楷式，今古之所同，則不可廢。」宋范應
元註：「此用智不用智兩者，亦是考古之法也。能知此考古之法，是
謂玄遠之德也。」近人張之純說：「常知楷式，便不以機智陷溺民心，
而合於無為之用矣，故曰玄德。」

【註】玄德深矣，遠矣，與物反矣，然後乃至大順——玄德，便
是天道。本來的德性，要用深刻的觀察，從萬物最初承受天道的形
狀性質，很深遠的考察下來，和萬物一齊囘復到最初渾厚的狀態，
互愛互助，不用機詐，便是與物返矣。這樣子，纔能與天地合其德，
與萬物同其性，無往而不適合，快樂和平，這便是大順。大順便是
太平，太平便是福。

【參考】宋范應元註：「玄德深而莫測，遠而無極，非以察察為
明，與智固反。然德博而化，乃復至於大順也。福者，百順之名。
智詐不作，禍亂不起，福之至也，順莫大焉。」近人陳柱說：「昏趨
於詐偽，而我鎮之以樸，以求復其初，故與物反。然不彫不琢，還
其自然，故為大順。」

第六十六章

——又稱"江海爲百谷王章"。這是拿江海比天道，拿百谷比萬物，萬物共一個天道的。

江海所以能爲百谷王者，以其善下之，故能爲百谷王。是以聖人欲上民，必以言下之。欲先民，必以身後之。是以聖人處上而民不重，處前而民不害，是以天下樂推而不厭。以其不爭，故天下莫能與之爭。

【註】江海所以能爲百谷王者，以其善下之，故能爲百谷王——水勢就下，江海地勢低於百谷，纔能容納百谷的水，這好似那政府原是人民的公僕，凡事要順從人民的公意，要容納人民的要求，處處謙下，事事虛心，纔能得人民的信仰，而成一個堅固的政府。如拿江海比天道，拿百谷比萬物，江海雖是百谷的王，而百谷亦是江海的源頭，若沒有百谷的水源，那江海也不能成其大。所以江海有自知之明，甘心處下。天道亦是如此。天道雖能生萬物，而萬物亦所以成天道，天地間若無萬物，也不成其爲天地，所以天道與萬物是互相因果的。天道有自知之明，便肯虛心容納萬物。政府何獨不然？政府的力量，是人民集合成功的，政府若不遵重民意，侵佔了人民所賦予的力量，而欺壓人民，那人民便要收回他的力量，而與

政府脫離，沒有人民的政府，也不成其爲政府了。所以政府要有自知之明，學江海的善下，尊重民意，纔能穩固而永久。

【參考】宋范應元註：“江海所以能爲衆水所歸者，以其善下之，而居不爭之地也。譬天下之歸於王者，以其謙下而不爭也。”《淮南子·說山訓》：“江河所以能長百谷者，能下之也。夫惟能下之，是以能上之。”

【註】是以聖人欲上民，必以言下之。欲先民，必以身後之——上民，不是說勢力享用在人民以上，是說要增進人民的幸福。所謂聖人，是最能明白天道的人，他見人類不能享天道自然的幸福，要增進他的幸福，自己願爲衆人犧牲，去做下層的工作，希望人人明白天道的原理，而一齊踏上博愛平等的大道，苦口婆心的向衆人勸說着，所以說以言下之。先民，也是說提高人民程度的意思。爲衆人的福利起見，自己先犧牲了福利，盡力謀最大多數的最人幸福。我嘗說，知識階級是人類的犧牲者，他要改良人類的環境，便先自犧牲了眼前的幸福，奔走呼號，創造主義，創造制度，席不暖，食不飽，受衆人的冷待，遭強暴的擒殺。待到全人類覺悟了，齊在他所創造的主義制度之下享樂着，而那智識階級，又爲更進一步的要求，去創造奔走更進一步的主義制度去了。世界人類進化不已，而主義制度的創造奔走也不已。智識階級，其永永在下的地位工作，後的地位享用，這是何故？因他能明白天道，欲上民先民的緣故。

【參考】宋范應元註：“聖人卑辭退己，非欲上民先民；而民自尊讓之也。此言欲者，俾爲人君者先要上民先民，謙辭後己也。”馬其昶說：“聖人欲崇上人，故以其言下之；欲推先之，故以身後之，非謂己欲上人先人也。金人之銘曰：‘君子知天下之不可上也，故下之。知衆人之不可先也，故後之。’此老子之說所自出。”

【註】是以聖人處上而民不重，處前而民不害，是以天下樂推而不厭——處上處前，都是說形式上的。那政府雖在人民上面，但他事事尊重民意，不壓迫人民，不橫征暴斂，因此人民的擔負不覺太重。政府凡事做人民的榜樣，跑在人民的前面。但是他以謀人民的福利為前提，不妨礙人民的發展。政府中人能夠明白人民的天性，明白天道，那人民便很歡喜擁戴政府，不厭棄政府了。

【參考】宋范應元註：“處之上而民弗重猶四體之戴元首也。處之前而民弗害，猶影之隨形也。自然相化，是以天下樂然推尊而不靨足也。”奚侗說：“處上而不壓抑，則民不以為重。處前而不壅遏，即民不以為害。”近人張之純說：“戴之在上，而不厭其重，故無惡而傾之之弊。導之於前，而不見其害，故無背而去之之心。”

【註】以其不爭，故天下莫能與之爭——不爭，是說政府能保護人民全體的福利，沒有私欲私利的念頭，不與人民爭利，那人民便全力保護政府。政府有人民為後盾，任何人不能打倒，不能和他爭地位了。

【參考】蘇氏說：“聖人非欲上人，非欲先人也，蓋下之後之，其道不得不上且先爾！”《文子·道原篇》：“故聖人不以事滑天，不以欲亂情，不謀而當，不言而信，不慮而得，不為而成，是以處上而民不重，居前而人不害，天下歸之，姦邪畏之；以其無爭於萬物也，故莫敢與之爭。”

第六十七章

——又稱"天下皆謂章"。

天下皆謂我道大，似不肖。夫唯大，故似不肖。若肖，久矣其細也夫！我有三寶，持而寶之：一曰慈，二曰儉，三曰不敢爲天下先。夫慈故能勇，儉故能廣，不敢爲天下先故能爲民成器長。今舍慈且勇，舍儉且廣，舍後且先，死矣！夫慈，以戰則勝，以守則固，天下將救之，以慈衛之。

【註】天下皆謂我道大，似不肖——不肖，是說不同樣。萬物雖是天道化生，萬物體中各有天道；但萬物祇得了道的性氣，而形質各不相同，尤其不能和天道同樣。因爲天道是虛空的，萬物是重濁的；萬物是可名的，天道是不可名的；萬物是天道化生的不是萬物化生天道的。因爲天道最永最大，萬物祇得了他的一部分，他的形質是暫時的，不能永久，如何能和千古不變其大無外的天道同樣？因爲不同樣，纔能看得出天道的大；因爲不同樣，纔能看得出萬物是天道化生的。

【參考】宋范應元註："老氏未嘗自大也，蓋以道自重，而天下莫能知之，故謂其大，而似不類衆人也。"王元澤說："肖者，有所似。道爲萬物祖，故體道者，物將似我，我豈似物乎？蓋有所似，

287

則是象彼，則彼大而我小矣。」徐紹楨說：「肖，類也。天下皆謂我道大似乎所類，而不知萬物皆我同類，唯其大而無所不類，乃一無所類耳。」近人張之純說：「此承上節言之。江海與百谷不相肖，惟其大也。」

【註】夫唯大，故似不肖。若肖，久矣其細也夫——天道是化生萬物的，是養育萬物的，所以無所不包，無所不備的。他不能與萬物同樣，倘然與萬物同樣，也便是萬物了，不是天道了。倘然與萬物同樣，是小的了，不是大的了。久矣其細也夫，是說其小也久矣，也不能成爲千古的大道了。

【參考】晉王弼註：「久矣其細，猶目其細久矣。肖則失其所以爲大矣，故曰若肖：久矣其細也夫。」宋范應元註：「夫惟大，故似不類衆人，若類衆人，則及其久矣亦細也夫。」近人陳柱說：「道可道，非常道，名可名，非常名。可道可名，以其有所肖也。有所肖，故可以言形容。凡能以言語形容者，皆有窮者也，焉得爲道哉？是故道者，無所肖者也，不能以言語形容者也。」

【註】我有三寶，持而寶之：一曰慈，二曰儉，三曰不敢爲天下先——能夠適合天道，得衆人的同情，又能傳之久遠的，稱做寶。寶，是尊重的意思。持而寶之，是說守住了永遠不失他的敬意。慈，是說替天道博愛萬物。儉，是說明白自己是萬物之一，不侵略，不貪心，盡我一分子的工作，享用我一分子，使人類永遠安於平等條件之下。不敢爲天下先，是說虛心謙退，考察萬事萬理，須要用客觀的態度，研究出一個眞理來，不敢先下主觀的斷語。遇到有權利的事體，也要退讓，看看這個權利是否人人普遍能夠享用的，若不是人類可以平均支配享用的權利，祇是少數人可以享用的權利，這便不合天道，不是眞權利。

【參考】宋范應元註：“老氏自謂我有三寶，持守而珍貴之。韓非云：‘事必萬全，而舉無不當，則謂之寶矣。’謂以三者爲寶，吾執持而寶之，珍惜之義也。吾之心慈愛素具，由愛親愛君推而愛人愛物，皆自然之理，茲爲第一寶也。儉，約也。吾能無欲，則甘於恬淡而不奢，茲亦一寶也。吾能虛靜謙退無爭，不敢爲天下先，茲又一寶也。”

【註】夫慈故能勇，儉故能廣，不敢爲天下先故能爲民成器長——女子是柔弱的，但她做慈母時，爲保護兒女，便十分勇敢起來。所以人能有慈心愛護萬物，爲天下伸張公理，便與強暴的政府軍閥反抗，擲去千萬頭顱而不畏，這便是因慈而有勇的表現。天地生萬物，替他平均支配着生活的材料，你是生物之一，祇能享用你一分子的，不能貪多侵略別人的。你一人生活上的需要是有限的，便是多佔據了，也祇是虛榮上的靡費。所以能從實際上想，人何必貪心？各人享用他一分子的便是儉。人人儉了，纔能人人得到享用，這便是廣。不敢爲天下先，是說不用主觀的思想，或是爲私人的利益去壓迫人民。凡事都要順從民意，以公衆的利益爲前提：使人人平均享用，平均發展，所以說爲民器長。

【參考】晉王弼註：“夫慈，以陳則勝，以守則固，故能勇也。節儉愛費，天下不匱故能廣也。唯後外其身，爲物所歸，然後乃能立成器，爲天下利，爲物之長也。”宋范應元註：“夫慈愛故能勇於行道，使親安君尊，而天下人無棄人，物無棄物也。儉約，故能不暴殄天物，而使天下不尙奢侈，家給人足，可謂廣矣。不敢爲先，而常謙下，不妄生事，而常虛應，人皆尊之，故能爲成才器之人之長也。”《韓非子·解老篇》：“慈母之於弱子也，務致其福；務致其福，則事除其禍；事除其禍，則思慮熟；思慮熟，則事理得；事理得，則必成功；必成功，則其行之也不疑；不疑之謂勇。聖人之於萬事也，盡如慈母之爲弱子慮也，故見必行之道；見必行之道，則其從事亦不疑；不疑之謂勇。不疑生於慈，故曰慈故能勇。」近人張之純說：「救民興師，故能勇。上節用則民藏富，故能廣。惟其不敢犯天下不祥而先之，天下且以爲成事之長而推戴之。」近人陳柱說：「此三寶，殆墨氏之學所從出：一曰慈者，兼爱也；二曰儉者，節用也；三曰不敢爲天下先者，非攻也。」

【註】今舍慈且勇，舍儉且廣，舍後且先，死矣——在表面上看，人爲多數人的幸福而犧牲一己的利益，這一己是很不值得的；但爲多數人便是爲一己。人不能離羣，羣衆的利益，便是一己的利益。倘然專爲謀一己的利益，而去損害羣衆，那羣衆的生機便死了，衆人死，一己也不能獨生，所以說死矣，是說損害羣衆，是造成人類全體的死機。王弼說：且字，是取字的意思。取勇，取廣，取先，是說勇於一己的利益，廣求一己的利益，先求一己的利益，這都是取死之道。

【參考】宋范應元註：「以此三者處上，則帝王天子之德也。以此三者處下，則玄聖素王之道也。今去其慈而好勇鬪狠，去其儉而奢侈多欲，去其後而與人爭先，是謂入死門矣。」

【註】夫慈，以戰則勝，以守則固，天將救之，以慈衞之——三寶中，慈尤其重要，因爲慈是於內心的自然。不明白天道，不能發生爲羣衆犧牲的大決心，並且沒有久守慈的大義，所以說慈以戰則勝，以守則固。天使人擔負救護萬物的責，所以使他生成慈愛的天性，去保護萬物，所以說以慈衞之。

【參考】宋范應元註：「夫慈愛之道，以之臨陣則正，以之守圍則固。苟有患難，則天必將救之，蓋以其慈愛而不妄傷人物，所以衛護之也。"蘇子說："以慈愛物,物之愛之,如己父母,雖爲之效死而不辭,故可以戰,可以守。天之將救是人也,則開其心志,使之無所不慈;無所不慈,則物皆爲之衛矣。"《韓非子·解老篇》:"慈於子者,不敢絕衣食。慈於身者,不敢離法度。慈於方圓者,不敢舍規矩。故臨兵而慈於士吏,則戰勝敵。慈於器械,則城堅固。故曰慈以戰則勝,以守則固。"葉夢得說:"三者推慈爲先,而後申之以爲戰則勝,守則固,是今之所急也。天若救斯民,必使慈者出而衛之,此老氏所怛然有期於天下者歟?"

第六十八章

——又稱"古之善爲士者不武章"。不武，是說不用強力壓迫人。

古之善爲士者不武，善戰者不怒，善勝敵者不與，善用人者爲之下。是謂不爭之德，是謂用人之力，是謂配天古之極。

【註】古之善爲士者不武——武，是用強力屈服人。一人的強力，總不敵衆人的抵抗，況且對人處事要用強力的，一定不是順天道自然的原理。不順天道的，天亦不容。人無論有如何強力，總不能勝天，所以善爲士者，能順天道，不用武力。能順天道，不但能使多數人服從，還能得天的幫助。

【參考】晉王弼註："士卒之帥也，武尙先陵人也。"宋范應元註："古之善爲士者，不尙武勇。遠人不服，則修文德以來之。"近人張之純說："以盛氣強力摧折人者，曰武。善爲士者，不先陵人，故不武也。"

【註】善戰者不怒，善勝敵者不與——怒是血氣之勇。善戰的，以公理戰勝武力，不恃血氣之勇。公理是永久的，怒氣是一時的，一時的終不敵永久的，所以善勝敵的人，不與敵人爭一日的短長，而爭最後的勝利。順天道，愛百姓，服從公理，打倒強權，能得最後的勝利，所以說善勝敵者不與。

【參考】晉王弼註："後而不先，應而不唱，故不在怒。不與者，不與爭也。"宋范應元註："德不能化，不得已而用兵禦之，則從容和豫，何怒之有？怒則無謀矣。若能不待出師，而亂自戢，此善戰也。"高延第說："《孫子》云：'主不可以怒而興師，將不可以慍而致敵。'皆不武不怒之意也。不與，謂不待交兵接刃。《孫子》云：'用兵之法，全國爲上，破國次之；全軍爲上，破軍次之'。不戰而屈人之兵。善之善者也，卽勝敵不與之義也。"陶鴻慶說："與，卽爭也。《墨子‧非儒下篇》：'若皆仁人，則無說而相與。'與下文若兩暴相爭云云，文義相對是相與卽相爭也。"

【註】善用人者爲之下——爲之下，便是服從人民的公意。人民的公意，便是天道，自然的表現。服從公意，便是服從天道。你能服從公意，那多數人民便能信仰你，肯爲你所用，所以政府欲得民心，先要有謙德待人民。

【參考】晉王弼註："用人而不爲之下，則力不爲用也。"宋范應元註："謙下者，人心悅服，而願爲之用也。"言便，是六十六章江海善下之故能爲百谷王，聖人欲上民必以言下之的意思。

【註】是謂不爭之德，是謂用人之力，是謂配天古之極——能順從天道，不壓迫人民，不與人民爭權利，那人民信仰你，感激你，可以不爭而得大德的名。能謙退包容，人人敬重服從，甘心聽政府的指揮，這便是用人之力。天是最大，古是最久。不爭謙讓，能夠合得上最大最久的治國的原理。

【參考】宋范應元註："不武不怒，而善勝敵者，皆是不爭之德也。謙爲德柄，實是用人之力也。天之道，不爭而善勝，下濟而光明。能如是，則德合於天古之極，至之道也。"奚侗說："不武，不怒，不與，是不爭之德也。爲之下，是用人之力也。"

第六十九章

——又稱"用兵者有言章"。

用兵者有言：吾不敢爲主而爲客，不敢進寸而退尺，是謂行無行，攘無臂，扔無敵，執無兵。禍莫大於輕敵，輕敵幾喪吾寶！故抗兵相加，哀者勝之。

【註】用兵者有言：吾不敢爲主而爲客——不敢爲主，便是不逞血氣之勇。守公理，養元氣，以逸待勞，不侵略人，祇講守禦之道。侵略是違背天道的，防禦是天賦本有的能力。天生萬物，使各安於者自然，不相侵害。攻人的是主，應敵的是客，攻人的便是不守公理，所以老子用兵主守不主攻，爲客不爲主。

【參考】蘇子說："主，造事者也。客，應敵者也。"吳澄說："爲主，肇兵端以伐人也。爲客，不得已而應敵也。"

【註】不敢進寸而退尺——進，是有意侵略人的意思。退，是無意佔據土地的意思。爲公理而戰，爲自衛而戰，敵人服從了，便退出敵境，各安於自然。所以老子用兵主退，不主進。

【參考】蘇子說："進者，有意於爭也。退者，無意於爭也。無意於爭則雖用兵，與不用均也。"呂惠卿說："退尺者，以逸待勞，以靜待驕。"

【註】是謂行無行，攘無臂，扔無敵，執無兵——明天道的人，視萬物如一體，用慈愛待萬物，各安本分，不欲用強暴去侵略人，做這違背天道的事體。人有違背天道的行為：來侵略我，憑着公理去征服，還時時不忘天道。雖行軍的時候，却有不得已而用兵的苦心，所以說行無行。攘，是抵抗的意思。不是自動的爭奪，所以說無臂。扔，是順着的意思。扔無敵，執無兵，說是順着天道，所向無敵，守着公理，是天下的至強，可以不用兵力服人，所以說無兵。

【參考】晉王弼註："行，謂行陳也。言以謙退哀慈，不敢為物先，用戰猶行無行，攘無臂，執無兵，扔無敵也，言無有與之抗也。"蘇子說："苟無意於爭，則雖在軍旅，如無臂可攘，無敵可扔，無兵可執，而安有用兵之咎耶？"奚侗說："有敵若無敵，故云扔無敵，是善勝敵者不與也。"

【註】禍莫大於驅敵，輕敵幾喪吾寶——敵人已敗，追殺不休，這便是驅敵。驅敵是好勝，是驕傲，不是不得已而用兵，不是為自衛而用兵，是有侵略的意思。這侵略的心一起，殺機大開，大禍從此起矣。所以說禍莫大於驅敵。仁慈是人心的寶，殺心一動，便忘了仁慈的本心，所以說輕敵幾喪吾寶。

【參考】晉王弼註："言吾哀慈謙退，非欲以取強無敵於天下也，不得已而卒至於無敵，斯乃吾之所以為大禍也。寶，三寶也，故曰幾亡吾寶。"宋范應元註："兵者兇器，戰者危事，故禍莫大於輕敵。倘好勇輕敵則近乎無吾大慈之寶矣。天道尚慈，聖人法天，以慈為寶，亦以民為寶。苟或輕敵出師，兩陳相交，傷殺無數，血塗草莽，骨暴荒郊，豈非亡吾寶哉？"馬其昶說："申言所以退尺之意，自視若無行列可整，無臂可攘，無敵可就。無兵可執，故不敢輕敵慎之至也。"

【註】故抗兵相加，哀者勝矣——天地生人，原使我們相助相愛，生存安樂，原不使我們互相殘殺，互相爭奪的，人類的互相殘殺爭奪，無非是要求生存；但天已遍地長着人的食料衣料住料，祇須人人盡力工作便可以人人盡量得到享用，原不用爭奪的。祇因有那不明白天道平均支配的人。他獨要比別人享用得多，不但享用得多還要得到不工作的享用。你不工作，便有加倍工作的人，勞逸不平均了。你享用得多，便有不夠享用的人，貧富不平均了。不平均，便要爭，人與人相殺，國與國相戰。所以明白天道的人，管理萬民，先要使人人平均工作，平均享用，人人滿足，人人相愛。因爲相爭是起於不足，人與人無可爭，便自然相愛了。但國內雖然太平豐足，也難保不有那別的不明白天道的國家來爭奪殘殺，便不得已練成國防的軍隊，以武力維持世界的和平。他有時雖與別國戰爭，但時時以和平爲念，並沒有侵略別人的心思。這和平之念，便是仁慈，便是哀。仁慈的軍隊，爲人道而戰，爲主義而戰，不但人人奮勇，便是敵人也受了你的感化，立刻降服了，所以說哀者勝矣。

【參考】晉王弼註：“哀者必相惜，而不趨利避害，故必勝。”宋范應元註：“故抗拒之兵，雖多寡強弱相似，則能不輕敵而有哀矜人命之慈者，必勝也。是何故耶？天道惡殺而好生爾！吁，兵以禁暴衛民，豈可以非迫於不得己而用之，輒輕舉以荼毒生靈也哉？”高延第說：“慈故能勇，以戰則勝。不得已而用兵，則惟慈者能勝。哀，卽殺人之衆，以悲哀泣之之義，言其慈也。”俞樾說：“哀字無義，疑襄字之誤。襄者，讓之假字。吾不敢爲王而爲客，不敢進寸而退尺，卽所謂讓也。”嚴復說：“民日卽於文明，使非動之以哀，未有能得其致死者也。”

第七十章

——又稱“吾言甚易知章”。老子一以天道爲本，所以說甚易知。

吾言甚易知，甚易行；天下莫能知，莫能行。言有宗，事有君。夫唯無知，是以不我知。知我者希，則我貴矣。是以聖人被褐懷玉！

【註】吾言甚易知，甚易行——老子五千言，都從一道字發生出來。天道廣大而邈茫，是不易知的；但萬物是天道化生的，萬物的性，便是天道的本相，萬物順天道自然生存的，便可得安樂長生，違背自然的，便立刻傷生命，我們從萬物的天性中，可以研究出天道來。但人非萬物，而萬物的種類無窮，人又怎麼樣可以去完全明白萬物的本性呢？其實却不知道人是萬物之一，我們能夠明白自己的天性，便可以明白萬物的天性；明白萬物的天性，便可以明白天道的本相。不但是人對萬物，便是人對人，也是如此。我要安樂，別人也要安樂；我要生存，別人也要生存；別人工作，我也要工作。孔子說：己所不欲，勿施於人。這便是天道養育萬物自然的原理。所以說：甚易知，甚易行。

【參考】晉王弼註：“可不出戶窺牖而知，故曰甚易知也。無爲而成，故曰甚易行也。"蘇子註："道之大，復性而足。性之妙，見於飲食起居之間爾。聖人指此以示人，豈不易知乎？人能體此以應物，豈不易行乎？"

【註】天下莫能知，莫能行——天下的人，不能明白道的真相，不能實行天道的精神，都是由於自私自利的心太重，祇有己無人，不能推己及人。天道是最公平最普遍的，須用正大的眼光，虛靜的心意，纔能體會出來，實行出去。人能知天道，行天道，便能不分人我的界限，急公好義，社會全體發達，受衆人的愛護，而一己的利益，纔能靠衆人的力量而發展，而永久，而安樂。明白天道的人，從全人羣中去得到一己應有的利益；不明白天道的人，往往損害全人羣，而謀一己的私利，到底連自己的私利也不能保。世人不能明白天道：沒有遠大的眼光，所以人永遠在煩惱痛苦中生存。

【參考】晉王弼註："惑於躁欲，故曰莫之能知也。迷於榮利，故曰莫之能行也。"蘇子說："世常患日用而不知，知且不能，而況行之乎？"李嘉謀說："道甚易知易行，而亦難知難行。所謂易知易行者，無道可道，無學可學，無爲可爲，無事可事，豈不易知易行者哉？然至道不可道，而言語皆非學，不可學，心動即僞，爲無爲而寂然不爲者未必是，事無事而終日事事者未必非，此其所以爲難，而天下莫知莫行也。"

【註】言有宗，事有君——宗，便是說天道的根本原理，無論千萬年，千萬物，千萬事，千萬人，都不能違抗天道而得生存，而得成功的。所以明白天道的人，說話句句順着天道，處事樣樣合着天道。天下事物雖無窮，而天道祇有一個。你的言，你的事，能合天道的，便都能發生效力，而至於成功，所以說宗說君。宗字，君字，都是主體的意思。

【參考】晉王弼註："宗，萬物之宗也。君，萬物之主也。"宋范應元註："吾言有所宗，吾事有所主。宗主者何？道德是也。道本無知，一而行萬，源止湛然。"蘇轍說："言者道之筌，事者道之迹。使道可以言盡，則聽言而足矣；可以事見，則考事而足矣。唯言不能盡，事不能見，非舍言而求其宗，遺事而求其君，不可得也。"

【註】夫唯無知，是以不我知——要明白天道，要得天道自然的享用，不是可以用人的聰明才力去得來的，是要保存自然的天性，順天理自然的法則，毫無自私自利的念頭，毫不加以主觀的思想，好似無知無識一般，渾厚自然，纔能合得上天道。古詩說："不識不知，順帝之則。"這裏面，要用正大公開的眼光去作宇宙全體的觀察，不可有一個我字的私見存着，所以說不我知。

【參考】晉王弼註："以其言有宗事有君之故，故有知之人，不得不知之也。"宋范應元註："道之用，則虛靜柔和，慈儉不爭，而不求人知，故人亦不可以智知。得之在我。同乎無知。夫惟無知，是以天下之人，於其他則可以智知，至於吾道，則不能知，非眞知也。"蘇轍說："蓋古之聖人，無思無爲，而有漠然不自知者存焉。此思慮所不及，是以終莫吾知也。"

【註】知我者希，則我貴矣。是以聖人被褐懷玉——我，是說天道，亦可以說明白天道的人。世上能夠明白天道的人甚少，因此天道於人類愈覺需要，愈覺可貴。明白天道的人，也是人類中最需要最可貴的。但是這個貴是出於自然的，出於他人。那明白天道的人，拿天道去救人羣，是看做自己份內的事。惟其做着救人的事體，纔算合於天道的，他自己看做一點不可貴，所以那聖人外面是十分謙下樸實，好似人穿着布棉衣一般；他內心十分熱烈清高，好似玉一般的清潔而可貴，所以說被褐懷玉。

【參考】晉王弼註："唯深，故知之者希也。知我益希，我亦無匹，故曰知我者希，則我貴矣。被褐者同其塵，懷玉者寶其真也。聖人之所以難知，以其同塵而不殊，懷玉而不渝，故難知而爲貴也。"宋范應元註："惟其真知吾道者希少，則吾道貴矣。其他可以智知者，何足貴哉？是以聖人內有真貴，外不華飾，不求人知，與道同也，故曰被褐而懷玉。玉者，以比德也。玉本不足以比德，蓋取世俗之所貴者爲比，以指人爾。"蘇轍說："衆人之所能知，亦不足貴矣。披，一作被。聖人外與人同，而中獨異爾。"近人徐紹楨說："家天下已久，忠信薄而禍亂相尋，老子知其道之不行，亦行且遠引，是以有'知我希則我貴矣'之嘆。褐，毛布，賤者所服。'聖人被褐懷玉者，不欲自炫其玉，而以褐襲之，亦求知希之意也。"

第七十一章

——亦稱"知不知章"。知不知，仍是上章"夫唯無知，是以不我知"的意思。

知不知上，不知知病。夫唯病病，是以不病。聖人不病，以其病病，是以不病。

【註】知不知上——天地生萬物，人爲萬物之一。萬物受天道的支配，人也須受天道的支配，任憑你人用盡知識去反抗天道，或是看做人力萬能，去代天地支配一切；但到頭終是限於天才，有所不知，有所不能。所以明白天道的人，順着天道自然的原理做去，不作僞，不反抗，不自私自利，以天地之心爲心。自己知道人力是有限的，人是無知的，纔最上乘有智識的人。這個不知，是說在可能範圍以內求知，不要妄作妄爲自以爲萬能，去做出許多違背天道、違背人道的事體來。

【參考】宋范應元註："道不可知，人能知乎？不知之處者，庶幾於道矣。故莊子曰：'知止其所，不知至矣。'"近人張之純說："知之而自以爲不知，深藏若虛，故曰上。"

【註】不知知病——不明白天道的玄妙偉大，看作人力是無限的，祇知自私自利，不知體天道仁厚普遍的原理去愛惜萬物，扶助

人羣，最後這人因反抗天道，不知自己的知力有限，而得到不自然痛苦的結果，這是人類的大病。

【參考】晉王弼註：“不知知之不足任，則病也。”蘇轍說：“道非思慮之所及，故不可知。然方其未知，則非知無以入也。及其既知而存知，則病矣。故知而不知者上，不知而知者病。”近人陳柱說：“莊子《知北游篇》，知謂無爲謂曰：‘予欲有問乎若：何思何慮則知道？何處何服則安道？何從何道則得道？’三問而無爲謂而不答也。非不答，不知答也。知以之言也。問乎狂屈，狂屈曰：‘唉！予知之，將汝若。’中欲言，而忘其所欲言。知不得問，見黃帝而問焉。黃帝曰：‘無思無慮始知道，無處無服始安道，無從無道始得道。’知問黃帝曰：我與若知，彼與彼不知也，其孰是耶？黃帝曰：彼無爲謂眞是也，狂屈似之。我與汝終不近也！由此段觀之：則無爲謂之知不知，所以爲上矣。知與黃帝之不知而知，所以爲病矣。”

【註】夫唯病病，是以不病——病病，是說知道避免那反抗天道自私自利最後得到不自然的痛苦的大害。第一個病字，是避免的意思。第二個病字，是說痛苦。是說避免反抗天道的痛苦，所以不去做那反抗天道的事體。不反抗天道，是在可知的範圍以內求知，是順着天道大自然的原則做人。

【參考】宋范應元註：“夫惟病彼天下有妄知之病者，是以不吾病也。”

【註】聖人不病，以其病病，是以不病——聖人明白天道，知道人是天道所化生，不能違抗天道，亦不能有高出於天道的知力，所以凡事順着天理人情做去，所以不受到不自然的痛苦。這是他很能夠知道避免妄作妄爲的罪惡，所以能避免不自然的結果。

【參考】宋范應元註：“聖人之所以不病者，以其病彼天下有妄知之病，是以知止其所不知，而不吾病也。"《韓非子·解老篇》："勾踐入宦於吳，身執干戈，爲吳王洗馬，故能殺夫差於姑蘇。文王見詈於王門，顔色不變，而武王擒紂於牧野，故曰'守柔曰强'。越王之霸也，不病宦。武王之王也，不病詈。故曰：聖人之不病也，以其不病，是以無病。"俞樾說："上文已言夫唯病病，是以不病，此又言以其病，則文複矣。《韓非子》作聖人之不病也，以其不病，是以無病。當從之。蓋上言病病故不病，此言不病故無病，兩意相承，不病者不以爲病也。"

第七十二章

——又稱"民不畏威章"。

民不畏威，則大威至矣。無陝其所居，無厭其所生。夫唯不厭，是以不厭。是以聖人自知不自見，自愛不自貴，故去彼取此。

【註】民不畏威，則大威至矣——人能明白天道知道順從大自然的原則做去，這大自然的原則是天定的唯一的法律，任何人都不能侵犯他，違抗他。他有最大的威權，最大的勢力。違抗了天道大自然的原則，便自然的要得到大禍。但世上的人，都不知道害怕這天道的威權，往往違背天道，自私自利，奸儉殘殺，最後那天道要使你受到最慘酷的報應，行使他最大的威權在你身上了。

【參考】宋范應元註："道者，在人之身，則爲神明。畏者，嚴憚之意也。盛者，自心神明之威也；自心神明，正直無私，威不可犯，深可信畏。凡人不間言語隱顯云爲，惟此心纖毫不可欺者，乃神明之所在也。或者昧此，恣情縱欲，潛行不善，以爲己獨知之，面人皆不知，殊不顧自己神明之威，凛凛然不可欺也。不知畏威，惡積不已，則大威至矣。大威至，則天厭之，安可解？此有道者所以循自然之理，而毋不敬，不敢妄爲也。"呂惠卿說："民不冥於道，而唯識知之尙，故生生厚；生生厚，故輕死；輕死，故不畏威。民至於不畏威，則無所不爲，此天之所自以明威而大降其虐也。"第一個威字，是說個人眞理公道的威權，人應當服從自己腔子裏本有的眞理公道。第二個大威，是說天的威力，便是大自然的原則。

【註】無陝其所居，無厭其所生——陝字，便是狹字的意思，也便是壓迫的意思。居，是說人心所安定的地方。人心能順着天道，和平公正的做去，便能永久安定。人若違背天道，逞人心的私欲做去，互相爭奪欺騙，便是壓迫得人心中離天道愈遠，精神愈痛苦，人心愈不得安定。所以老子勸人要順從天道自然的原則去做人，不要壓人心，使他不得安定。生，是說人身中的生機。人能順天道，纔能安靜；能安靜，纔能永久長生。人若自私自利，侵害公衆的幸福，剝奪公衆的生計，那世界不安，便要大亂。大亂一起，一切生機都銷滅，所以人自私自利，便是人羣大亂的起因，亦是自己銷滅生計的大禍根。老子勸人不要自私自利去厭棄自己的生機。

【參考】晉王弼註："清淨無爲謂之居謙後，不盈謂之生。離其清淨，行其躁欲，棄其謙後，任其威權，則物擾而民僻，威不能復制民，民不能堪其威，則上下大潰矣。天誅將至，故曰民不畏威，則大威至。無狎其所居，無厭其所生，言威力不可任也。"宋范應元註："人之運用，非神氣則不能矣，神氣不可須臾而離也。神清則氣爽，氣濁則神昏，故常當虛靜以存神，謙柔以養氣，循自然之理以應物。倘不能虛其心，弱其志，不使情欲得以竊入傷害，則是戲玩其所居之神，厭棄其所生之氣也。"今人陳柱說："此言治天下者，無狹迫人民之居處，使不得安舒，無厭笮人民之生活，使之不能順適。"

【註】夫唯不厭，是以不厭——厭，是說自暴自棄的意思。人能愛憐自己的身體，順着天道做去，不被人類的劣根性所引誘，處處

服從公理，熱心爲羣衆，那羣衆也幫助你，使你安樂發達，大家不厭棄你了，這便是自助天助的意思。人須先要自棄，纔被天棄，便是"天作孽，猶可爲，自作孽，不可活"的意思。

【參考】晉王弼註："不自厭也。不自厭，是以天下莫之厭。"馬其昶說："人不自厭其所生，則不見絕於天，亦不見惡於人。"

【註】是以聖人自知不自見，自愛不自貴，故去彼取此——自知，是說明白自身是萬物的一分子，人類中的一個，祇須盡我一分子一個人的力量去工作，去做人羣互助的事體，得到一份子一個人的享用，便心滿意足了。自見，是說看重自己，急急要把自己表現在人羣以上，自私自利，侵畧別人的產業，而祇求一個人的安樂，這是不自知、不合天道的公理□**❶**。自愛，是說替天道，愛萬物的原理，原理愛我自身。如何是眞正的愛，是永久的愛？便須使我的身體，合於天道自然的發展，使全人羣安樂。全人羣平均享用，平均發展，我個人纔得永久安樂。自貴，是祇有自己，沒有別人，是片面的，不公平的，專制的，自私自利的，不能維持到永久的。所以明白天道的人，要去那個不合天道的陜其所居，厭其所生，自見自貴；而取這個合於天道的不陜其所居，不厭其所生，自知自愛。

【參考】晉王弼註："不自見其所知，以耀光行威也。自貴，則物狎厭居生。"宋范應元註："聖人自知其神，而不求人知；自愛其氣，而不求人貴；故去彼自見自貴之行，而取此自知自愛之道。是以神氣相守，顯則成體，隱則成始。"馬其昶說："人欲自見其長，自貴其生，皆病也。唯能自知自愛者，庶幾免焉。故去彼妄知，取此上智。"近人張之純說："見，表暴也。自愛其身，不事矜夸也。"

---

❶ 原書不清。——編者註

第七十三章

勇於敢則殺，勇於不敢則活，此兩者：或利或害。天之所惡，孰知其故？是以聖人猶難之！天之道：不爭而善勝，不言而善應，不召而自來，繟然而善謀。天綱恢恢，疏而不漏。

【註】勇於敢則殺，勇於不敢則活——敢，是膽大。膽大的人，一定重主觀的思想。不肯虛心考察天地間的正道公理，一憑私意，任性做去，往往與天道違背，而不能自然生存，走到了自殺的路上去。人欲求長生，不知道順快樂和平的天道，却日夜憂慮，焦心苦志，學修鍊的邪道，妄服藥石，這是一憑私見，違反天和的。欲求長生，反致殺生，這都是一個敢字害了他。做人衹有處處虛心考察天道，順自然的大原則做去，快樂和平，不敢動私慾，不敢自作主張，那便可以保全自然的壽命。所以說勇於不敢則活。

【參考】晉王弼註：「勇於敢則殺，必不得其死也。勇於不敢則活，必齊命也。」宋范應元註：「強梁者，勇於敢而好爭，則因以殺身。柔弱者勇於不敢而不爭，則因以活身。」《淮南子·人間訓》說：「秦牛缺徑於山中而遇盜，奪之車馬，解其橐笥，拖其衣被。盜還，反顧之而無懼色憂志，囂然有以自得也。盜遂問之曰：吾奪子財貨，劫子以刀，而志不動何也？秦牛缺曰：牛馬所以載身，衣服所以掩形也。聖人不以所養害其養！盜相視而笑曰：夫不以欲傷生，不以利累形者，世之聖人也。以此見王者，必且以我爲事也。還反殺之。此能以知知矣，而未能以知不知也。能勇於敢，而未能勇於不敢也。"這樣說來，人便是明白了天道，也須虛心忍耐，身體力行，不可敢於言說，自取殺生之禍。

【註】此兩者：或利或害——兩者，是說敢和不敢。世人往往以敢爲利，但往往因敢而殺身。往往以不敢爲害，但往往因不敢而保全生命。此爲有利的反有害，以爲有害的反有利，所以說或利或害。

【參考】晉王弼註："俱勇而所施者異，利害不同，故曰或利或害也。"宋范應元註："此敢與不敢兩者，世或以敢爲利，而因以殺身，則是害也；世或以不敢爲害，而因以活身，則是利也。故曰或利或害。"

【註】天之所惡，孰❶知其故——人自作主張，自私自利，反抗天道，用主觀的態度，處置天下事物，這都是勇於敢，都是不明白天道的原因，是天所惡的。但是世界上有什麼人能夠明白這個道理呢？因此，世人大都是犯天怒的。

【參考】晉王弼註："孰，誰也。言誰能知天下之所惡意故耶，其唯聖人乎！"宋范應元註："由是觀之：強梁者天之所惡，斷可識矣。而世之人誰知其常也？世俗但知趨利避害，而鮮知利之爲害也。"《列子·力命篇》說："生非貴之所能存，身非愛之所能厚；生亦非賤之所能夭，身亦非輕之所能薄。故貴之或不生，賤之或不死，愛之亦不厚，輕之亦不薄。此似反也，非反也。此自生自死自厚自薄……言迎天意，揣利害，不如其已。"

【註】是以聖人猶難之——聖人，是明白天道的人。明白天道

❶ "執"當爲"孰"。——編者註

的，還要十分忍耐謙虛，不可自以爲明白天道，便勇於敢爲。好似秦牛缺的被殺，是明白天道而勇於敢爲的禍，所以說猶難之。

【參考】晉王弼註："夫聖人之明，猶難於勇敢，況無聖人之明而欲行之也？故曰猶難之也。"宋范應元註："是以聖人之於勇敢有爲，尚且難之，以其有利害存乎其間也，故常虛靜謙柔循理應物，安於不爭之地。況非聖人而欲妄動可乎？"

【註】天之道：不爭而善勝，不言而善應，不召而自來——天道無言，所以明白天道的人，也要無言。天道運行不息，明白天道的人，也當不停的工作。你要有偉大的能力，須要從工作中得來，不是從言談中得來。你要得完滿的幸福，也是要用相當的勞力去交換來的。儘是說空話，那幸福是不會來的。所以說：不爭而善勝，不言而善應，不召而自來。

【參考】晉王弼註："天唯不爭，故天下莫能與之爭。順則吉，逆則凶，不言而善應也，處下則物自歸。"宋范應元註："天之道，不與物爭，而物自化，是是勝也。然人不可外此心而求天道於高遠也。不言而有感必通，是善應也。不可須臾而離之，是不召而自來也。"

【註】繟然而善謀。天網恢恢，疏而不漏——繟然，是繩索和緩的樣子。那天道靜默，看似很和平的；但世界上第一個有智謀的人，不能勝過天的善謀。好似那大眼兒的網，看去好似寬疏；但人有違抗天道的罪惡，總要受到天罰。大惡大罰，小惡小罰，總不能夠漏去的。

【參考】晉王弼註："垂象而見吉凶，先事而設誠，安而不忘危，未召而謀之，故曰繟然而善謀也。"宋范應元註："恢，大也。包羅無外，如大網焉，雖希疏而不失巨細，善惡皆不可逃也。此聖人所以輔萬物之自然，而不敢妄爲矣。然天網者，亦不可外此心而求之也。"蘇轍說："世以耳目觀天，見其一曲，而不覩其大全。有以善而得禍，惡而得福者，未有不疑天網之疏而多失也。惟能要其終始，而盡其變，然後知其恢恢廣大，雖疏而不失也。"徐紹楨說："天之道，繟然舒緩，似無所謀；而其謀則未嘗不周。蓋天若有網然，恢恢然甚廣大也。其網之目甚疏，而未嘗有漏也。

第七十四章

——又稱"民不畏死章"。不畏死，是求生。

民不畏死，奈何以死懼之？若使民常畏死，而爲奇者，得執而殺之；孰敢？常有司殺者殺！夫代司殺者殺，是謂代大匠斲。夫代大匠斲者，希有不傷其手矣！

【註】民不畏死，奈何以死懼之——民不畏死，有兩種意思：人原是求生的，因爲求生，所以怕死；但也因爲求生，便敢拚着生命的危險，去保護生命，到這時候，本來是怕死的，反變成不怕死了。所以政府倘然用死去壓迫人民，那人民爲求生的心重，便冒死與政府爭囘生機。所以國家刑法愈重，那犯法的人愈多，國家法律愈密，人民反抗的勢力愈大，這便是死裏求生。第二種意思，是說人爲什麼怕死？祇因他覺得活着有味。人對於生存祇感覺痛苦，他便也不怕死了。所以政府用暴虐手段壓迫人民，那人民覺得活在世上無味，便也不怕死，與政府反抗。到那時候，任你政府用如何嚴厲的手段對付，也不能壓制人民的暴動了。所以從這兩方面看，政府用死去壓服人民，都是無用的。祇有用和平公正的情感與人民的情感打成一片，使世界太平，人民安居樂業，人民覺得生存在世界上的快樂。那纔怕死，纔肯服從政府的命令。

【參考】宋范應元註:"謂民之爭利犯法而不畏死者,由上之人有爲多欲而然也。在上者只當清靜無欲,而使之自化,如之何更以死罪懼之!"蘇轍說:"政煩刑重,民無所措手足,則常不畏死。雖以死懼之,無益也。"《尹文子・大道篇下》:"老子曰:'民不畏死,奈何以死懼之?'凡民之不畏死,由刑罰過;刑罰過,則民不賴其生;生無所賴,視君之威未如也。刑罰中,則民畏死;畏死,由生之可樂也。知生之可樂,故可以死懼之。此人君之所宜執,臣下之所宜愼!"錢大昕說:"《老子》,救世之書也。周道先禮後刑,其弊至於臣強君弱。老氏知後之矯其失者,必以刑名進也,故曰'天將救之,以慈衞之'。"

【註】若使民常畏死,而爲奇者,得執而殺之;孰敢——人民到了怕死的時候,一定是世界太平,政治清明,人人得到自由平等的幸福,人活在世上一定是十分有趣味的。那時政府順着天道管理萬民,人民若有違背天道,擾害人羣的,政府便可以用死刑去禁止他,那人民一定是十分怕死刑的。其實在如此太平光明的世界上,人人都愛生,人人都適於生存,誰也不肯去做那犯法的事體,自投死刑。倘然在太平時候,還有犯死刑的人,這人一定是有奇怪脾氣的,做政府的便可以去捉他來殺死他,除去擾亂世界的敗類。但究竟有什麼人在太平世界肯敢去犯法的呢?

【參考】晉王弼註:"詭異亂羣,爲之奇也。"宋范應元註:"在上者既以清靜無欲化民,如使民而樂生畏死,不犯刑法,而其間或有爲異常之事以亂正者,吾得以刑法執而殺之,孰敢爲奇?惟其不畏死,所以爲奇也,吾亦豈可遽殺之?常有司殺者殺矣!當思吾之政恐有未善,賦役恐有煩苛,而使之至於此也;益宜反躬修德以化之。若或果是天理之所不容,國人之所共疾,法當棄市,則是司殺者殺之，非吾殺之也；亦非司殺者殺之，乃其自取也。蓋天道惡殺而好生耳。"蘇轍說："民安於政，常樂生畏死，然後執其詭異亂羣者而殺之，孰敢不服哉？"嚴復說："然而天下尙有爲奇者，則可知其不畏死。"奚侗說："此言民若畏死，則吾執一奇衺之民而殺之，天下當無敢復爲奇衺者矣。"

【註】常有司殺者殺——司殺者，是說管理國家法律的人，他是不能有自由的主權。人民犯了應當受死罪的人，纔可以去殺他。百姓若不犯死罪，政府便不能濫用法律去殺人，所以法官殺人，不是人殺人，是國法殺人；也不是國法殺人，是那犯人自己殺自己。這纔是公正的政府，這人民纔知道怕死而不敢犯法。

【參考】晉王弼註："爲逆順者之所惡忿也，不仁者人之所疾也，故曰常有司殺者殺也。"宋范應元註："天網恢恢，疏而不漏。苟有惡積罪大之人，常有司殺者殺之。"

【註】夫代司殺者殺，是謂代大匠斲——第七十三章，已說過天網恢恢，疏而不漏，有違抗天道的，總不能得到完美的結果。那司殺的權是在天，不是在人，所以老子進一步說代司殺者殺，是說人竊取了天的權去殺人，不要說你用私意殺人往往要寃枉殺死許多好人，便是用公正的法律去殺那有罪的惡人也不是應該的。因爲人和人是同類，大家祇有互助互愛，保持人類的和平，這是自然的天道；那政府也祇能謙虛安靜去感化人民，這人民和政府都能享到長治久安的福。倘然政府奪了天的權去殺人，便容易濫用威權，破壞了人類的和平，人民便反抗政府，政府便不能長保。政府的殺人，好似代大匠斲，愈弄愈壞的。因爲人若不順天道自然，得不到好結果，已有天在那裏處罰了，已有天在那裏司殺了，不用政府再代司殺者殺。

【參考】宋范應元註：“謂設或有爲奇者，而上之人執而遽殺之，是代天之司殺者殺矣。夫代天之司殺者殺，是拙夫而代大匠斲！”

【註】夫代大匠斲者，希有不傷其手矣——大匠，是說天道。大匠斲，是說天道自然的大原則。順天者昌，逆天者亡，天道是最公正，最偉大，所以有這樣大的威權，他從不濫用威權。明白天道的人也從不敢反抗天道的。政府代行天道去殺人，便要濫用威權，人民便要起而反抗政府，推倒政府，這好似代大匠斲的人自己傷了手的一般。

【參考】宋范應元註：“拙夫代大匠斲，希有不傷其手矣。是知爲民上者，當以清靜無欲化民，而使之不至於爭利犯法可也。苟不以德，而反重刑憲，欲代天之司殺者殺，則是爲民上者殺之，亦必及其身矣。”蘇轍說：“非天之所殺，而吾自殺之，是代司者殺也。代大匠斲，則傷其手；代司殺者殺，則及其身矣。”

第七十五章

——又稱"民之飢章"。

民之飢，以其上食稅者多，是以飢！民之難治，以其上之有爲，是以難治！民之輕死，以其求生之厚，是以輕死！夫唯無以生爲者，是賢於貴生。

【註】民之飢，以其上食稅者多，是以飢——政府是人民的公僕，是受人民的僱用而爲人民造幸福的。政府所應得的，祇有他一定的有限的幾個工錢，決不能做貪贓枉法搜括脂膏的事體。政府倘有貪財的不法行爲，人民便可以查他的賬，解除他的職務，還可以定他的罪。人民的賦稅，是人民的血汗勞苦換來的，他每年繳納賦稅與政府，決不是供給政府中人自私自利的，是把這公共集合的公款，委託政府中人，替人民辦理發展公共生計，保護公共生命用的。發展公共生計，所以要整理道路，開闢田地；保護公共生命，所以要練成強有力的軍隊，對外可以抵抗敵國的侵略，對內可以捕捉盜賊。決不是政府中人可以利用人民發展生計的公款，吞沒了去變成個人的私產，住着高廳大屋，抱着嬌妻美妾，一聽人民生計窘迫饑餓而死。也決不是政府中人可以佔據人民保護生命的國家軍隊，爲軍閥個人爭奪權利而作戰，反而擾亂人民，殺戮人民的。但是如今

人民一天一天的不斷的繳納他的賦稅，並且加倍繳納他的賦稅，而人民却一天一天的受着飢餓，且十分的受着飢餓，這是什麼道理？這都是上面政府中人自私自利，吞沒了人民的賦稅，祇圖自己的享樂，不替人民做發展生計的事業，不替人民做保護生命的事業。那政府中人食贓的愈多，人民的饑餓愈甚，這種公僕，我們還要得嗎？

【參考】宋范應元註："食者充君之庖，稅者輸國之賦，食用當儉，賦稅當輕。在上者或取之於民太多，是奪民之食，而使之飢也。然則上之庫藏，民之怨府也。"今人陳柱說："此老子欲救當時之亂，而特揭出其亂源以告之也。然天下後世之亂，曷有不由於此者矣。"

【註】民之難治，以其上之有爲，是以難治——有爲，是說不順天道，不服民意，專制獨斷，造出種種法令，虐待百姓，造出種種賦稅來剝削人民。那政府的法令，都是便於自私自利設的。政府收取的苛稅雜捐，都是爲增加私人財產而定的。壓迫人民不能自由發表意思，不能保全生計。政府是人民僱用的公僕，今公僕盜竊主人的財力、權力，反而壓迫主人，主人豈不有起來反抗之理？所以民之難治，是政府有爲所造成的。

【參考】宋范應元註："庫藏之物，民之膏血也。何況酷吏非法誅求，視天之民反不如於猪狗？吏餘珍饌民乏糟糠，怨氣衝天，禍亂斯作！殊不知民不難治；至於難治者，由上之人有爲多欲，而民亦化上，是以難治也。"蘇轍說："上以有爲導民，民以有爲應之，故多事而難治。"近人胡適說："凡是主張無爲的政治哲學，都是干涉政策的反動。因爲政府用干涉政策，却又沒干涉的本領，越干涉越弄糟了，故挑起一種反動主張，放任無爲。歐洲十八世紀的經濟學者、政治學者，多主張放任主義，正爲當時的政府實在太腐敗無能，不配干涉人民的活動。老子的無爲主義，依我看來，也是因爲當時的政府不配有爲，偏要有爲，不配干涉，偏要干涉，……故老子說：‘民之難治，以其上之有爲，是以難治！’老子對於那種時勢發生激烈的反響，創爲一種革命的政治哲學。”

【註】民之輕死，以其求生之厚，是以輕死——這句話，多麼可憐，多麼悲憤！人誰不貪生？待到人不怕死了，這是一種什麼心理，什麼環境了！常見大戰時候，那勇士衝鋒陷陣，前扑後繼，身死疆場的，竟有數十百萬之多，他難道說真的輕生嗎？真的不怕死嗎？祇因他要保全本國數千萬萬人民的生命，要保全祖國數千萬萬人民所寄託的土地，所以不郵犧牲一己的生命，去換得多數的生命。這豈不是求生之厚嗎？還有暴虐的政府，處處壓迫人民，剝削人民，人民宛轉呼號於政府暴力之下，生機斷絕，生命危險，那有血性的男兒，起革命之師，以與政府對抗，不郵擲去千萬頭顱，終究得到了民眾最後的勝利，那政府也推倒了，人民的生命也保全了；但所謂革命先烈，却一齊把自己的生命犧牲了，這難道說那血性男兒有意輕生嗎？實在是他甘心擲去少數的生命，去換得多數同胞生命的安全，也是求生之厚的一點苦心！所以做政府的要明白人民不是天生好亂，天生不怕死，祇因政府暴虐壓迫，摧殘了多數人的生命，便有少數人起來拿自己的生命與政府爭回多數人的生機。做政府的若要避免人民的革命行爲，便須不妨礙多數人的生存，便是厚生。

【參考】宋范應元註：“民本不輕死，以其在上者嗜欲太厚，意欲自生其生，下民化之於利甚切，不顧危亡，是以輕死。殊不知外物不足以存生，故物有餘而生，亡矣！”蘇轍說：“上以利欲先民，民亦厚其生，故輕死而求利不厭。”

【註】夫唯無以生爲者，是賢於貴生——無以生爲，是說不可專把自己的生命看得太重。人因爲把自己的生命看得太重，便要做出

許多自私自利損人利己的事體來。但我要自利，別人也要自利，人類便起了爭利的大禍，社會從此不安靜，反弄得人人不利。做政府的人，倘然祇知道飽自己的私欲，食稅太多，祇知擴大自己的生活慾，橫征暴斂，嚴刑峻法，那人民忍無可忍，便要輕死去做革命工作，變成難治的人民。所以政府若能不以私人的生活爲事，能盡力於人民公共的福利，這政策却勝於太重個人生活的人。賢於貴生，是說勝於祇知看重自己生命的人。

【參考】晉王弼註：「言民之所以僻，治之所以亂，皆由上不由其下也，民從上也。」元吳澄註：「賢，猶勝也。貴生，貴重其生，即生之厚。求生之心重，保養太過，將欲不死，而適以易死，至人非不愛生，順其自然，無所容心，若無以生爲者然。外其身而身存，賢於重用其心以貴生而反易死也。」宋范應元註：「賢如『猶賢乎爾』之賢。夫惟無以厚爲其生者，是猶賢於貴其生者矣。秦皇漢武，焚書坑儒，反道敗德，恣情縱欲，苦萬民以自貴，其生適以輕死。」魏源說：「我自厚其生，則人亦各欲厚其生。欲厚其生而不得，夫安得不輕死乎？則是民之輕棄其生，由於生生之厚。而民之厚生，由於上之自厚其生，有以誘之而又奪之也。則無以生者，其賢於貴生明矣。末語老氏宗旨，因言俗弊遂及之，而其意則深遠矣。」

第七十六章

——又稱"人之生章"。是說人生在世界上是要服從天道的。

人之生也柔弱，其死也堅強。萬物草木之生也柔脆，其死爲枯槁。故堅強者死之徒，柔弱者生之徒。是以兵強則滅，木強則析。強大處下，柔弱處上。

【註】人之生也柔弱，其死也堅強——這是老子貴柔思想的反證。柔，是順的意思。人生在世界應當順天道，纔得生存，所以人欲生存在世界，以柔弱爲第一義。虛心應物，服從公理，不用主觀的態度，不自私自利，都是柔弱的表現。因爲人生存在世，已成了有形質的東西，一有形質，便是物，物是天道所變化的，便當事事順從天道，任你如何意志堅強的人，總不能反抗天的力。所以人有生命的時候，他的肉體是很柔軟的。在人的肉體上面，可以看出活人對於天道應守的態度。待到人死以後，他的靈魂肉體，一切復歸於天道，天道與人併爲一體，人便是天道，天道便是人，人與天道同爲主體。主體是有一定不移的大原則，永古長存，歷久不變的，所以很堅強。我們看了人失了生命的時候，他的肉體很堅強的，在這堅強的肉體上面，可以看出死人對於天道應守的態度。老子這句話，並不是使我們注意在死後，是要我們注意在生前。人是愛生存的：既愛生存，便要守生人柔弱的本義，不可私心堅強，違背天道。

【參考】宋范應元註："冲氣爲和，故柔弱也。和氣既無，故剛強也。"

【註】萬物草木之生也柔脆，其死爲枯槁——人是萬物之一，萬物草木，都能順着天道，得到自然的生存，享着本有的天年，祇因他在生存的時候都是柔脆的，不但是枝葉柔脆，他的性情也十分柔和，從不反抗天時。春天萌芽，夏天茂盛，秋天黄落，冬天潛服。待到草木死後，他纔放棄柔脆的天性，任他枝體枯槁。到春夏時候，也不萌芽茂盛了。到秋冬時候，也不黄落了，他此時已將本性還於天道，與天道合爲一體，不必順天道的了。

【參考】宋范應元註："前言人既如是，此言物亦皆然。以人物驗之，則知剛強者死之徒，柔弱者生之徒。欲強梁而自生其生者，斷不可也，明矣。"

【註】故堅強者死之徒，柔弱者生之徒——上面說人與萬物兩段，是老子主張守柔思極的例證。這一句，是歸納他的理論，不論人與物，凡是反抗天道祇知自私自利的，都是求死的一類行爲。能夠明白天道，不自從❶主張，順着天理人情自然做去的，纔是適於生存的行爲。

【參考】蘇轍說："冲氣在焉，則體無堅強之病。至理在焉，則事無堅強之累。"徐紹楨說："人生則肢體運動自如，似無柔弱。死則身軀冷硬，似無堅強。草木亦然，生則柔軟，死則枯槁矣。由此理觀之：是堅強者死之徒，柔弱者生之徒也。"

【註】是以兵強則滅木，強則折——這是不虛心考察天道順從天道自然的結果。兵強易勝，兵勝易驕，兵驕易敗，易滅。因爲人的志氣一驕傲，便滿肚子祇有主觀的思想，不虛心考察對方面的真情

---

❶ "從"當爲"作"。——編者註

以及公共的原理，獨斷獨行，不獨用兵要失敗，凡事一用意氣，便容易失敗，因爲他是違抗自然。木強則折，是一句陪襯的話，現成的例證，沒有什麼深意的。

【參考】晉王弼註：“強兵以暴於天下者，物之所惡也，故必不得勝。”宋范應元註：“主兵者以慈則勝，若恃強而不義，則不勝也。木強大，則人共伐之。”蘇轍說：“兵以義勝者，非強也。強而一義，其敗必速。”高延第說：“兵強不勝，所謂國雖大，好戰必亡也。木強則折，所謂直木先伐也。”徐紹楨說：“此章專以戒世之窮兵黷武者。自周秦以後，二千餘年，用兵以強而敗者，不可以數。楚之敗於漢，王莽之敗於光武，曹操之敗於周瑜，劉備之敗於陸遜，其最彰明較著者也。”

【註】強大處下，柔弱處上——上是說成功的意思，下是說失敗的意思。強大，便是不服從公理，剛愎自用。柔弱是說虛心下氣，順受天道。強處下，柔弱處上，其勢甚順，可以永久。倘然輕重倒置，重大的在上面，輕小的在下面，便立刻要倒下了，所以做人以處心服從公理爲貴。

【參考】晉王弼註：“強大處下，木之本也。柔弱處上，枝條是也。”宋范應元註：“木之強大者取下，柔弱者虛上。譬人之恃強自大者自取於下，柔弱者當處於上也。蓋其道自然耳。”

第七十七章

——又"天之之❶道章"

天之道其猶張弓與？高者抑之，下者舉之，有餘者損之，不足者補之。天之道，損有餘而補不足。人之道則不然，損不足以奉有餘。孰能有餘以奉天下？唯有道者！是以聖人爲而不恃，功成而不處，其不欲見賢。

【註】天之道其猶張弓與——張弓的人，預先將身軀立正，腰幹挺直，用鎮定的氣、平均的力、持久的工夫，那箭射出去纔能命中達遠。天道也是十分正直、十分公平的，他生養萬物，遍地都有，萬物都得到平均的生活、平均的安適，所以天道能終古長存。我們要明白天道，祇須從張弓上看出來，是要正直和平。

【參考】晉王弼註："與天地合德，乃能包之。如天之道，如人之量，則各有其身，不得相均。如惟無身無私乎自然，然後乃能與天地合德。"宋范應元註："天道公平，人鮮能知，故取張弓之喻以明之。"

【註】高者抑之，下者舉之——練習射箭的人，前面設着箭靶，拉弓搭箭，須使兩臂保持平衡勢力，不可使臂太低或太高，太低太

---

❶ 第二個"之"字當爲"衍"字。——編者註

高都不能夠射中箭靶。天道待遇萬物，也十分平均，遍地有萬物，遍地有生機。明白天道的人，也要順着自然原理，使人人平均工作、平均享用。人類沒有貧富勞逸的階級，世界便永遠太平。無論工作享用，各方面太過與不及，都不是正當的辦法。

【參考】宋范應元註："夫張弓者，高則抑，下則舉，有餘者減，不足者補，取其相稱而已。"文子《十守篇》："天之道抑高而舉下，損有餘補不足。江海取地之不足，故天下歸之奉之。聖人卑謙清靜辭讓者，見下也；虛心無有者，見不足也。見下故能致其高，見不足故能成其賢。"

【註】有餘者損之，不足者補之——這是射箭的人不可用力過猛，力太猛了，那箭射出去不能平直，便不能射中箭靶，所以說有餘者損之。但也不可不用力，不用力便不能射到那箭靶上去，是要用一股鎮定能持久的巧勁。天道也是如此，他不願萬物有不平均的享用。那建大功立大業的人，往往從貧苦勤奮中得來的，這便是不足者補之。富貴驕淫的人，大都得到失敗的下場，這便是有餘者損之。最好隨時工作，隨時享用，公平自然，永久不敗。

【參考】今人陳柱註："天道損有餘以補不足，人之道何獨不然？惟在上者生生之厚太甚，故復恃權怙勢，損不足以奉有餘，此天下所以亂也。惟有道者審乎此，常自損其有餘以補天下之不足，而又不欲人之德我，故天下之人於不知不覺中得其不平之平，而天下之亂乃可以稍弭耳。嗚呼！老氏之智，何其見之遠也！"

【註】天之道，損有餘而補不足。人之道則不然，損不足以奉有餘——錦上添花，趨奉勢利，是人類最普遍的劣根性；但這是違背天道的舉動。天平均生人，平均養人，若有不均的，最後總要自然趨向於平均的大道，所以有餘的便受損，不足的使得補。人是天道

所化生的，隨事都不能反抗天道。人是我們人類假定的名稱，按到實在，人便是天，天便是人，人如何可以不順天道？祇因人自己看做是萬物之靈，處處自作主張，私心自用，有己無人，便成了一種不自然的人之道，專一欺壓貧苦，趨奉勢利，損不足以奉有餘。但人力總不能勝天，天下貧寒的人多，富貴的人少，少不能敵多，最後的勝利，便當屬之平民。終要使得天的生產，天下人平均享用，纔能太平，這便是天道戰勝人道。

【參考】宋范應元註：“反天道也。蘇曰：‘天無私故均，人多私故不均。’”今人張之純說：“人滿則天概之，故有餘當損。書曰：‘滿招損，謙受益。’是乃天道，正此意也。”

【註】孰能有餘以奉天下？唯有道者——有餘以奉天下，是知足的表現。人所以有貪心，全是虛榮的觀念，若能平心靜氣一想，知道一個人衣食住的享用都是有限的，衣食住有餘，便等於廢物，廢物去奉天下，於人有益，於我無害，何樂而不爲？況且天的待人，十分公平，你隨時工作，隨時可以得到衣食住，正不必你預先憂愁、預先居積。一有居積的心思，便是侵奪了別人的生產，是違抗天道自然之理。所以明白天道的人，便能有餘以奉天道。

【參考】宋范應元註：“有道者，故能如此。蘇曰：‘有道者，瞻足萬物而不辭。’既以爲人己愈有，既以與人己愈多。非有道者，無以堪此！”

【註】是以聖人爲而不恃，功成而不處——明白天道的人，知道使人類平均享用是長治久安之道，社會能長治久安，我個人也可以享得太平的幸福，所以爲人群謀福利，便是爲自己謀福利。本沒有什麼功，也不必向人誇張，也不必自己居功。

【參考】晉王弼註：“言唯能處，盈而全虛，損有以補無，和光同塵，蕩而均者，唯其道也。"

【註】其不欲見賢——見賢，是說好名的人，專講究虛名，在人前誇張。有名的人，最容易招人怨恨，講究了虛名，往往要忘了實事，所以說不欲見賢。

【參考】宋范應元註："賢，能也。聖人法天之道，爲之而不恃，功成而不處，其不欲見能於人也。倘爲之而恃，功成而處，以見其能於人，豈天道也哉？"今人張之純說："與天下相忘於自然，故不以自居。"

第七十八章

——又稱"天下莫柔弱於水章"。

天下莫柔弱於水，而攻堅强者莫之能勝，以其無以易之！弱之勝强，柔之勝剛，天下莫不知，莫能行。是以聖人云愛國之垢，是謂社稷主。受國不祥，是謂天下王。正言若反！

【註】天下莫柔弱於水，而攻堅强者莫之能勝——老子因要人順天道，勸人主柔，主靜，主虛下，主平均，主自然。最柔、最靜、最虛下、最平均、最自然的，便是水。水善利萬物，處污下而不爭，所以說上善若水。但水的形質雖柔弱，而他的精神却極剛强，任你最堅强的器物，都要被水溶化。最容易見的，便是水蝕鐵、水穿石。反過來說，任你有大力堅硬的器物，都不能損害水。甚至將水煮沸，成爲氣質，一遇冷，又變成流質了。你總無法減少他，消滅他的。所以老子勸人要和水一般的濟物利人，又要和水一般的堅持天道，不爲人欲所屈服。

【參考】晉王弼註："言用水之柔弱，無物可以易之也。"宋范應元註："此就人之易見者而喻之，以申明柔弱之道也。夫兩剛相攻，二俱有損。而石剛也，水能穴之，石有損而水無損，是攻剛强者莫之能勝於柔弱也。"呂惠卿說："天下之物，唯水爲能，因物之曲直方圓而從之，則是柔弱莫過於水者也。而流大物，轉大石，穿陵谷，浮載天地，唯水爲能，則是攻堅強者無以先之也。所以然者，以其雖折曲萬變，而終不失其所以爲水，是其無以易之也。夫水之爲柔弱，而柔弱之勝剛強，天下莫不知，而老子數數稱之何也？以天下雖莫不知，而莫能行也。」

【註】以其無以易之——水能柔弱虛靜卑下，處處合於天道。凡是順天道的，便是最有力、最永久的，任你如何用威力壓迫，都不能銷滅他，改變他，所以說無以易之。做人要有力，要得長生，便也要順天道。

【參考】晉王弼註：「以，用也。其，謂水也。」宋范應元註：「其無物可以變易之也，由此而推。故柔之勝剛，弱之勝強，可知爾。」近人張之純說：「宋人詩曰：巖泉滴久石玲瓏。諺云：水滴石穿。石可謂堅強矣，而水能穿而碎之，可見弱之勝強也，其理乃至不可易。」

【註】弱之勝強，柔之勝剛，天下莫不知，莫能行——水能載舟，亦能覆舟。又說：水火無情。天下的人，都知道水是最可怕最有力的，是最柔弱的。但天下的人，明知道柔弱的水能勝剛強的金石，祇是不能學水一般實行柔弱的方法，便是不能順天道。其實人都知道天道是最公正最有力的，但人自私自利的心太重，所以不能把天道實行出來。

【參考】宋范應元註：「知而不行，爲情欲使之，皆好剛強也。」《淮南子・道應訓》：「越王勾踐與吳戰而不勝，國破身亡，困於會稽，忿心張膽，氣如湧泉，選練甲卒，赴火若滅；然而請身爲臣，妻爲妾，親執戈爲吳王先馬，果擒之於干遂。故老子曰：柔之勝剛也，弱之勝強也，天下莫不知，而莫知能行。越王親之，故霸中國。」陶鴻慶說：「此知字，當訓爲見。言柔弱之勝剛強，天下莫不見也。」

【註】是以聖人云受國之垢，是謂社稷主。受國不祥，是謂天下王——從來做帝王的，都自稱孤、寡、不穀。現在做政府的，宣言上都說尊重民意，又說以民意爲依歸，都是祇講虛名欺騙百姓的話。實在那做帝王的，沒有一個不是窮奢極欲，所謂玉食萬方，以天下養，把國家看做和自己的私產一般，把人民看做和家裏的奴才一般。現在的政府，橫征暴斂，置人民的痛苦於不聞不問，任天下人唾罵，那做官的人人三妻四妾，高樓大廈，他何嘗顧到一點點民意？這都是不明白天道的原因。天道最尊，他自居最下，所以愛國愛民的政府或帝王，都能讓虛卑下，受國之垢，受國不祥，所以能稱社稷主，能爲天下王。你倘不謙下，人民不信服。你壓迫人民到了極點，人民便要革命。

【參考】宋范應元註："受國之垢者，謂自行謙下柔弱也。受國不祥者，謂自稱孤、寡、不穀也。誠能如此，則是謂社稷之主、天下之王也。此舉聖人之言，舉前義也。"奚侗說："《書·湯誥篇》：'萬方有罪，在予一人。予一人有罪，無以爾萬方。'《莊子·則陽篇》：'古之君人者，以得爲在民，以失爲任己，以正爲在民，以枉爲在己。'此皆所謂受國之垢與不祥者也。"

【註】正言若反——正言，是說柔弱虛靜。受國之祥，受國之垢，這一類合於天道的話，都是一般人所不願意聽，不願意受，所以好似與俗人的思想相反的。

【參考】宋范應元註："夫謙下柔弱，本是法道，而人以爲垢汙之行。孤寡不穀，本以喻一喻虛，而人以爲不祥之稱。故正言似與俗反也。"蘇曰："正言合道而反俗，俗以受垢爲辱，受不祥爲殃故也。"馬其昶說："聖人之言，是正言也。然受垢而又爲主，受不祥而又爲王，美惡若相反者，《老子》書中多類此，故自明之，冀讀者之勿驚怖其言。"

第七十九章

——又稱"和大怨章"。大怨，是說人民的怨恨。

和大怨，必有餘怨，安可以爲善？是以聖人執左契而不責於人。故有德司契，無德司徹。天道無親，常與善人！

【註】和大怨，必有餘怨，安可以爲善——大怨，是說心中怨恨到十分。天道和平，人與人祇有互愛，沒有可以怨恨的，必是人違背了天道，做出不自然不公正的事體，用十分私心去壓迫人、欺侮人，所以使人怨恨到十分。待到人十分怨恨的時候，你纔去調和，這時已傷害了本心，必有餘怨未盡，怎麼可以囘復到善的天道上去呢？政府待人民亦是如此，政府若用了十分的暴虐手段，傷害人民，使人民怨恨政府到十分，那政府再去調和人民的感情已是無用了，已是不能爲善了。人民的勢力是很大的，他的心理是很簡單的，人民若不信任政府，怨恨政府，那政府便要被他推到❶，無論政府用如何調解的方法，終是有餘怨，不可以爲善的了。

【參考】晉王弼註："不明理其契，以致大怨已至，而德和之，其傷不復，故有餘怨也。"宋范應元註："爲政以德，則民自無怨。苟不以德，而剛強多欲，取之不以度，使之不以時，則民怨。及其

---

❶ "推到"當作"推倒"。——編者註

有禍亂大作，方且撫而綏和釋之，則亦必有餘怨矣，安可以爲善？不若無怨之爲善也。」馬其昶說：「和大怨者，不能必其餘怨之悉泯。餘怨未泯，安可信其人果善我乎？蓋和怨在我，怨之忘不忘在人。」

【註】是以聖人執左契而不責於人——左契，是說放債人所拿的債票。放債的人雖說拿了債票，但他不去向人索取，聽那欠債的人自由償還。所以明白天道的人，祇知道人和人是要相愛的，他便盡力愛人，至於別人受了他的愛，是否也拿愛回答我，這是聖人不計較的，這便是盡其在我，聽其在人的意思。但人人能夠盡自己的愛，那天下便也太平了。況且人總是有感情，人受了我的愛，必知道感激、必也肯以愛回答我的。人類相愛，纔合得上天道。

【參考】晉王弼解註：「左契，防怨之所由生也。」宋范應元註：「聖人執左契以合德，惟無私而已，初不欲過求於人也，又何用聚歛之徒哉？」《音辯》說：「古者削木爲契，右契所以責事，爲取契也。左契所以符合，蓋與契也。古者君臣、德，天下太平，君無可責於臣，而臣亦無可責於民也，安有怨乎？」近人張之純說：「左契，受債者之所責，執之聽人之來取而已，不以相促也。」

【註】故有德司契，無德司徹——天管理人類，使有德愛人的人，得到一種有良善結果的憑據。契，是憑據的意思。是說愛人的人，一定能得到天的愛，那沒有德性的人，不知道愛人的人，天一定要棄去他。徹，是棄去的意思。不愛人的，也不得天的愛。

【參考】晉王弼註：「有德之人，念思其契，不念怨生而後責於人也。徹，司人之過也。」宋范應元註：「徹，與撤通。故臣之有德以化民者，聖人惟主於符合而已。臣之無德而害民者，聖人則主於去之，蓋契之無私，而唯與有德者。」奚侗說：「有德者，怡然無爲，不藏是非美惡，無責於人，而上下和合，故云司契。無德者，愁五

藏以爲仁義，矜血氣以規法度，欲求治而亂終不止，若和大怨之類，
故云司徹。"

【註】天道無親，常與善人——天的待人是有一定的公理，好似
那契約一般的。契約上的話是很公正的，是共同遵守的，是永久不
變的，是不分親疎的，所以天道無親，凡是順天道的人，都得到好
結果；違背天道的人，得到惡的結果。天是不用私心的，所以說無
親。善人，是明白天道，適合於自然的人。

【參考】蘇轍說："天道無親，唯善人則與之。契之無私，亦猶
是也。唯合者得之矣。"

第八十章

——又稱"小國寡民章"。

小國寡民：使民有什伯之器而不用，使民重死而不遠徙，雖有舟輿，無所乘之，雖有甲兵，無所陳之。使人復結繩而用之，甘其食，美其服，安其居，樂其俗，鄰國相望，雞犬之音相聞，民至老死，不相往來。

【註】小國寡民——天地生養萬物人類，是以一物一人爲單位，所以天之下祇有人，沒有什麼國，沒有什麼民。因爲天生人使他各個人有獨立的本能，各個人得到天平均的養育，原不必依賴人也，不必受任何人物、任何制度的管束，這纔能達到世界大同、人類博愛的目的。倘然一有國和民的名稱，那國與國便要相爭，人民便要受了國家主義的束縛，不能充分發展他人類互愛互助的天職。因爲既有了國，既做了國中的民，便有愛國的虛榮心，而此國的民與彼國之民，便不能相親相愛，漸漸分了彼此的私心，離天道愈遠。國愈大愈強，愈欲壓迫弱小的國家，人民愈衆，私心愈深，愈欲侵略別國的土地，而世界戰爭的大禍，從此一天厲害一天，違背天道平等博愛的公理愈遠，而人的罪惡愈深。且天待人是一律平等的，若一有國家，便把全國人民的權力集合在國家少數人手中，讓人民在

國家主義束縛之下，祇有犧牲，祇有不自由，祇有喪失人類的愛力。若遇到自私自利的政府，他得了人民集合的權力，不但不替人民謀幸福，反來壓迫剝削人民，祇求自己的權利，這都是有國有民的大害，尤其是有大國多民的大害，所以老子主張小國寡民。澈底說起來：人有天治，人類祇宜互愛，原不當有國和民的人造制度。

【參考】晉王弼註："國既小，民又寡：尚可使反古，況國大民衆乎？故舉小國而言也。"宋范應元註："老子前言治大國菠天下之式，而此言小國者，聞王者有道，則國不在大，民不在多。"姚鼐說："上古建國多而小，後世建國少而大。然國大人衆，雖欲反上古之治，不可得也。故老子欲小其國，而寡其民。"近人陳柱說："天下之亂，皆起於大國，大則恃其富強以壓迫弱小之國，而天下乃多事矣。"

【註】使民有什伯之器而不用——什伯之器，是說物產豐富，財力充足，有多於人類十倍百倍的器用。天下的物產，原是平均養人的，祇須人人知足，平均享用，平均工作，天下太平，地力發達，人類不但沒有飢寒的憂愁，且使人民有十百倍剩餘的器物，人民也不及享用。祇因有那野心的帝王和貪官污吏，他一方面搜刮人民的錢財，一方面傷害人民的生機，軍閥和軍閥爭權奪利，迫着百姓去替他打仗送死，又弄得人民流離失所，百業彫零，田園荒廢，人民不但沒有什伯之器，連温飽都不可得。水火刀兵，性命也不可保。所有天給人民十百倍的生計，全被軍閥剝奪傷害盡淨，這都是有國的大害。有國纔有這班投機的野心帝王！

【參考】晉王弼註："言使民雖有什伯之器而無所用，何患不足也？"宋范應元註："誠能無欲無爲，則使民有什伯之器而不用也。"

【註】使民重死而不遠徙——螻蟻尚且貪生，人類沒有不重死的。待到人輕死一定是受了政府的壓迫，生機斷絕，覺得人活在世

上毫無生趣，便起了厭世的念頭。所以政府倘然不與民爭利，各盡所能，各取所需，使民有什伯之器而不用，那人民決不願死。不但不願死，且不願遠徙。從來民族的移轉，由游牧部落改成農墾民族，由行的民族轉變成住的民族。他爲什麼要行？祇因他窮了。待到人民各各盡力工作，天地有相當的生產，供給人類，祇須政府不剝削他，不擾害他，人人豐衣足食，他何必要遠徙？人在外面奔走，無非是要求名利。現在人民不貪虛榮，不圖私利，他也不願遠徙了。

【參考】晉王弼註："使民不用，惟身是寶，不貪貨略，故各安其居，重死而不遠徙也。"宋范應元註："上化清靜，民不輕死，何用遷移？"近人張之純說："民之遠徙，多因貨殖。人主以清靜爲教，民乃不貪貨利，不至亡身殖貨，而遷徙不常。"

【註】雖有舟車，無所乘之，雖有甲兵，無所陳之——舟車爲便利交通用的。現在人民都安於鄉土，不願遠徙，那舟車也毫無用處了。甲兵是爲爭奪用的。現在人民各能盡力工作，得到天然的生產，一生衣食有餘，毫無貪圖虛榮的心思，所以有甲兵也沒有陳列的地方了。

【參考】宋范應元註："乘舟車者，多爲利名；既不知名利，則雖有而不乘。動甲兵者，莫非仇讎，既不致仇交，則雖有而不陳也。"近人張之純說："至老死不相往來，何用舟車？夫惟不爭，天下莫能與之爭，則休兵。"

【註】使人復結繩而用之——上古時代，人心渾厚，人事簡單，用結繩記事：大事大結其繩，小事小結其繩。老子是主張無治的，凡事順着天道做去，不必加以人治。人終究不能勝天，人亦沒有權力可以管理人的。近世人事愈煩，機械心愈重，人心離天道愈遠，所以老子說要回復到上古時代渾厚的民風，使人事日趨簡單，減少他的機械心，依舊是用結繩之政。其實結繩還是有計較心，人類各享天地的物

產，本來不必計較。能使物我兩忘，一片天眞，纔能適合天道。

【參考】宋范應元註："上古結繩而治。今民旣淸朴，則可使復結繩而用之。化底和平，則雖結繩亦不用矣。"

【註】甘其食，美其服，安其居，樂其俗——人能明白天道，知道滿足他一份子的享用，盡他一份子工作的力量，不貪富貴，不慕虛榮，吃着菜飯，便覺甚飽；穿著布衣，便覺甚美；安心靜氣的住在他家鄉地方，安分守己的順着他的風俗。因爲人是全人類中數億兆萬的一分子，也祇能盡他一份子的力，得他一份子的享用。倘然一起貪心，便是侵略別人的享用，那爭奪的大禍，便從此起來了。

【參考】宋范應元註："隨地所產，以食以服，甘之美之，不綏❶不凍，隨其風俗，務其業次，安之樂之，不治不亂。"

【註】鄰國相望，鷄犬之音相聞，民至老死，不相往來——這個國字，也可以解作土地的意思。人民各安本業，各享天產，豐衣足食，不起貪盜的心思，人與人祇有相愛，決不想侵略別人的，他自己已很滿足了，便是侵略了來，也沒有用的。所以鄰地的人，各各安居樂業，鷄犬之聲雖相聞，那人民竟可以老死不相往來，這是老子身處戰國亂世，眼看着暴亂的政府、殘刻的人心，他便醉心無治主義或天治主義到十分，所以希望囘復到上古人心渾厚的時代。

【參考】晉王弼註："無所欲求。"宋范應元註："鄰國雖甚近，而使民各安其安，自足其足，至老死而不相往來，則焉有交爭之患？如是，則太古之風可以復見！"蘇曰："內足而外無所慕，故以其所有爲美，以其所處爲樂，而不復求也。"近人嚴復說："漢陰丈人不取桔槔，則有什伯之器而不用者也。此古小國民主之治也。"

---

❶ "綏"當作"餒"。——編者註

第八十一章

——又稱"信言不美章"。便是忠言逆耳利於行的意思。

信言不美，美言不信。善者不辯，辯者不善。知者不博，博者不知。聖人不積，既以爲人己愈有，既以與人己愈多，天之道，利而不害。聖人之道，爲而不爭。

【註】信言不美，美言不信——有眞理眞情的話，稱爲信言。美，是說修飾的意思。富於情感的語言文字，他的美在內心，在精神，決不用外面修飾虛僞工夫，所以說至情無文。待到要用修飾虛僞工夫，他的情一定不眞，他的理一定不充足。無情無理的語言文字，不但沒有眞美，且用虛文修飾，已失去了性靈，是死的、不是活的。老子主張自然，主張虛靜眞實，所以反對修飾虛僞的美言。

【參考】晉王弼註："信言不美，實在質也。美言不信，本在樸也。"宋范應元註："信實之言多樸直，故不美。甘美之言多華飾，故不信。"

【註】善者不辯，辯者不善——有理的話，照理直說，意思完了，說話也完了，本來不用辯。待到巧說豪辯，一定有情不眞、理不足的地方，所以說辯者不善。

【參考】晉王弼註："善者不辯，極在一也。"宋范應元註："嘉善之言上於理，故不辯。辯口利辭亂於理，故不善。"蘇轍說："信則爲實而已，故不必美。美則爲觀而已，故不必信。以善爲主，則不求辯。以辯爲主，則未必善也。"

【註】知者不博，博者不知——知，是說專精一種學問的人。博，是說各種學問都懂得一點的人。人時有限，知識無窮，精的不能博，博的不能精，這是天限定的。人便當順天的大勢，安分知足，守着自己所知道的，而虛心學習自己所不知道的。

【參考】宋范應元註："通於一，則萬事畢，故博者未必知一也。"

【註】聖人不積，既以爲人己愈有，既以與人己愈多——積，是說主觀的態度。明白天道的人，虛心容物，凡事順着天道，不自作主張。積，是說滿肚子存着私心；不能用客觀的態度考察人情天道。祇有聖人不積，聖人的行事是爲全人類全社會謀幸福的，心中空空洞洞，沒有自私自利的心思，把自身容納在全社會全人類裏面。全人類得到了幸福，自身也有幸福了。人不能離開社會，也決不能離開社會而獨享福利的。所以說：既以爲人己愈有，既以與人己愈多。

【參考】晉王弼註："無私自有，唯善是與，任物而已。己愈有，物所尊也。己愈多，物所歸也。"宋范應元註："聖人虛心應物，故無積。物有限而道無窮，故用之愈有愈多也。"近人張之純說："爲人設施德化，則己愈有德。與人以生長之資，則己且生氣滿懷。"

【註】天之道，利而不害。聖人之道，爲而不爭——天道仁慈，愛利萬物，這是自然的趨勢。天地若沒有萬物，也不成其爲天道，所以天之道是利萬物，不是害萬物的。因利萬物，而天地也成了生息繁盛之利。明白天道的人，也當順着天道自然的趨勢，爲萬物爲全人類謀福利，爲全人類盡力，却不爭功的。因爲人爲人類盡力，

便是爲自己盡力，原沒有什麼功可爭的。

【**參考**】晉王弼註："動常生成之也。聖人不爭：順天之利，不相傷也。"宋范應元註："天之道，生育無窮，未嘗害物。聖人之道，爲而不恃，未嘗爭競。老氏屢言無爲，而此言聖人之道爲而不爭者，蓋聖人純於道者也，其爲也，出於無爲，與天同也。"蘇轍說："能一以貫之，則無所用博。博學而日益者，未必知道也。聖人抱一而已，他無所積也。然施其所能以爲人，推其所有以與人，人有限而己無盡，然後知一之爲貴也。勢可以利人，則可以害人矣。力足以爲之，則足以爭之矣。能利能害而未嘗害，能爲能爭而未嘗爭。此聖人與天爲徒，所以大過人，而爲萬物宗者也。"近人陳柱說："我爲人，則人亦爲我，所以愈有也。我與人，則人亦與我，所以愈多也。此聖人所以崇讓，雖不爲己，而勢不得不爲己也。愚者則不然，害人以爲己，奪人以爲己，於是人亦效之，而己終受其禍，而未蒙其益。嗚呼！惜乎自古以來，尟有悟者也！"老子講天道，而歸納之於人。天雖有道，聖人不去實行，也是無用，所以歸結勸人順天道，實行天道，爲而不爭。

編後記

　　道家是我國古代統治思想的重要來源，道教是自東漢產生、流傳至今并在我國古代社會發展中發揮重大影響的教派，也是中國五大宗教唯一的本土宗教。道家學派創始人和道教所奉祖師都是老子。老子（約公元前 571～前 471 年），姓李，名耳，號伯陽父，又稱老聃、李聃、老萊子等，是我國春秋時期著名思想家，楚國苦縣（今河南鹿邑縣，一說宋國相縣，今安徽亳州渦陽縣）人，曾為周藏室史（或曰柱下史）。

　　作為我國古代最著名的思想家之一，老子主張清靜無為，其名望與孔子不分伯仲。據記載，孔子曾向老子問禮，《史記》"孔子世家""老子韓非列傳"都有記載。問禮后，孔子向弟子評價老子："鳥，吾能知其飛；魚，吾能知其游；獸，吾能知其走。……至於龍吾不能知，其乘風雲而上天。吾今日見老子，其猶龍邪！"唐司馬貞在《史記索隱》中以此記載源於《莊子》中"孔子年五十一，南見老聃（老子）"，通過年齡來辯駁這一記載的不可信。但作為儒家重要經典的《禮記·曾子問》更形象地記載了孔子向老子問喪禮之事。"孔子見老子"畫像石已經發現有十多種，其中山東嘉祥武梁祠出土東漢畫像石最為著名，可見此事在後世影響甚廣，其原初也恐非僅僅是捕風捉影或後人附會。老子見周衰落而西行，至函谷關應令尹喜之請，著《道德經》（《老子》），於盩厔結草為樓修行講經，此處成為流傳至今的樓觀台。據說老子去世后葬於西樓觀。

　　老子為道家學派的創始人，被道教神化為祖師。老子的神化應不晚於西漢末，劉向的《列仙傳》記載了老子騎青牛過函谷關的故事。被認為是東漢明帝、章帝時的《老子聖母碑》將老子等同為先天地而生的"道"。道教經典《抱樸子內篇》《神仙傳》《高上老君內傳》《老子化胡經》《太上老君玄元皇帝聖紀》《猶龍傳》《混元聖紀》等都在不斷神化老子，演繹出其肋下而生、生而皓首、指李為姓等故事。後來，老子被納入道教神系統，被創作成如太上老君、道德天尊等，在道教各宗派中多處於神仙系統的頂層。

　　由於老子作為思想家和道教祖師影響過大，歷代帝王對其也多有推崇。第一，建廟祭祀。165年，東漢桓帝派中常侍管霸於鹿邑建老子廟。唐代擴建如京城王宮，作為皇室家廟，稱為太清宮。唐玄宗曾親朝太清宮。后歷黃巢起義而毀於兵事，北宋真宗年間（998~1022年）撥國帑重修，規模比唐代有加。以後的金、元、明、清朝都有重修碑記。第二，不斷為老子加贈封號。唐代以老子為聖祖，曾上封號"太上玄元皇帝""大聖祖玄元皇帝""聖祖大道玄元皇帝""大聖祖高上金闕玄元天皇大帝"，宋真宗加號為"太上老君混元上德皇帝"。第三，其他各類特殊的尊崇活動。唐玄宗開元二十年（732年）頒布诏書要求"士庶家藏一本（《道德經》），勒令習读使知指要"；开元二十五年（737年）设置玄学博士；开元二十九年（741年）"诏两京及诸州各置玄元皇帝庙一所，并置崇玄学。其生徒令习《道德经》及《庄子》《列子》《文子》等，每年准明经例举送"。《道德经》跻身为唐代科举考试的书目。此外，唐玄宗还下诏制作老子真容图像及造像、分布天下。道君皇帝宋徽宗詔以老子生辰的二月十五日為真元節，天下宮觀進行醮祀。

　　老子著有《道德經》（《老子》），共計81章五千余言，一般分為上篇《道經》（第1~37章）和下篇《德经》（第38~81章）。《老子》內涵豐富，以天道自然無為為主旨，除了豐富的樸素辯證法外，還有修身、齊家、治國、平天下的理論，因此對後世影響深遠，註疏者數以千計。元代道士第三十八代天師張與材稱"《道德》八十一章，註者三千余家"。明代《正統道藏》保存 50 余種，尚不包含各本所引用的注本，如題為南朝道士顧歡，據蒙文通先生考證為唐開元間陳廷玉所著《道德真經注疏》引用注釋 22 家；唐末前蜀杜光庭撰《道德真經廣聖義》"舉歷代詮疏箋注《老子》者 61 家"；元代劉惟永、丁易東編集《道德真經集義》共輯 42 家注釋，各注間接引用 34 家；近人嚴靈峰《無求備齋老子集成》收錄《老子》注疏本 354 種，其中有日本學者注釋 115 種。據 20 世紀 80 年代聯合國教科文組織對世界名著譯文發行量的統計，《道德經》僅次於《聖經》，位居第二。有關資料顯示，《道德經》外文譯本涵蓋 30 多個語系，上千種。可見，《道德經》不僅是中國古代思想文化的代表，也是世界文化史上的瑰寶。

由於註疏者的思想、身份等不同，各類註疏各有特色。道士以《道德經》為祖經，將其宗教化，作為道教教理、方術的根據，但因注者時代、觀念不同，其注釋也各具特點。如流傳最廣的玄學大家王弼的注本，"發揮虛無清淨之旨"；唐代重玄學家李榮的注則"明重玄之旨，倡聖君無為之治"；李約則"闡明清心養氣、安家保國之術"，貶抑儒學，認為六經是"黃老"的枝葉；杜光庭的注則導入道教神學。教外人士的注更是各具特色，有視為治國之書，有視為兵書，有視為養生書等。如唐代陸希聲《道德真經傳》則以儒解老，以道為體、名為用、仁義為道德。北宋司馬光撰《道德真經論》，以儒釋老；曾任參知政事的呂惠卿撰《道德真經傳》以宋儒"十六字心傳"（《尚書·大禹謨》"人心惟危，道心惟微，惟精惟一，允執厥中"）解說"守中"，以道家、儒家修身、治國之說相參。蘇轍以佛老同源來注《老子》。在諸多注本中，最引人注目的是《道德經》有四位皇帝的御注：唐玄宗李隆基、宋徽宗赵佶、明太祖朱元璋、清世祖福临。四位帝王分别为《道德经》撰注，这在中国历史上相当少见，由此也折射出老子《道德经》的巨大影响。唐玄宗於732年詔將御注本刻石幢立於各州龍興觀、開元觀前，至今易州、邢州仍有保存。宋徽宗的御注則征引《莊子》《列子》《論語》《孟子》《詩經》《尚書》等注《老子》。明太祖的注以明顯的修齊治平為目的。

由於《老子》影響廣泛，因此關於其內容的演化也備受矚目，除了流傳下來的文獻可資參考外，出土文物更是備受學界注目。截至目前，影響最大的三批簡帛本早已成為學界深入研究的重要對象。1973年，長沙馬王堆三號漢墓出土西漢初年《老子》帛書寫甲、乙本兩種，《德經》在前，《道經》在後。1993年，湖北荊門郭店戰國中晚期楚墓中出土了《老子》甲、乙、丙簡本，是迄今所見年代最早的傳抄本，存2 046字，各本不分"德經"和"道經"。2009年，北京大學接受從海外搶救回歸的西漢竹簡3 300多枚，其中221枚記載《老子》，5 300余字，是迄今保存最完整的簡帛本。

《老子概論》也是諸多《老子》注本之一，其作者許嘯天（1886~1946），名家恩，別名周華，字澤齋，號嘯天，別署嘯天生、嘯天盧主，浙江上虞人。早年在《蘇報》發表文章而深得章太炎（章炳麟）賞識，後致力於戲劇，編演均長。1914年，與其妻高劍華創辦《眉語》雜誌，成為駕鴦蝴蝶派的著名刊物之一。新文化運動興起后，許嘯天提倡新文化，開始專注于古代文化典籍和著名小說的點校、闡釋工作。曾以新式標點點校"清初五大師集"（《黃梨洲集》《顧亭林集》《王船山集》《朱舜水集》《顏習齋集》）以及四大古典名著中的《紅樓夢》《三國演義》等，白話注釋《詩經》

《戰國策》《史記》等。許氏還創作了以歷史演義題材為主的《清宮十三朝演義》等小說、劇本,在社會上廣為流傳,其《文學小史》《中國文學史題解》《名言大辭典》等有一定的學術價值。抗戰結束后,許嘯天返回上海,任上海誠明文學院教授,講授中國文學史;還創辦了嘯天講學社。

作為《道德經》的注本之一,《老子概論》也有其特點:第一,本書沒有分為上、下篇,許氏認為認為每一篇都是老子思想的片段,將其分篇是一種"無聊"的行為;第二,本書有的注釋體現了時代特色,表達了作者對當時國內混亂、民不聊生的憤慨,同時在個別地方引入了近代西方哲學、社會科學的概念和理論;第三,本書在各注釋前列出了先人的注為讀者提供參考,如影響最廣的王弼注、宋范應元注、元吳澄注、馬敘倫、嚴復等;第四,許氏對原書的解析,有以己意解古人處,在註文中的經文與註前經文有相異者。總之,本書的出版對於近代《老子》的研究提供了一種新的资料,更是一種新的視角。

本次整理出版以群學社 1934 年再版為基礎。需要向讀者說明的有以下幾點:為保持舊籍原貌,文中因時代原因出現的異體字,一般不作改動;在整理過程中,在保持原貌的基礎上,對原書中一些明顯的錯訛之處以"編者註"的形式加以修改;其他一般性規範性差異,進行了必要的訂正,不再一一出注說明。限於出版者水準,錯漏不當之處仍在所難免,誠望讀者批評指正。

劉　江
2015 年 3 月

《民國文存》第一輯書目

紅樓夢附集十二種	徐復初
萬國博覽會遊記	屠坤華
國學必讀（上）	錢基博
國學必讀（下）	錢基博
中國寓言與神話	胡懷琛
文選學	駱鴻凱
中國書史	查猛濟、陳彬龢
林紓筆記及選評兩種	林紓
程伊川年譜	姚名達
左宗棠家書	許嘯天句讀，胡翼雲校閱
積微居文錄	楊樹達
中國文字與書法	陳彬龢
中國六大文豪	謝無量
中國學術大綱	蔡尚思
中國僧伽之詩生活	張長弓
中國近三百年哲學史	蔣維喬
段硯齋雜文	沈兼士
清代學者整理舊學之總成績	梁啟超
墨子綜釋	支偉成
讀淮南子	盧錫烇